ライト&タウト

たをやかに

―建築家が視る日本文化の輪郭―

西川新八郎

中央公論事業出版

ライト&タウト
たをやかに
――建築家が視る日本文化の輪郭――

目次

後篇　建築と、その周辺から見えてくる日本文化の輪郭

序

古谷　誠章

建築を学び始めて間もない頃、ブルーノ・タウトの名を耳にした。曰く「桂離宮を通して日本美を再発見した」建築家だという。僕自身の学生時代はもっぱらモダニズム建築を範とした教育を受けていたから、日本の伝統的な建築の中にモダニズム的な要素を「再」発見するという、日本人にとってはいささか屈折した事象が、日本文化の外からの眼を持ったタウトにより、日本建築の美を西欧のモダニズムに通ずるものとして捉え直されたことで、日本人が逆にそれを強く自覚するようになったのだなと、当時自分なりに解釈したことを思い出す。石元泰博著（丹下健三他・文）『桂離宮』（１９６０）では、写真の画角から勾配屋根がほぼトリミングされて切り取られており、ほとんどモダニズム建築のように見える立面の印象が鮮烈だった。

日本では稲作の流入に始まり、仏教、禅、キリスト教、そして西欧文化と、古来いずれの時代も常に外から異文化の流入を受けて、その度に刮目し、咀嚼し、時に換骨奪胎しながら、新旧の文化を渾然一体化しながら、新たな日本独自の文化を醸成してきたので、まれびとや異国人の目がそれまでの日本人の意識を変え、覚醒させたことは歴史上も幾度となくあっただろう。しかしタウトのそれは、新たなる文化を持ち込んだというよりは、むしろタウト自身が日本の地に降り立って、驚きをもって発見した日本建築とそれに分かち難くつながる庭、日本の自然観の中にあるものの美を描き出したものであり、再発見ではなく発見ではなかったかとするのが本書の著者の見解である。

対比的に、そして最終的には共通性をあげて取り上げられている、もうひとりの建築家であるフランク・ロイド・ライトは、日本建築の四隅からの外部への空間の透過性、とくに自ら多くを蒐集した浮世絵を通して感得したであろう、屋根に覆われて水平方向に伸びやかに流動する日本建築の特質を、平等院鳳凰堂や日光大猷院に見出し、決して自身はうべなわないながらも、大いにイメージを喚起されたには違いない。桂に感嘆したタウトが、一方で「いかもの」として嫌った東照宮をライトが好んだということだけでも、タウトが雁行する軸のずれに惹かれ、ライトが軸の対称性を愛でるという、両者の相違が十分に見て取れるわけだが、著者はこの中にも、前者が「釣合」の中に美の本質を見出し、後者が「有機的」なものに美の真髄を求めながら、ともに日本建築の「やはらかさ」に逢着していたのではないかと看破し、一言でそれをくくるならば日本文化に特有の「たをやかさ」になると述べる。

本書は読みやすい本とは言えない。決して内容や論理が難解だからではなく、実はこの書が、揺れ動く視点を持つ多くの一人称で綴られているからである。著者が熱海にあるタウトの日向別邸を訪れ、そのリビングの無造作な裸電球の照明に違和感を抱き、タウトの批評眼やプランナーとしての能力に一目置きつつも、デザインそのものに疑念を感じて、その真相を解き明かすべく多くの書物を克明に読み込み、作品を一つ一つ実地に訪ねて自らの眼で検証していく過程が、いわば著者自身の遍路の旅のように綴られていく。本文中の著者を表す一人称は、本論では「筆者」、「はじめに」「むすび」「あとがき」では「私」と表現を変えて自在に現れているが、今この序文を書く僕自身にもその使い分けの真意は必ずしも汲み取れていない。だが、この一人称の揺れ動きにこそ、日本文化の本質を辿る著者自身の視点の振れ幅が投影されているように感じる。

実は一人称の表現はこれ以外にまだもう一つあり、それが【 】に括られた著者自身の私見を開陳している部分である。ここに「私」が最終的に捉えた内容がむしろ客観化されて述べられており、いわばこの書物全体の「語り」に相当するものと考える。物語の前編は、著者が長い時間をかけて往来した、関連する膨大な書物と、実作の現地探訪の履歴である。それぞれの建築家について深く知る先達を訪ね、教えを乞う、さながら好奇心に促されて真実を追い求める旅であり、その「旅先」での様々なエピソードを交えて、建築と書物を考察して書き留める旅日記のような趣きである。「私」が著すのがもっとも直感的な記述、次いで「筆者」、そしてもっとも客観的に述べるのが【　】内の（私）と言えばいいだろうか。

同じく引用する書物の著者の呼称も、先生、氏、または姓のみと、そこにもある種の揺れがある。通常の研究論文なら統一するだろうこれらのマナーを、するりと飛び越して行くところに、実はこの文章を読む鍵があるのではないだろうか。

白ら建築家である著者は、二十世紀中葉からの「空間」としての建築の見方を示したブルーノ・ゼヴィを意識の底において、タウト、ライト、ル・コルビュジエ、桂離宮、修学院離宮、東照宮、芭蕉、等伯…などを逍遥しながら、究極的には自己の背景をなす伝統的な文化である日本文化の本質を探し求め続けた。司馬遼太郎の「日本人はいつも何が日本的であるかということについて心配する」を引いているように、著者自身も大いにそれを悩み、心配したのではないだろうか。その中に自然に生み出されるもの、それが「たをやかさ」なのだと。一人の建築家の眼が自分自身の肉眼を持って辿り着いた物語である。

果たして僕のこの見立ては合っているのか否か、読者諸兄の議論を喚起できれば幸いである。

令和二年四月

はじめに

我が国の文化を知るという楽しみ
——二人の建築家を通して観る日本文化、その独自性と普遍性を知るということ——

十九世紀前期、日本から世界へ伝播した日本文化の情報に、時間と場所を隔てて二人の建築家が興味を持った。

二人の建築家が建築を通して、別々の方法で日本文化の神髄に迫ろうとした。

一人は語らずに、ただ職能としての建築デザインという行為を通して。

一人は既存の日本建築と文化を観察し考察し、思い、感じたことを書くことによって。

その二人の言動を通じて日本文化の核心が見えてくるのではないかと思いついた。

欧米人である二人の建築家は、共に、自らの育った環境には無かったものに関心を抱いた。

彼等各々が興味を抱いた「欧米文化と違うもの」とは、日本文化が育んだものであり、地球上他に類を見ないものであった。

両者共来日し、日本文化に触れる機会を持ち、感度の差、感受性の差を抱えながら、日本文化に反応しアウトプットした。それらを観察してみることは、日本文化の独自性（特殊性）を証することになるかもしれない。

この二人の生涯をトレースし、彼等は何を為し何を残したかを確認・考察することが、おのずから彼我の比較文化論になりうると思う。

そして、極めたきは日本文化の独自性（特殊性）を認識することである。

――建築を通して我等の文化を知るということ――

◉学問の場で知ったフランク・ロイド・ライト、理由もわからず共感を覚えたそのデザイン。意識せず私の心の底にあったものは日本人の精神文化ではなかったか。

はたせるかな、ライトは日本建築を深く研究し、自己の建築設計の根本理念として組み込みはじめ、形にしていった。日本人の精神がライトの「かたち」に馴染むのはその表れである。

①タリアセン・イーストに自生する美意識、それはライト本来のものでもある。

②実際に日本を訪問する以前から日本建築を学んでいた。日本訪問でライトが為したことは確認作業であったのではないか。

③共感したものについて語らず、ひたすらデザインに組み込んだ。

◉「日本美を再発見した建築家」ブルーノ・タウト、というレッテルを信じ難かった、信じたくなかった私がこだわったもの。

①タウトは日本美を何に発見したのか？

私の仮説は、桂離宮の庭に日本美を見たのなら正しいし、桂離宮の御殿のみに対しての論であれば真の日本美を見なかったのではないか、であった。

②タウト以前の日本人は、彼の言うレベルで自身の文化・他とは違う形を自覚していなかったことは事実であり、覚醒されたという意味で「再発見」という言葉が使われた。

しかし、これも訳者の命名であり、タウトの本心に近くても正しいとは言い難い。

③タウトの正直な（日本文化の）発見が誤解されて伝わり、時の体制の都合のいいように理解され喧伝された。伊勢神宮に象徴される神道アニミズムへのタウトの共感の表明は、当時の日本にとって歓迎すべきものであった。

④タウトは本当に日本の美を理解していたか、自然との関わり方という点で理解した、というより共感したのではないか。しかし建築的に、つまりライトの感じたように「流れる日本空間」を理解するには至らなかった。桂離宮を見て瞬時に日本人の心を理解したという事実は、彼が内在させていた美意識が日本的であったとは言える。

しかし、目が思惟するだけで日本文化の深奥を知るまでには到らなかった。

平成三十年（２０１８年）十月二十三日、私は一人、京都を訪れた。

慌ただしく準備し、宮内庁の簡略化された手続きを踏み急遽、桂離宮と修学院離宮を観ることにしたのである。二つの場所で各々確認出来たことがあった。

タウトが桂離宮で疑問を呈した蘇鉄と市松模様を、あらためて私はどう感じるか。ライトのタリアセン・イーストに修学院離宮の面影があるということが確か。

桂離宮の外腰掛けの真ん前にある島津公寄付になる蘇鉄は生気溢れ、うねる如くに美しい。最近張り替えられたという松琴亭の襖の市松模様は前に観たコクのある渋さを失いがっかりするほど淡泊な薄い存在になっていたが、後になり些かの修正発言をしたとはいえタウトが最初に抱いた違和感は両方ともあたらないと、私は確信した。

タリアセン・イーストの「輝ける額」（ウェールズ語でタリアセン—ライト自身の命名）の自邸兼ゲストハウスは修学院離宮の上の離宮を仰ぎ観る姿そのものであるし、眼下に広がる離宮の景観は、広々と、細かい手を加えられずにあるウィスコンシンのライトの荘園と同じ雰囲気を構成している、と思えた。

前日は時代祭で菊日和、この日は時々ぽつりと来る初時雨、薄紅葉の美しい一日であった。

二人の業績を追い、二人の大略を体感出来るようになった時、どうしても確かめたくなった京都行きの一日であった。二人を体感出来る内容を、これから説明してゆきたい。

日本文化を再確認し、我々の何ものであるかを知りたいと思う切っ掛けを与えてくれた二人の建築家について、ほぼその全貌を知り得たと思っている。

私にとっての二人の位置付けを最初に簡単に明らかにしておきたい。

タウトは建築デザイナーとしては、その為の才に恵まれなかった。建築家たる前に善人であり、ヒューマニストであり、勝れた評論家であった。ありふれた建築家であり、むしろ環境デザイナー、都市プランナーとしての位置付けをしたい。

タウトは自身の自然観により日本を愛し理解したが、ついに日本建築を理解出来なかった。

ライトはロマンチストたる青年として逞しく生き、日本建築の理念を形づくる魅力的な空間設計を歴史に残した。

日本人はライトの建築に日本人の枠を感じ、西欧の建築家はライトの空間理念を既存の礎とし、日本家屋に学び建築デザインの転換をはかりつつも、さらになお自分達のオリジナリティに拘りつつある。

私の考察も、現在の建築界をグローバルに認識する中でこそ意味がある。

ライトの「タリアセン（輝ける額）」は修学院離宮の上の離宮を置く場所であり、ライトの「ロミオとジュリエットの塔」は彼の若き魂の表出であった。

タウトと日本の関係ををシンボライズする〝作品〟は、ついに『画帳桂離宮』のみであろう。

天皇の譲位という形で平成が終わり、令和という日本にとっての新時代が始まった。

西暦二〇一八年は一八六八年（明治元年）から一五〇年、我が国はこの時間の流れの中で大きな変貌を遂げ国の形を変えて来たが、その文化について言うならば如何であろうか。

国が亡ぶということはその国の文化が消滅することであるという。真に幸いなことに、日本文化は変質しながらも底流にあるものを変えずに存続していると私は思う。西洋文化の漣に足元を洗われ続け、且つ、時にその大波を被りながらも或る時は、或る面では波を返しながら、自らが醸成した根底に保つ香りを絶やさずに、現在に至っていると思う。

このように我々の文化が命脈を保ち得ているのは何故であろうか。命脈を保ち得る力、つまり優位の特質を具えているからではないだろうか。ではその特質とは何であろうか。

この特質を維持しつつ我が国の文化の命脈を保ち、良き変貌を遂げ、他へ良き影響を与え続けられるならば、大袈裟ではなく人類にとって幸いなことである。

そのことに役立つならばこの類い稀な文化を維持発展させる為に、自らの文化の本質を自覚再認識することは、それが出来るならば幸いなことであり且つ必要なことであると思う。

その意味で比較文化論という領域の作業を試みることも有意義である。

比較文化論の意義について嘗て、山本七平が我々を勇気づけてくれた。

半世紀前、山本七平は語っている。

「生きてゆくことを他人にはやってもらえない」のと同様に、「文化的な生存の維持だけは、絶対に誰も、代行も保証もしてくれません。文化の〝安保〟は存在せず、この面における、他文化に依拠した安全保障は存在しない。」（＊『比較文化論の試み』講談社学術文庫 — 以下同）

さらに言う。

「この一世紀の啓蒙主義の歴史は、外面的な急速な進歩と成長をもたらしながら、内面的には完全な空洞化への道を進んで、その仕上げが戦後の三十年だった。」

「従って、西欧と日本を対等に対比した両者の比較文化論は今まで実際には存在しなかった。こういう形の研究はすべて試論であり、また方法論の模索の段階だと言っても過言ではない……一世紀の諸事件は数行の挿話に過ぎず……始むべし。」

その後、他にどのような比較文化論が語られたのだろうか。

「自己の伝統的文化を、相手との関係において相対化することによって知識化し、その相対化によって自己の文化を再把握し、その再把握を出発点として新しい自己の文化を築く」

至言である。

私が様々な方々の意見に接し、考え、日頃想っていることが、此処で謂うところの再把握に相当しているのかどうかはなはだ心もとない。が、「始むべし」である。

明らかに日本文化に潜むものは独特であると思う。

私は十代の終わりに建築家たらんことを志し、建築家としての生涯を終えようとしている。幾つかの建物を、建築物をオリジナルに設計し幾つかの建物の成立に設計担当者として関与して来た。夢見た建築家の姿はル・コルビジェでありライトであったが、現在も地上に在る幾つかの私の設計になる建造物は、アノニマスなものではあるが存在している。

しかしながら生涯を建築に興味を持ち続け関与してこられたことで幸せである。

私が設計と言う学問を始めた頃はT定規と鉛筆を使っていた。今は同じ作業をコンピュータに向かって行う。模型も3Dプリンターで作制され得るのである。

これらの変転を経てもアウトプットされる建築は三次元の物体であることに変りない。それを発想するのは人間の頭脳であり、その発想を形成するのはその人間の持つ文化である。AIの開発進展が語られるが、文化を丸ごとデジタル化出来るのかどうか。


青年期から司馬史観の影響下に育ったことを白状するにやぶさかではない私は、司馬遼太郎とドナルド・キーンが、正に結果として比較文化論を実践してきたことを知っている。私が昭和の語り部と位置付ける司馬は殊に「街道をゆく」シリーズ等の旺盛な作家活動自体で我々を日本文化について覚醒して来たし、キーンは日本文学を通して日本人に成し得ざる量と領域で日本を世界へ発信し続けてきたのである。

二人の対談を読む時、かなりの度合いで日本と日本文化について共鳴しあっていることが解る。

唯一私に言えることとは、建築文化の観点からは補うべき点があるということである。

例えば聖徳太子を語り四天王寺を挙げ、銀閣寺を語ることがあっても法隆寺については影が薄い。

私は法隆寺や伊勢神宮について濃厚に日本文化を語らずにはおれないのである。私が文学者たり得ず、建築家であることの証であろう。

司馬とキーンの箴言も心に留めておくべきであろう。

「……日本という国は外に対してあまり影響を与える国じゃない。つまり世界史における地理的環境と

いうものがあって、日本はいろんなものが溜まっていく国だと思う。中國になくなったものが日本のなかに溜まっている言語の中にも、むろん建築のなかにも、正倉院にも溜まっている。では出てゆくかというとそれはあり得ない国のようだ。」（『日本人と日本文化』中公文庫 p.198／司馬）

「日本人はいつも何が日本的であるかということについて心配する。昔からそうだったようです。日本国民というものが残る限り、何らかの形で日本的な特徴はあらゆる表現のうちに現れるに違いない。意識して特徴を出そうと思ったら、本居宣長のように不自然なものになる」（同 p.199／キーン）

「全く同感、本居宣長は不自然」（同 p.199／司馬）

この五〇年の間に二人の西洋の建築家が彼等の文化と日本文化を縫い付けた。

彼等の行動過程をトレースしながら、日本文化の特質を再認識出来ないかと思った。

その思い付きの発火点はその二人の建築家への素朴な疑問であり、再認識作業は彼等の業績の再確認という作業となった。

二人の建築家とはブルーノ・タウトであり、フランク・ロイド・ライトである。

あらためて、私が二人を意識する簡明なプロトタイプとは、次のようなものである。

ライト／建築設計とは空間設計であると結論付けてくれた上手い建築家、だが曲者。

タウト／優れた文化評論家且つ環境設計家であり上手い建築家ではない、しかし真面目。

建築家のタイプを分類するとするなら幾つかの視点があり得る。仮に今、建築家とその設計行為とのス

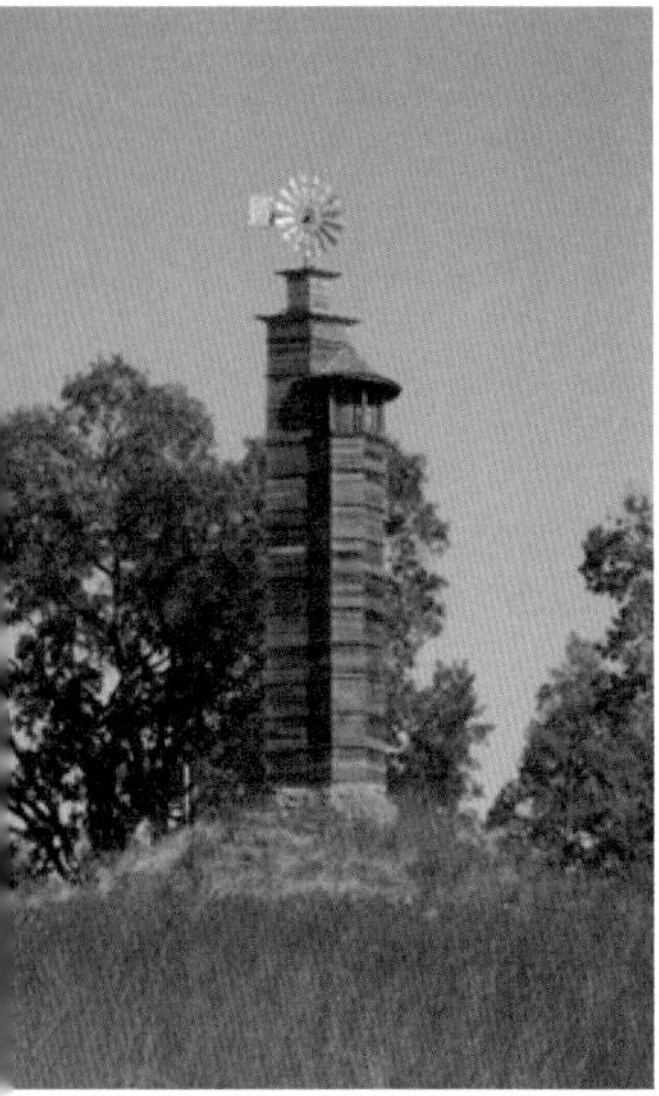

ライトの心にはいつもロミオとジュリエット の塔があり、ヲールナットの繁るウィス コンシン州タリアセン・イーストの眩野は、彼が直ぐに帰れる故郷であった。そこには日本の俤が、修学院離宮の丘と離宮と池が。ライトは彼独自の故郷を創り上げた。

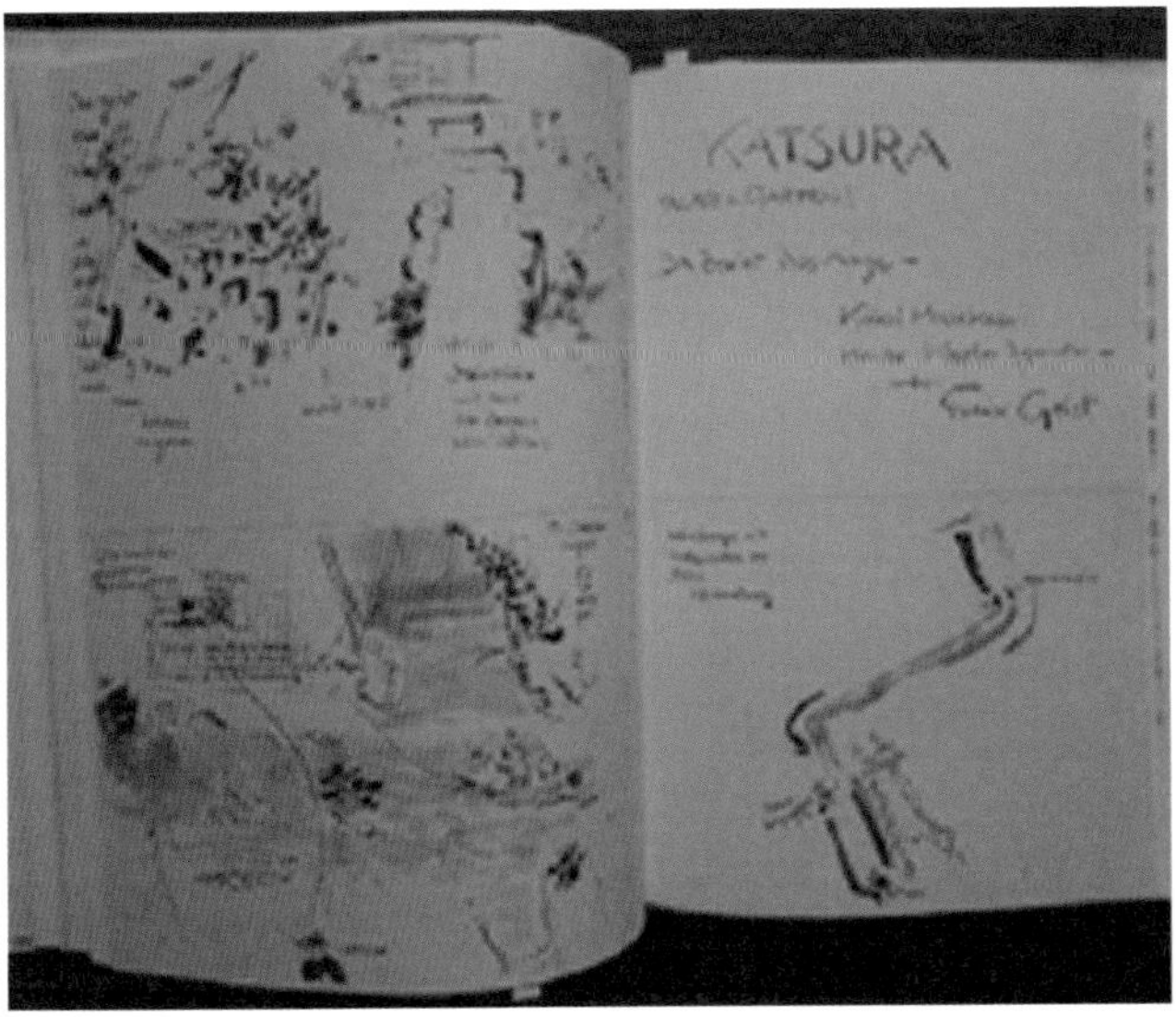

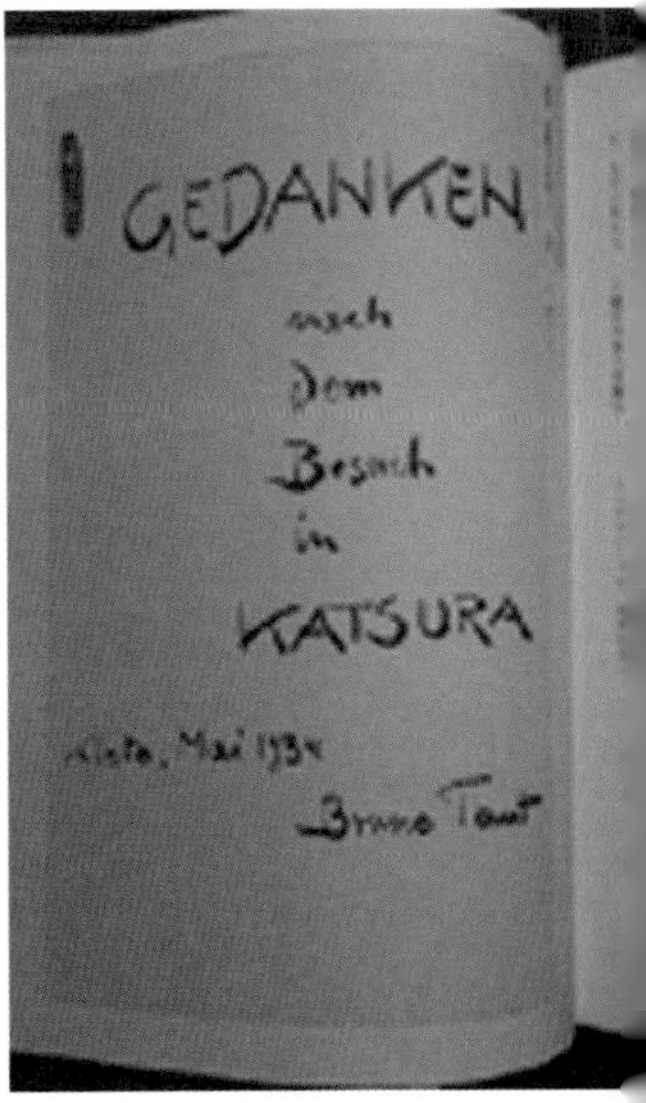

タウトが桂で抱いた違和感二つ。
外腰掛け前の蘇鉄と松琴亭の襖。
だが、私は共に素晴らしいと思う。
タウトの「均整」は保たれていると感じる、
有機的バランスは存在していると私は思う。
タウトは、博愛主義者・優れた文化評論家。
実務的建築家であったと思う。

タンスを視点にするなら、

前者ライトは生業としての実務に優れ、作品は多くの愛好家を魅了して迫力があり、強引に自己主張を貫いて建築物を実現してゆく建築家の典型であり灰汁が強い。

当然、自由主義的世界で発注者という個人のニーズを汲み上げ応えてゆく。

一方後者のタウトは理念が先に立ち、クライアントを説得する力は弱いが、体制の力に乗り公共的なものを中心に建築物を実現してゆく。運命故、建物実現の機会に恵まれず、結果として、迸る情熱は文字を通して文化評論に傾き業績を残すことになる。

但し二人は建築家としての共通点を有し、建築周辺のデザインにも形を残した。共通して手がよく動き、表現力に恵まれている。

建築家が、多くの場合デザイン全般に興味を示し、常に森羅万象に目を向け興味を持ち続ける存在であることは間違いなく、逆にそのことが建築家を定義することになるのかもしれない。明らかにライトもタウトもこの定義の中にある。

私の建築学科学生時代の建築史の最初に、古代ギリシャの建築家・ウィトルウィウスについて知る、その著『ウィトルーウィウス建築書』（森田慶一訳）の第1章で彼は言う。

「建築家は文章の学を解し、描画に熟達し、幾何学に精通し、多くの歴史を知り、努めて哲学者に聞き、音楽を理解し、医術に無知でなく、法律家の所論を知り、星学あるいは天空理論の知識を持ちたいものである。」

彼等と同等の精神をわずかに共有している私が、二人の建築家に如何にして出会い関心を持つに至り、何を考えたかを逐次紹介してゆきたい。

そのことを通して当初の目的を達せられれば幸いである。

前篇　タウトの真実・ライトの魅力

●前篇挿図のキャプション番号について

キャプション番号の「T」はブルーノ・タウトを、「W」はフランク・ロイド・ライトを指し、それぞれに関係する挿図であることを意味します。

序章　建築という文化

三十年ほど前二十世紀の終わりに、某企業で開催された講演会で、英国の建築家（リチャード・ロジャース）は問いに対し今後の建築の在り方への予測を語った。

「これからの建築は被膜のようなスタイルのものになって往くのではないだろうか」と。

正鵠を射ていた。

今、世界中の先端的建築は、ひたすら透明な外観を呈してきている。ガラスと言う素材が、ガラスを建物の一部として固定する技術の発達がこれを支えている。

ルーブル博物館の中庭にエントランスを兼ねたガラスのピラミッドが現れた時、パリの街中にポンピドーセンターが建った時、違和感を持った人々と歓迎をした人々が居た。

グロピウスがバウハウスを設計した時、既に彼の心の中には透明な被膜への憧れがあった。しかし、当時の技術は鉄の桟を細かく入れることでしかこれを実現させ得なかった。

さて、その被膜に包まれた内部空間は如何であろうか。

住居としての穴居から始めて祭祀・宗教空間の為の神殿へ、さらに集団統治等の為のもの、部族集団の拠点や闘争の為の城塞から都市へ。近代都市は公共建築、人が集う空間を必要とし、官庁・学校・公会堂・ホール・病院・ショッピングセンター等々、これらが一体となったコンプレックス空間も。最近では病院さえ建物自体が小都市化しているが、人々は集い、コミュニケーションを必要とし、流れるようなつながりのある一体的空間を求める。仕切りからの解放である。建築家はその要求に応えようとするが、要求とは多く暗黙のものでありむしろ建築家自身がそれを先取りし提案してゆくことが多い。

その意味で建築家とは思想の提案者であり新しい精神の開拓者でもあると言える。

その行為の発想の源泉は人類の歴史の蓄積であり文明の発達による新しいテクノロジーの開発である。

十九世紀まで、建築文化とは主に建築の架構と外面・スタイルを意味していた。

各民族の住居スタイルは気候風土に支配され、宗教とあいまって独自の物であったし、各々の宗教空間は独自の建造物を創造して来た。これらは皆独自文化の象徴であった。

しかしながら、幾多の闘争・戦争を経て、世界の一体化に伴い構築物としての建築は地球上で同質化の方向を辿っている。文明の共有がそれを促している。

一方でそれ故に、歴史的建造物は文化遺産としての芳香を放ち尊ばれる。

文明の発達は人間の生活空間を絶え間なく変質させてゆくが、建築物としての形を変えずに遺産として存在し続けられるものは多くの場合精神性を持ったもの、モニュメンタルなものになる。

とりわけ日本の古建築は精神文化の形態化にまで昇華して存在し続けている。

そして今や二千年の時を隔て、建築を設計するということは畢竟人が生活・活動する空間を設計することになる。

人間社会で建築家という職種が発生し、為政者の意思の表現者としても活動した。近代社会にあっては広く注文者の意思を実現する職能として機能してきたが、一人一人の人間の種類だけ様々な建築家が存在して来た。

建築家を敢えて二種に分類するとすれば先に挙げた二人も、辿った生涯の結果と頭脳の成立ちも含め奇しくもその二種として相対して居る。

筆者が建築を学んだ時代、師匠達（前川國男、坂倉準三、吉阪隆正、丹下健三等）は、各様にコルビジェの影響を受け実践しており、コルビジェの居た欧州の建築界は、オランダ近代建築の父と称されるH・P・ベルラーへを介在させライトの実践に学んでいた。

先に挙げたリチャード・ロジャースも、その空間把握手法としてライトの影響を受けていると考えられる。例えばロイズ・オブ・ロンドン本社ビルのように。

ライトは発想力に優れ、闊達にして傲慢な建築家・建築デザイナーであった。結果として近代建築界に、語られることの少ない、多大な影響を残し続けた。

タウトは環境デザイナー・都市プランナーとしての理念を貫いた。これらの素質も具有するのが建築家というのであれば、十分な実績を持つ建築家であったが、勝れた建築デザイナーではなかった。極めて優れた文化評論家であった。

ライトとタウトとの共通点について考えてみる。

共にオーソドックスな経歴を持たない、ともに自然と建築のつながりを言う、共に自身の周辺を常に批判的に見た、ともに建築が最高の芸術であると信じていた。

特にライトの姿勢の根本にあったのが間接的に共感していたであろう。アーネスト・フェノロサの考えであったようだ。

このことに関連するケヴィン・ニュート氏の著作から、その文章を引用する。

「ライトにとって一番重要であったのは、フェノロサが建築を母なる芸術とし、その未来が他のすべての芸術の展開の鍵となると見ていたことであろう。……フェノロサは『建築の未来が広く日本美術の展望を決定するものである』と断言している。フェノロサは日本建築のとるべき道は、彼の言う『瀕死』状態のヨーロッパ様式の輸入にではなく、日本の伝統の中にあると信じていた。……『すでに退廃と混沌にある外国の建築様式と装飾を日本に導入すれば多大なる害をもたらすであろう。より良き美術を生み出し、脱出口を示すことは日本に与えられた特権である。』」（『フランク・ロイド・ライトと日本文化』大木順子訳）

そしてともに遠ざけたきもの、「好ましからざるもの」がライトの「クリシェ」であり、タウトの「キッチュ」であった。

反対に優れたもの、「美」に存在しなければならないものとしたのがライトの「有機的」であり、タウトの「釣り合い」であった。

「有機的」も、「釣り合い」も日本語の字面《づら》だけから理解し得るものではない。

両者の周辺からゆっくりと見てゆきたい。

第一章　近代日本に起こったこと

1　日本文化の源流と成熟

日本の近代化が世界に齎したもの
――文化流入の一方通行から相互交流へ――

西暦一〇〇〇年以前の我が国へは文化の一方的な流入があった。主に一衣帯水の大陸からである。興亡盛衰を繰り返す現在の中国地域からのものが殆どであったであろう。

その中でもとりわけ仏教にまつわる交流が中心であった訳で、彼我の宗教人達が媒介するのが自然な成り行きであった。物的には経典と教具、その周辺の生活備品、貨幣であり、それらに付随する精神文化であったはずである。遣隋使・遣唐使を初めとし、鑑真、空海それに続く栄西等、その他挙げれば切りがないであろう。全て、人間の持つ広い意味での欲望を起点としている。

その後の日本文化にとって大きな意味を持ったものに二つがあると思う。

筆者の論ずる一方的な視点からの考えであるが、空海による文字と栄西による茶である。

象徴的日本文化の一つ表音文字「かな」は空海による漢文の和訳を切っ掛けとして生れたと言われるし、

茶を喫する文化はその後の我が国における茶道文化に発展した。

「かな」文字は筆を用いる日本画と歌道、俳諧へつながる日本文学への源流を創り、茶道の周辺に発生した日本独特の精神文化は神道文化と共に発展してきた住居としての建築から仏教文化に必然の寺院建築群を巻き込み日本的建築空間への影響を形作って来た。

中世に至り鉄砲が伝来、近世では絹が出て行った。中国産チャイナの代替品としての陶磁器と共に絹も原産は中国である。鎖国をしてまで国家の安定を図った江戸時代は、爛熟すると共に微かな地鳴りのような近代国家への胎動を始めていた。この列島に生活する人々の知的好奇心と、それを促した萌芽としての教育システムが広がり育ちつつあった。

江戸期に、日本に居住を許された異邦人を通して、文化的所産としての浮世絵の流出が始まった。

さらに、美術品としての仏像群は維新直後の廃仏毀釈という混乱を機に多くが流出した。

2　文化芸術情報の通う窓／芸術品の流出と万国博覧会

タウト、ライトと日本の接点──二人の建築家が日本美術に、日本に興味を抱いた

維新以前から流出の始まった陶磁器も浮世絵も、見せ、観られるという目的を果たすが、道具としての機能も有する陶磁器に対し、浮世絵は観られることによってのみ人々に大きな精神作用を及ぼす。

その浮世絵は維新前から西洋人に買われ流出していったのだが、彼等の世界で常態化、常識化しつつあ

った遠近法に依らない独特な画法であるが故の興味・好奇心の対象になったからであろう。流出の公式且つ大々的な流れを創ったのが万国博覧会である。

その第一回は一八五一年のロンドン、日本の初参加が一八六七年のパリである。シカゴ万国博覧会が一八九三年開催であるから、ライト十六歳、建築を志す時期であり会場に行き日本館を観、その後浮世絵を手にする機会が増える。コロンブスの新大陸発見からの百年を記念してのシカゴ万博については後篇で多少の解説を加えたい。

一方のタウトは一八八〇年生まれであるから、欧州に浮世絵の流通が始まっていた時期であり、日本趣味の小物の収集を始めていた者として浮世絵にも興味を抱き、日本を想像していたであろう。自伝的回想に言うことを信じるならば、身の回りの自然への興味が始まっていた。

浮世絵に関するヨーロッパでの旺盛な出版事例を観れば、『方丈記』や『奥の細道』も翻訳されていたのであろうか、そしてタウトが目にし得ていたのであろうかその正否は知らず、しかしある種の「日本」へのイメージを既に持っていたのであろう。

その下地が唐突な出会いとなった桂離宮への共感を齎したのかもしれない。

パリ以降の万博に出展し西欧の関心を集め得た日本の品々の出現が、成熟した日本文化を背景としていたのは当然であり、安土桃山から江戸時代という日本の文化成熟期が土壌となっていた。日本が国内をひっくり返しかき混ぜたような明治維新を通過出来たのは、江戸期後半から始まっていた近代化あってのことであったとの見方は十分納得出来、説得力がある。鎖国により国外からの脅威を排除しつつ日本の近代は江戸中期から始まっていた。

鎖国によって得た安定した国情の下、米作中心の労働価値から流通経済の基本、貨幣を土台とした知識価値を重く見る方向へ移行しつつあった時代に、各地に築かれた藩校と寺子屋教育の庶民への広がり（大衆化）が近代日本文化の下地となった。

寺子屋は寺院と僧侶の教育機関としての延長上にあり、間接的に仏教というものの周辺にある知識、知的思考はアニミズム神道を凌駕して抜き差しならぬ日本文化の核心を形成してゆく。

それを成し得た根源にあるものは、この島嶼に育った人間集団の、今に続く好奇心、いうなれば稲作文化が育んだ自然への関心力とでも言えばよいのだろうか。

第二章　タウトの真実

1　ブルーノ・タウトとは誰か

今ぼんやりと、白夜の底で、沼の畔に佇んでいる。林の木々は揺れることもなく枝をのばし、ただやわらかく、一葉の先まで動くことを憚るように静止している。

枕元の眼鏡をとってくれるようにエリカに頼もうとするが、いや、いらないと思い直す。ボスポラスの満々たる流れを見下ろす寝室の中なのに、どうして、あの桂離宮の庭のせせらぎの、水の流れる密かな音だけが聴こえてくるのか。何故だろうか……。

それでいて自分は、少年の日の故郷のケーニッヒスベルクの沼の畔に立っているのに……眠くなってきた。

一九三八年十二月二十四日、ブルーノ・タウトはイスタンブールの自邸で永眠した。

彼を招聘し活躍の場を提供してくれたケマル・アタチュルク大統領の死から、それほど日を経ていないその年のクリスマスイヴであったことになる。体力を消耗した過労の果てのことであろう、脳溢血とされているのでタウトは最後の数秒の間に五十年の夢を見た。前文は筆者のイメージした、その夢である。

地中海性気候のイスタンブールには珍しく落ち葉を叩いて降る雨の中、一畳大の白大理石が横たわる墓石に向かい、筆者がタウトの生涯に黙禱したのは二〇一二年秋であった。

タウトの生い立ち

ブルーノ・タウトは一八八〇年五月四日、ドイツの東プロイセン・ケーニッヒスベルク生まれ（巻末年表参照）。現在はロシアの一部（飛び地）でポーランドの北、バルト海に面しカリーニングラードと呼ばれる場所の周辺がタウトの生国である。今、とても行きづらい地域であり剣呑な場所でもある。近年ロシアはＥＵを睨みミサイル基地としての準備を怠らないと言われ、バルト三国の南に位置し嘗てのプロシャの地でもあるが、その昔ドイツ騎士団の占める地域の一部でもあった。哲学者カント、数学者オイラーなどの生地であることで有名である。この地に立ってみたく試みたが未だ成し得ていない。

タウトの生地ケーニッヒスベルクに立ってみて、ワイマール共和国時代の活躍から日本へ、さらにトルコへ渡り客死せねばならなかったその生涯を愛おしく振り返ってみたかったのである。

生い立ちといっても詳細情報は多数の方の著書に委ねざるを得ない。

イスタンブールのタウトの墓前に立ち瞑目し、偲ぶことが出来ただけになおさらなのである。心に劇的な感傷を覚える東西の接点、イスタンブールで、現地の案内人が言うようにこの地には稀なかなりの雨が降っていた。短いトルコでの旅の数日であり、日本で過ごしたタウトを偲んで感慨深かったものである。

その地ケーニッヒスベルクに生を享けた一人の建築家が、何故あれほど日本文化を理解し得たか、愛し得たか。タウトの自伝的回想に言う、青年時代、木々の動きを観察して自然の法則を考えたと。西欧人には珍しくタウトの心には日本的な何かが潜んでいたのか。

今、人種、時代を超えて人の心に住き思いを齎すもの、我々日本人の、日本の創り出し積み上げてきた文化の普遍性を、しみじみと誇り高いものと思う。

生真面目な建築家・文明批評家――自然への憧憬

沢山のことが書かれ伝えられている。代表的な二つの例を挙げてみる。

一、「タウトの生涯の総括」とも言えるが、斯界の権威と言っていい岸田日出刀による『ニッポン』（ブルーノ・タウト著、森儁郎訳・講談社学術文庫）に寄せられた「序」と持田季未子の「解説」である。貴重な書評と評価を添えたまま引用する。

◉岸田日出刀による「序」

「ドイツにおける欧州大戦後の表現主義時代、ベルリンのハンス・ベルリッチ、エリッヒ・メンデルゾーン、ペーター・ベーレンス、ワルター・グロピウス等の建築家と共に、マグデブルグのブルーノ・タウトの名は、一つの大きな存在であり、タウト氏は雑誌「フリューリヒト」を主宰していた。１９２５年以後ベルリンに移り、大規模の集団住宅（ジードルンク）を数多く計画経営し、今日ではこの方面における実際的権威者とされる。」

「本書はタウト氏の日本観である。……表面的な日本観と同列なものではない……。寡言で哲学者らしいタウト氏が、じいっと日本というものを見つめて……吉田兼好に私淑しているあたり、……深く日本というものを見ていることがわかる。」

◉持田季未子の「解説」

「……おびただしい出版量の著作内容が、かくも長い余波を持つ国民的人気を博したについては、受容する日本人の側に強く反応する条件があり、与って力を発揮したと考えるべきであろう。

つまりナショナリズムの問題である。……あくまで受け取る側の問題に過ぎない。こうした受容側の異常さを根拠にタウトの真率誠実な日本観察を割引して考えたり、ましてや桂離宮の価値そのものを疑問視するなどは、愚かなことである。」

「……来日以前に一体どんな建築家だったのかを知ることが不可欠であろう。……タウトという危機的時代を生きたひとりの芸術家にリファーしつつ読まれてこそ、理解されると思われる。……欧米を脅かす経済大国となり、アジアを過去のように軍事的にではないが経済的に実質掌握するにいたり、次なる関心が自国文化への自信回復に向かっている現在、私たちは過去同様な落とし穴に再び嵌らないよう留意してタウトを読みたいものだと思う。」（筆者注／氏の時代からの変化は速く、大きく差が生じている）

「……タウトは矛盾する面をあわせ持つ建築家であった。グロピウスやミース・ファン・デル・ローエらとベルリンに1918年「芸術労働評議会」を設立した事実からもわかるように基本的には機能主義に立ち、マグデブルク市建築課長として赴任した後も住宅・都市計画・団地設計などでその理念を実践し、ワイマールにバウハウスを開いたグロピウス、フランクフルトにあって活躍していたエルンスト・マイとともにドイツ近代建築の指導者であった。」

「……タウトのなかには表現主義的、個人主義的傾向と、……一方社会主義的傾向のあらわれとしては、勤労大衆のための住宅を精力的に建設。……実り多い最高の創造活動……労働組合を母体とする建築供給会社ＧＥＨＡＧの主任となって……ベルリン郊外ブリッツの馬蹄形集合住宅がとくに名高い。その当時の意見に「建築家は芸術家であると同様に社会学者、経済学者、厳密な科学者でなくてはならない。」と」

「「日本は、およそ今日の世界に欠けているところのもの、すなわち閑暇という偉大な理念を創造した」とタウトは書く。」

二、「日本におけるタウトの紹介文」の典型で、タウトが滞日中の殆どを過ごした群馬県太田市の少林山達磨寺が発行している解説文である。タウトの所縁を訪ねてくる訪問者に対して用意しているものであるが、簡単にタウトのあらましを伝えている。同寺ＨＰを参照されたい。

近隣住民との交誼を含め平和で穏やかな生活であったことが偲ばれる。

タウトは実に大きな失意の中の平穏に居たことが察せられる。

実際に訪れてみると、その境内も洗心亭の佇まいも平和な穏やかさにつつまれている。

殆ど失意の中にあったと言ってよい建築家・文化評論家タウトの日常も偲ばれる簡明な紹介文である。

タウトへの疑問
——タウトを再認識することから得られるもの——

二〇一〇年十一月二十一日、筆者はあるものを観るために熱海へ出かけることになった。建築には素人の友人達が或る建築作品を見にゆくが、建築家として筆者が案内解説をせよ、と誘われて引き受けた役目をこなすためであった。

筆者は其処で、日本における唯一のブルーノ・タウト設計になる作品（内装のみのデザイン）を観た。日向別邸である。

そして彼がデザインしたといわれる照明器具を観た。

時代を隔てているとはいえ、そのアイディアの稚拙さと造られたものの詰まらなさに愕然と、いや失望したのである。同行した仲間達に気付かれぬように。

デザインのアウトプットには普遍的に理解され、良いとされるものと、そうでないものがある。後者には違和感とでもいうべきものが纏わりつく。

〝違和感〟とは何か。様々な〝作品〟というものには絶妙な「ま」（関係性とでも言おうか）でつながり、一体感を構成するデザインされた〝なにか〟が成立していなければならないが、これが成立していない時の、全体を壊すものの意である。（のちに多々論ずることになる。〝キッチュ〟であり、美の本質論に関係する）

日本の漁火としての灯火、当時の烏賊釣り漁の電球でもあったか、裸電球を荒縄様のコードで連ね、天井下に一列に吊るしたものであった。

デザインにはヒントとなるものはある。人間が或る形を観、脳の一部が刺激され、自分が創るものを洗練された状況に取り込んでゆく、デザインとはその後半の作業を言う。

タウトには、このケースに限るものと考えたいが、その作業への怠慢、粗削りさ、調和又は反調和（対立する調和というのに近い）へブラッシュアップしてゆくことへの無神経さともいうべきものを感じる。置かれた環境・状況の影響を差し引いても。

この作品にかぎり遺憾であり、三連の空間をレセプションの間として改装した全体設計に気を萎えさせるような失望感を抱いた。

既存建物の、海に向かって開けた軒の低い地下（実質一階）という悪条件の中での工夫自体は立派なもので、短期間での垣間見に近い日本建築を咀嚼しドイツ文化との合体を試みている。

しかし後に判ることであるが、タウトは垣間見どころか実に深く日本文化全体を咀嚼し理解していたはずである。タウトの全体を俯瞰した上で言う、あの照明デザインは〝キッチュ〟である。

三つの連続する空間にベートーベン曲の楽章の名を冠して、最初と次の間の空間は和洋折衷である。使われる機能、様式からして納得は出来る。

現在、熱海市の観光資源の一つとしての価値を見出され訪問者も多いようだが、建築関連雑誌も「日向亭考察」（『日経アーキテクチャー』２０１５年10月号）の例のように採り上げて、広範な文化遺産の範疇の中で生かされている。

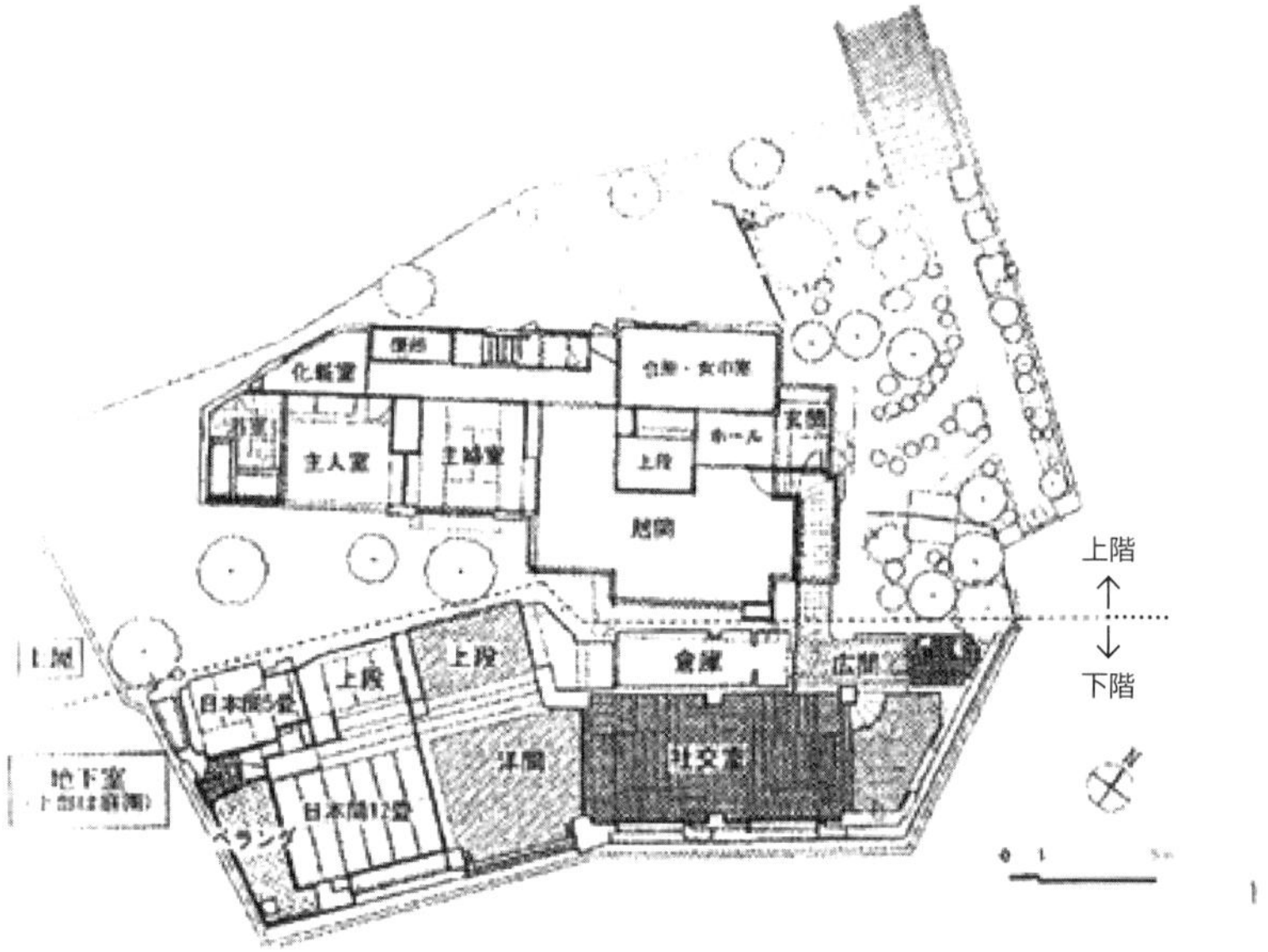

T／1　日向別邸平面図・下階のインテリアをタウトがデザインした

T／2　日向別邸照明器具・電球

T/1、T/2出典：田中辰明著『ブルーノ・タウトと建築・芸術・社会』より転載

――タウトという建築家像――

筆者は、これまでに漠然と抱いていたタウトという人の実像をどうしても知りたくなった。これまでのタウト解説とは、桂離宮への評価を通して、日本人に日本美への覚醒を結果として促したとされているものである。それは、完成されたモデュールによる日本建築の整然とした機能美への賛美であったと喧伝されてきたと思う。所謂モダニズム讃、それは真実か？『日本美の再発見』の真実は何であったのか。率直に言って筆者はタウトに関する殆どを知らなかった。

タウトの評価したものが見えてくるに従い、筆者は若き日の自身の関心事を思い出した。建築を学ぶ過程で、又、社会の実務に身を置きながら何時も、幾度となく振り返って来た、その反芻を通して、日本的なもの、日本文化の壮大な魅力を確信したくなったのである。

関連して興味のある様々なことに触れながら辿った、その確認の過程が本論になったと言えるだろう。

筆者は、冒頭で述べた熱海で筆者が抱いた失望の妥当性に合点がいったのである。

しかし、このことは筆者のタウトへの全体的評価を低くはしなかった。むしろ建築家としての在り方に共感し、文化評論家としてのタウトの価値を最大限に高める結果となった。

「建築家としての在り方に共感」するとは、各々の建築家自身でなければ分かり難いことかもしれない。専門家として建築設計を仕事としていても、天与の才能のあり方に類の違いがあるのである。実作型、理論家型、機能追求型、美的作家型、ひいては教育者型等と。

タウトの心、つまり自然を畏敬し尊重する心は万人に通ずるものと思われる。日本人の占有すべきものでもなかった。

筆者は、故国を脱出して以降のブルーノ・タウトを中心に考察しているが、それ以外のタウトについて卓越した研究があることを知っている。東京造形大学教授・長谷川章氏による著作はタウトの思想背景を丹念に追ったもので、その最たるものであろう。氏の研究は、純粋に建築作家としてのタウトを語るには必須の世界である。又、タウトの故国ドイツではアーヘン工科大のM・シュパイデル氏他の著書群があろう。タウトの著作群の独語による正確な原点に迫るにはこれらを読んで初めて可能であろう。邦訳文を通してのみの、タウトと日本文化の関わりについての観点からのみ考察している筆者の迫り得なかった部分については、これらの著作が研究されることが望まれる。

日本との関係が濃いもう一人の建築家との比較から得られるもの

十九世紀初めの日本から世界に出た日本文化の情報に、二人の建築家が興味を持ち、彼等が建築を通して、別々の方法で日本文化の神髄に近付こうとしたとは先に述べた。

一人は語らずに、日本文化の神髄に迫ることが目的ではなく、知り得た知識を己の設計行為に生かし利用することで世に問い、残し、嘗てなかった独自の作品群の語る文化として歴史を創った。

それ等は魅力にあふれ、歴史の浅い米国文化の一つの典型として今なお人々を引き付け、文化遺産の位置を占め続けているし、嘗てはヨーロッパ建築界への影響さえ残した。

一人は既存の日本建築を観察し考察し感じたことを書くことによって、日本の文化活動に刺激を与え影響を残した。但し形而下の作品を殆ど作成し得ず過ぎ去った。

二人の言動を通じて、共通する日本文化の姿、核心が見えてくるのではないかと思う。

二人の建築家は欧米人であり、彼等の育った環境に無かったものに関心を抱いた。

彼等各々が興味を抱いた欧米文化と「違うもの」こそ日本文化の核心、地球上他に類を見ないものであったとも述べたが、その二人タウトとライトは、異なる平面の上で日本を感じていた。

両者共に来日し、日本文化に触れる機会を持ったのだが、ライトは日本的建築空間の思想を学び、一方のタウトは与えられた運命の故に、形而上的に日本建築の心を探究することになった。

この二人が生涯に何をなし、何を残したかを追い考察することは、おのずから彼我の比較文化論となることを確信し始めている。

あらためて言う、極めたきは日本文化の独自性を認識することである。

2　タウトの時代

第一次大戦後の苦闘から第二次大戦へなだれ込むドイツ

タウトの生涯は大きく二分される。アウトプットの位置付けからすればさらに細分されるだろうが、活動の性質からすれば、前半の母国での活躍がタウトの建築家としての全てと言ってよい。

つまり彼の全盛期は第二次大戦以前なのである。

『日本美の再発見』の訳者・篠田英雄（1897〜1989）の「あとがき」から借りて言えば、ブルーノ・タウトの動きの内容が簡略ではあるがさらに分かり易い。重複を恐れず引用すると、

「ケーニッヒスベルグ生まれ、国立高等建築専門学校卒、ベルリンで独立建築事務所、事務所建築、広間建築、大アパート、百貨店、映画館、レストラン、大小住宅、鋼鉄の記念館（1913年）、ガラスの家（1914年）等のプロポーザル、大戦後主にジードルンクを設計、1930年〜シャルロッテンブルグ工業大学で教授、ジードルンクと住宅建築の講座、〝当時、ジードルンク建築により大衆の便を図ろうとする建築家は社会主義的とみられた〟ので、ナチスを逃れひとまず日本へ」である。

ドイツを脱出せざるをえなかった理由には幾ばくかのモスクワでの活動も影響したであろう。

世界遺産となっているタウトの設計したジードルング（団地）の入り口には今、記念碑が建つ、しみじみ時代の変遷を思わせられるが、その青銅製の碑には横顔が浮彫りされている。

彼の逃れた直後のドイツをリアルに伝えてくれるものがある。タウトが感じた身の危険は正確であった。

逃れた後のドイツの世相をヴィヴィッドに伝える谷口吉郎の日記はそれを証明している。『雪あかり日記／せせらぎ日記』（谷口吉郎・中公文庫）という貴重な時代の証言である。

二〇一七年八月の或る日、家人が筆者に新聞のコラムを示し、ある著書を読んだことがあるか否かを問うた。建築を学び建築家を自認して憚らない筆者がその本の存在を今まで知らなかった。谷口吉郎の『雪あかり日記／せせらぎ日記』である。茶道教授である家人はコラムの中に天窓についての記述を読み、茶室に関する記述である「……比較文化の点でも実に興味深い」に目をとめて筆者に問い掛けたのである。早速古書店、図書館を巡り二年前に再版されたものであることが判明、出版社に在庫を確認出来た。

読み出して魅せられた。谷口のベルリンでの日々が、周辺の泡立つような様に反して、ゆったりと流れていることを覗わせており、そのギャップがとても興味深く書かれている。

そう、この日々は激流の時代の中にあった。

谷口がベルリンに到着した日は一九三八年十一月十日「水晶の日」であったという。ドイツにおけるユダヤ人排斥運動の特に激しく表れた日であった。随筆中、谷口の種々の想いをちりばめながらベルリン滞在中の日々が綴られている。

日記に基づく谷口の感性の吐露と言える文章は、ドイツ国民の第一次大戦後の憤懣を激情へ高め纏めてゆくヒットラーの巻き起こす世界的騒乱への不安感をひしひしと伝えながら、西欧美術と西欧建築文化を辿り身の内へ取り込んでゆく日々を語る。

その内容から察せられる時代への慮りが出版への逡巡を生んだであろうことが察せられる。

タウトが故国を去った後の僅かな時間（三年半）を経て建築家谷口吉郎がベルリンへ赴任した。奇しくもこの時期にタウトは日本を去ったことになる。滞独中にドイツ及び欧州の文化を訪ね回った行動は、タウトの滞日中の作業と対比を成すように見える。

タウトが察したとおりにナチスの勢力は伸び、谷口は、ワイマール共和国以後のドイツの国内事情を述べ、滞在一年間の国情を語り、正確な予感を添えて、タウトの望まなかったドイツの破滅と世界情勢への危惧を述べている。外務省嘱託としての伸びやかな精神の日常とドイツの急流のような変化の対比が絶妙であり、ヴィヴィッドな滞在記となっている。表現派かつ社会主義的と位置づけられるタウトが、故国に居られなかった実情が切実に語られ裏付けられている。

タウトの国内での活躍はぷっつりと断たれたのである、ナチスによって。

それまでの活躍は岸田日出刀による紹介や田中辰明氏、長谷川章氏等の丹念なレポートや著作・諸資料によって明らかであり作品群の一部は、現在ドイツの世界遺産としても維持されている。

この日々を遡ること五年、一九三三年五月三日にブルーノ・タウトは日本上陸、翌四日、桂離宮を初めて観たのである。さらに一九三六年十月十日離日し、一九三八年十二月二十四日イスタンブールで客死した。谷口吉郎のベルリン上陸の四十四日後である。

「水晶の日」事件はタウトの耳に入っていたであろうか、病に侵されていたタウトは何を想いながら逝ったのであろうか。

3　タウトと日本の接点の特徴

一気に日本へ

青年時代に抱いた日本への想いは淡いものであったのかもしれない。一時のモスクワでの働きを含め活発なプロポーザルや作家・設計者としての活動を経て、建築家としても名を成しつつあるワイマール時代のベルリンから去る決断をするまで、日本への関心は絶えていたのかもしれない。日常的に日本関連の書物などに接していたのかを知る確たる情報がない。少林山達磨寺HP等に「……鴨長明の「方丈記」や松尾芭蕉の「奥の細道」を読み、池大雅の「十便図」を是とするほど、日本独特の「わび」「さび」の心をドイツにいる頃から学び……」とあるのは誤伝でなければ確認されなければならない。

来日以前に鴨長明や松尾芭蕉を理解していたとすれば何をかいわんやである。慌ただしく故国を脱出したまま誕生日前日に舞鶴に上陸し、誕生日に桂離宮を訪れたタウトに如何なる心の状態が現れたのか。正に劇的だったのではないか。

劇的とは言いながらタウトにその受容力がなければそもそも劇的たり得ない。

その後再訪しているが、彼の桂離宮への考察はその著『画帳桂離宮』（篠田英雄訳・岩波書店1981）に著わされ、気持ちの高ぶりまで伝えている。その様を『桂離宮─ブルーノ・タウトは証言する』で著者・宮元健次が伝えている。画帳であるからタウト自身の筆墨のスケッチが中心になっており興味深い。

この宮元の著書ではタウトの故国脱出事情も詳細に記述されているので参照させてもらう。まず、「タウトはいつも政治とはうまくやっていけない人物だったということである」（p.8）という著者の慨嘆ともいえる結論が面白い。よくある人物像であり、理念型タイプ人間の共通する傾向ではなかろうか。

ソヴィエト政権下での旺盛な建設政策への西欧建築界の参画は大々的なもので、エルンスト・マイ、バウハウスのハンネス・マイヤー、コルビジェ、グロピウス、タウトの弟マックス・タウト、ペルツイッヒ、メンデルゾーン、そしてタウトも参加していた。

政策実行者側と上手くゆかぬタウトは十ヶ月で職を辞し（デザイン上のトラブル）帰国、ナチスに目を付けられていた三名の内の一人であり、危機を予知して脱出したという。

他の二人は後に逮捕され処刑されたらしく、その二人が逮捕された日はあのナチスによる国会議事堂放火事件の日であった。辛くも脱出出来たのは娘エリザベートが軍高官の娘と学友で、危険である情報を得られていたという。

妻ではないが、十六年暮らしてきていたエリカ・ヴィッティとの脱出先候補は米国と日本であったが（タウトはアメリカ建築家協会外国名誉会員であり日本インターナショナル建築会の外国会員）、第一希望の米国ビザが拒絶された故の日本行きであった。日本インターナショナル建築会の上野伊三郎からの招聘に乗ったものであった。

いずれにしても、突然桂離宮を目前にした場面転換を何に譬えたら良いだろうか。心理的慌ただしさの中、故国を出てユーラシア大陸を横断、日本海を経て舞鶴に上陸した翌日、桂離宮に居たのである。一瞬、心が洗われたのであろうことは想像出来る。

ヨーロッパにおける十九世紀末当時のジャポニズムをイメージしておこう。タウトも、パリから伝わって来たであろうジャポニズム関連情報に関心を持っていたであろうことは確実だからである。

二〇一七年の欧州ジャポニズムに関する展覧会、TV企画は喧しいものであった。

二〇一七年十月二十四日から二〇一八年一月八日までの東京都美術館「ゴッホ展・巡りゆく日本の夢」、同十月二十一日から二〇一八年一月二十八日までの国立西洋美術館「北斎とジャポニズム」、後者に添えられたコピーは「HOKUSAIが西洋に与えた衝撃」と詠われていた。セザンヌ、ゴッホ、ゴーギャン、モネ、ドガなどの実作を提示されると、彼等の興奮を直に感じることが出来たのは事実である。

前者では、「欧州におけるジャポニズムの最盛期は一八八〇年代のパリを中心にしていた。」と解説され、ゴッホの手紙から引用された文章は大いに興味をそそるものであった。

「日本人はただ一本の草の芽を研究している。まるで自分自身が花であるかのように自然の中に生きる。こんな単純に日本人が教えてくれるものこそ、まずは真の宗教ではないだろうか。自然の中に生き、深い思想と真の宗教を持ち……」

このような影響を西欧に与えていた日本文化・絵画への憧れ（いわゆるジャポニズム）は、その後明治維新を経て強国への道を辿る時代を迎えた日本の隆盛と共に去り、ゴッホの抱いた理想の日本と日本人は消滅していったと言える。

たった三年半の日本滞在。

タウトの滞日期間は三年半であるが、その殆どの期間（約二年半）の住まいは群馬県高崎市郊外の少林山達磨寺境内の一隅であった。此処に拠点を置くことになった経緯については別章で述べるが、いずれにしても支援者の配慮によるものであった。

日本での支援者、スポンサー達が存在してこその日本滞在であったが、そもそも日本政府はどのようなスタンスでタウトの入国を観ていたのであろうか。当時の政府関連文書を調査してみる必要を思いながら、その時間を惜しんでしまう。ただそれとなくタウトが抱いていたらしい不快感は伝わってくるのであり、それがどうやら我が国官憲の注目を意味するであろうことは察せられる。彼の本音はさぞかし「早く米国へ渡りたかった」であろう。

仕事がなかったという事実もその気持ちを助長していたはずである。スポンサー達が工芸活動関連の役割を与えていたことでは充分でなかったであろう。

その分、膨大と言われてもよい著作による活動へエネルギーが注がれた。

松尾芭蕉を彼なりに理解出来たからこそ「自身の奥の細道」を、芭蕉と逆方向にたどったりもした。

離日直前、住宅設計のオファーがあった。しかし発注者の満足を得られなかったらしく、その経緯を語る設計関連資料からは、やむを得なかったと想像出来る。発注者の同意を得られなかったのが真実であろう。発注者とプロポーザル側のコンタクトの質には独特なものがあり、本来時間と粘着性を要する。状況がこの時の彼等に味方しなかったであろう。

特別な事情による渡米断念を経て、ケマル・アタチュルクからの招請は渡りに船であった。

4　日本の三年半／エリカと共に置かれた滞在の実態

政治と時代の狭間で

少林山の紹介文におけるタウトの全体像により平明にその生涯を理解出来るのであるが、滞日中のタウトに関して筆者は一つの憶測を持っている。

先年、熱海においてタウトに関するシンポジウムがあり、NTTファシリティ・吉岡康浩氏の講演を聴くことが出来た。旧郵政省時代の郵政営繕課は建築設計界で一つの勢力を有していたが、NTTファシリティは先人からの有力な遺産をも引き継いでいる。氏は特に個人的に興味を持ちタウト関連研究をされており、その一部を開陳してくれた。後日、さらに好意を頂きデータを参照することが出来た。

さらに又、二〇一九年二月二十二日、氏から次頁の資料を得た。

ブルーノ・タウトが所有していたAIAの名誉会員ライセンスである。

この資料の持つ意味と、このライセンスが使われようとした経緯は、筆者にある確信を抱かせてくれた。

『日本―タウトの日記・一九三三年』の八月一日にタウトは記した。

「エリカはこの七日間臥せったままである。」

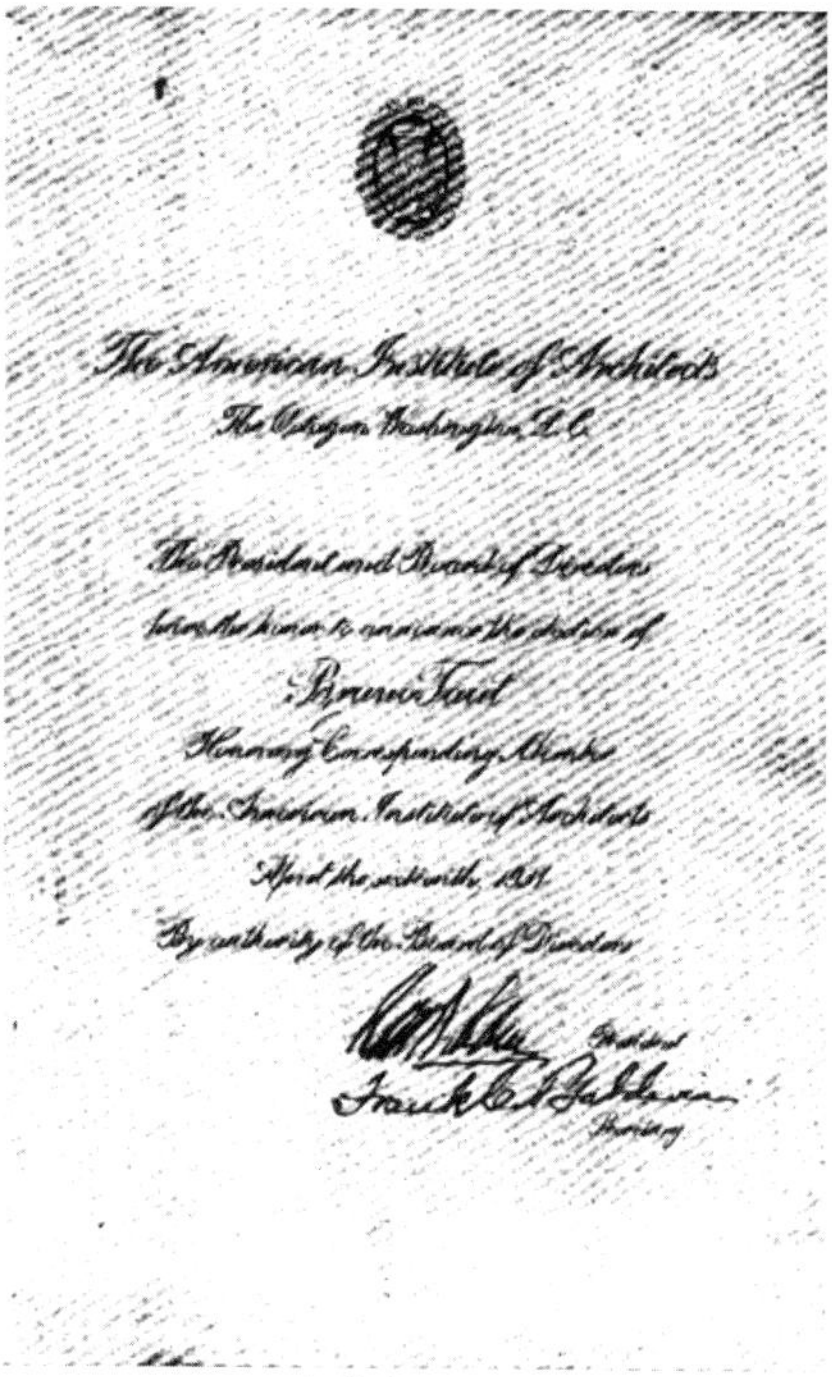
The American Institute of Architects
The Octagon Washington D.C.
The President and Board of Directors
have the honor to announce the election of
Bruno Taut
Honorary Corresponding Member
of the American Institute of Architects
By authority of the Board of Directors

T/3　ＡＩＡの名誉会員ライセンス
（ＮＴＴファシリティ・吉岡康治氏提供）

そして、七月二十四日以降七月中何も記していない。

この空白の一週間について嘗て吉岡康浩氏が「謎の一週間」として貴重な意見を公にしてくれていた。氏はファシリティマネジメントに従事する現役でいらっしゃるが、数少ないタウト研究家でもあり貴重な資料群を管理する立場に居られる。

ライト研究で高名な谷川正己先生も、お会い出来た時「タウトはアメリカへ行きたかったんだ」と呟いていた。

他にもそう信じておられる方は多いであろう、筆者もそのように確信出来た。

さらに筆者はこの資料と、これが使われようとした時代から、日本とタウトの関わりへの類推に確信を得た。

タウト来日は米国への途上の、単なる中継地であったのであり、米国へ渡ることが出来なくなった成り行きから止むを得ず日本に三年半滞在し、仕事が出来ない無聊を多くの論文や著作活動で紛らわした。

しかし、日本への偽らない思いが当時の日本と日本人に新鮮な衝撃を与えたのである。

タウト日本上陸が一九三三年五月三日、四日に桂離宮を観、七月後半に渡米の手続きを開始している。明らかに日本は中継地であった。

これらの行動を含めタウトの動きをコントロールしたのが同伴者・エリカであり、彼女は天才的なプロデューサーであったとは、吉岡氏の言であり、筆者が知った驚きである。

タウトとエリカが周到に用意したのが米国行きと米国での活動を可能にする〝もの〟であり、それがこのライセンスだったのである。

タウトは確かな実績を持つ建築家でありライセンスを有していた訳であるから、米国へのビザは問題なく発行されたであろう、一人であれば……。当時の米国が拒んだのは明らかにエリカの経歴であったのではないか。吉岡氏も同意して下さった。

大戦後エリカが永住したのは東ドイツであったという。

それ故（渡米出来ぬ原因が自分に起因するという落胆）のエリカの一週間の臥せりであり、タウトの日記の一週間の空白である。日記には記さなかった日々、タウトもそれなりに訪ね回ったのではないか、無為とは信じ難い。

四ヶ国語を操り、タウトの総てを口述筆記し、タウトの原稿は三枚のカーボンコピーをとり出版社への版権を資金源としたという采配は「夫人」秘書たるエリカの裁量であった。

その残念な結果故に、『日本文化私観』をはじめとする著作群も生まれたのである。

しかし、その日本滞在故にタウトも多くを得た。

エリカの落胆の源をなしたであろう彼女の属性について推量を働かせられる文献の一つを、二〇一九年二月二十二日に吉岡氏が提供して下さった。嘗て『文藝春秋』十二月号（発行年不詳）に松本晃氏が寄せた文章である。一部を引用させて頂く。

日本上陸後一年近くを関西で過ごしたタウトが東京に移動した最初の宿は、晃氏の父、松本寅一氏が建設した代々木の国際フレンド会館であった。これは現在マツモト・インターナショナル・ハウスと改名され松本晃氏が代表である。

「……（エリカは）タウトのデスマスクを高崎市の少林山達磨寺に納め、タウトの日本滞在中の日記を日本に運ぶと、今度はソ連への入国を希望したのである。それが不可能と分かると、上海に渡り、ソ連入国の機会を待った。……終戦後、米軍に保護された彼女は、米国経由で東ドイツに帰国した。そして、東ドイツ政府より反ナチス者としての特別年金を支給されている。……（タウトの四か月後に来日した）リヒャルト・ゾルゲは昭和一六年に検挙されるまで、駐日ドイツ大使館に密着、ソ連のためにスパイ活動を行った。……ゾルゲとエリカには、日本での共通の友人がいた。ドイツ大使のオット夫人である。このオット夫人も親コミンテルン派であったことが判明している。またエリカが渡った上海こそ、中国におけるコミンテルンの情報基地だったとされる都市であり、尾崎秀実とゾルゲが親交を深めたのもこの街だったのである。……（自由学園や婦人之友社に招かれ、座談会や生活講座に出席するような）活動を通じて、エリカが日本の文化社会面での情報収集を行っていた可能性は高い。」

タウトが信頼した日本人には翻訳者・篠田英雄があり、建築家・吉田鐵郎であり、タウトが日本における唯一の弟子と認めた青年・水原《みはら》徳言氏が居たのだが、水原氏がその後友人へ贈った年賀状には、タウトのトルコでの墨絵（モスクをスケッチしたもの）が添えられたりしている。墨絵といえばあの『画帳桂離宮』である。

高崎郊外少林山の離れ洗心亭をアレンジしたのは美術に造詣の深い建設実業家・井上房一郎であったが、様々な意味での彼の援助をタウトは意識せずに過ごした節がある。井上もそれを言いはしなかったようである。

吉田鐵郎は郵政省営繕に属する建築家であったし、当時の交流が基と思われる貴重なタウト関連の資料は、岩波書店と共に現ＮＴＴに保存されている。文学者・篠田英雄は専門的事項故に吉田に翻訳に関する援助を求めたがタウトの篠田への信頼がそれを拒んだらしいし、多忙な吉田も要請に応えられなかったであろうことを想像出来る。（岩波書店分の資料は現在早稲田大学図書館に委託、管理されている）

タウトは憧れて日本に来た訳ではない、成り行きだったのである。しかし優れた文化評論家の素質に恵まれており、正直に日本を観察出来た故に、我々に文化的遺産を残してくれた。改めて思うが、筆者の日本文化を探る作業自体もタウトと彼の著作群故である。

エリカの経歴及び属性がタウトの希望を絶ったとの想像は当たっていた。滞日中エリカは夫人として遇されていたらしいが正夫人ではなかった、所謂愛人であり有能な秘書であった、タウトは一心同体であると信頼していたからこそ渡米を諦めたのであろう。

エリカはタウト自身より明確に社会主義者であったのではないか。それ故に米国ビザの取得に差し障りがあったのかもしれない。最終的にエリカが向かったのは分断後の東独であったのは当然だったのである。

渡米を諦めたタウトはトルコ大統領・ケマル・アタチュルクからの誘いに乗った。タウトを大統領に推薦したのはベルリン時代の盟友マルチン・ワグナーだったという。

奇しくも、ドイツ、日本、トルコは大戦における枢軸国側であり、ナチスから逃れながら三国のなかを移動することになった。

日本においては官憲の監視下にあったであろう、レベルは低かっただろうが。

本心で語りながら、タウトの語る内容は当時の日本の体制にとって害をなさず、むしろ歓迎すべきものであったことが彼の行動を許容し、支えた人々の好意も活きることになっていたと想像することが出来る。

タウトの「語り」の内容が日本文化、建築物、建築の生産システムの結果（桂離宮）の美しさのみであったのか（実はこれまで筆者がそう誤解していた）、日本的空間（桂離宮の庭と建物の関係）に対する正当な評価であったか、ここは、筆者の言いたいことの中で重要な位置を占める。

タウトの日本礼賛のかなりの部分に、伊勢神宮を初め日本文化の中での神道・自然への礼賛が位置を占めていることも戦前の我が国の中では有利に働いた。

この部分に関して持田季未子の解説（前出）にその一端が現れている。

「傍系のエピソード」として語られるべきかもしれない夫妻の渡米の不首尾は、一つの物語、小説・映画にもなりうるような展開であると思う。

タウトの渡米が実現していたら、という想像もそれ自体面白い。

T/4　洗心亭南外観

T/5　タウトも眺めた少林山達磨寺からの榛名・赤城連山

T/6　洗心亭四畳半／玄関奥

T/7　洗心亭六帖

T/8　洗心亭脇タウト記念碑

T/9　タウトデスマスク（少林山達磨寺所蔵）

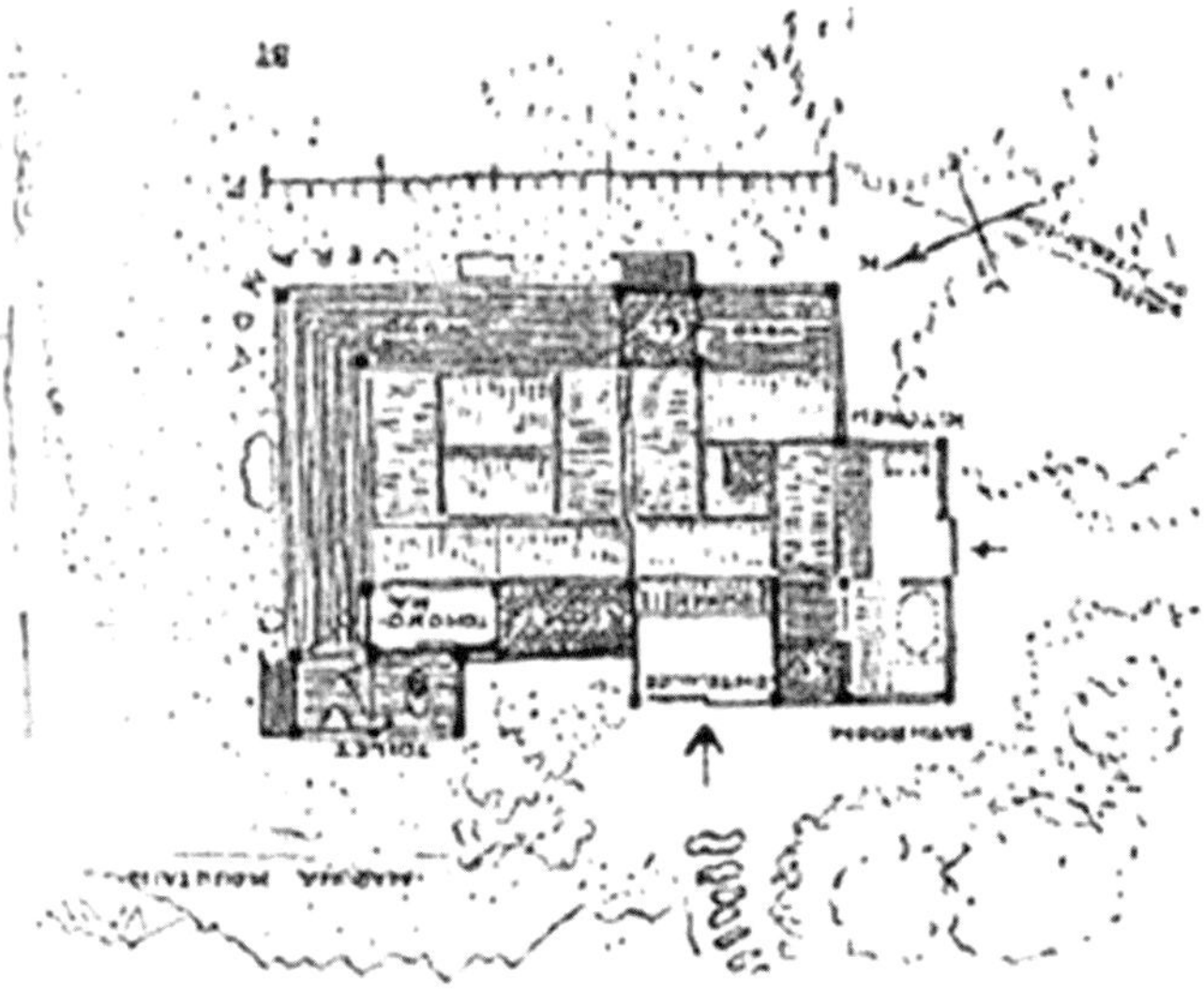

T/10　タウト自筆の洗心亭プラン（田中辰明氏著作より転載）

タウトと似たような立場で、米国へ逃れたグロピウスやミース・ファン・デル・ローエのその後の活躍を考えると面白い、が、タウトが社会主義者的傾向を帯びていたことを考えると、又、タウトのデザイン傾向を考えると苦労したであろう。しかし、彼自身がコペルニクス的転回をなし得ていたかもしれない。健康上の天命は如何とも知り難いが、トルコでの激務ではなく、当時既に米国に在ったという息子のハインリッヒと共に平穏な生活を得ていたならば又違ったその後であったであろう。

二〇一九年二月十八日、達磨寺を再訪した。同寺本堂は小高い丘の上にあり、洗心亭はそこへ至る回り道の中腹に位置し共に北面、見下ろす高崎市郊外平地の向こうに、左から浅間山、榛名山、少し奥に穂高そして赤城山を望める。殊に雪の浅間山は雄渾なはだれ雪に覆われて輝くばかりの美しさである。この景観がタウト夫妻を慰めたことは確実だろう。

同寺ＨＰ上のタウト欄は美しく整備されており、今、タウト資料室が整備されようとしている。

ここにはエリカがもたらしたタウトのデスマスクが飾られている。止む無しとは言え二年半を過ごした洗心亭のある達磨寺こそこれを置くべき場所と彼女は考えたのであろう。

5　タウトの残したもの

タウトの残したものと言えば単純に作品と著作を想うのだが、もう一つ大きなものを彼は残した。それはタウトの発信したものが巻き起こした日本国での反響である。

第一は滞日中の講演と著作に対する陰陽の反響。

第二は現在へも続く著作への日本人の反応、その中での最初の典型例が坂口安吾の「日本文化私観」であり近時、井上章一氏が発した疑問と評価とである。この間、我々の中に今なお滞留している、自己を問う心理もその一つと言えようか。

なにはともあれタウトの残したものをトレースしたい。

先に長谷川章氏について触れたが、氏の著書『ブルーノ・タウト研究』での『画帳桂離宮』「日向別邸」への考察は、アーヘン工科大への留学経験を持つ氏にして可能なタウトへの迫り方であり、ドイツ文化の背景を踏まえた独自のタウト観で、筆者の観点とはタウトを挟んで対極にあると思われる。とはいえ、研究者としての大きなフィールドを持ちタウトに関する詳細且つ貴重な事実情報を補強し、与えてくれる。

5－1　プロポーザルと作品

1：理念的な作品

◎パビリオン（ガラスの家、鉄鋼館／鉄のモニュメント）及び住宅

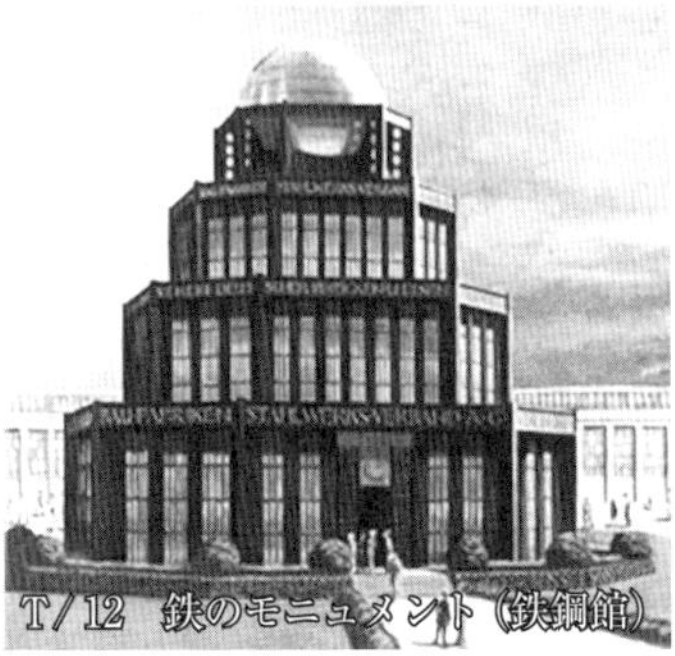

T/12　鉄のモニュメント（鉄鋼館）

T/11　ガラスの家

T/13　ケーゼグロッケ／エドヴィン・ケンネマン邸（タウト設計）

（裏側より）

T/14　自邸（表側より）

T/10～T/14、田中辰明著『ブルーノ・タウトと建築・芸術・社会』より

※明らかに、建築家が若い時代に設計する理念型設計であり、表現主義そのもの

◎プロポーザル

代表的な一例としてのアルプス建築／詩・空想をイメージ化したもので筆者は多くを語れない。ちなみに長谷川章氏は「アルプス建築」に対する研究に関して「ガラスの鎖」という、タウトが理念を主張する〝廻文〟について詳細に伝えている。

アルプス山脈中マッターホルンに次ぐモンテローザはマッターホルンと異なり、絵としての建造物を設定出来る形を成しているらしい。そのアイディアの中でタウトは、芸術に対する己の理念を創造物として表現した。

「異質な芸術家たちの個性を生かしながら相互の齟齬をより高い理念の下で統合して創造へ昇華させようとしたタウトが実践した共同体である」と長谷川氏は解説する。

此処でのタウトは殆ど哲学者、詩人の領域に在り、近寄りがたい。

2：ジードルング群（戸数で言えば二万戸を超えるという）

タウトがドイツ建築史の中で、実質的作品を残したという意味で名を残し得ているのは明らかにこのワイマール共和国時代の、馬蹄形平面のものを代表とする共同住宅群であると考えてよいのではないか。

社会主義的体制下の低所得者向け共同住宅は大戦後日本の住宅公団をはじめとする公的集合住宅の原型にはならなかったのだろうかという想像を抱かせる。

◉プリッツのジードルング（1925～30年）（a）

通称、馬蹄形住宅と呼ばれる大規模団地の中にまさに馬蹄形に連続する共同住居を置いているのが印象

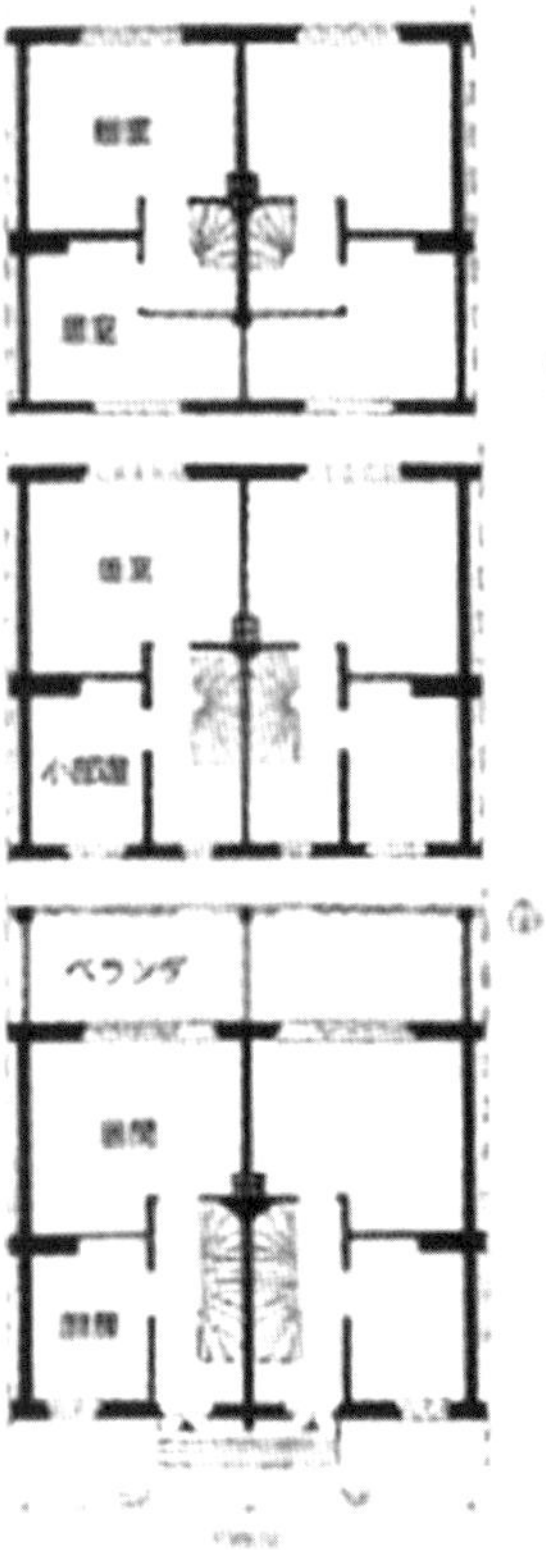

オンクルトムズヒュッテ（3層／1戸）（b）

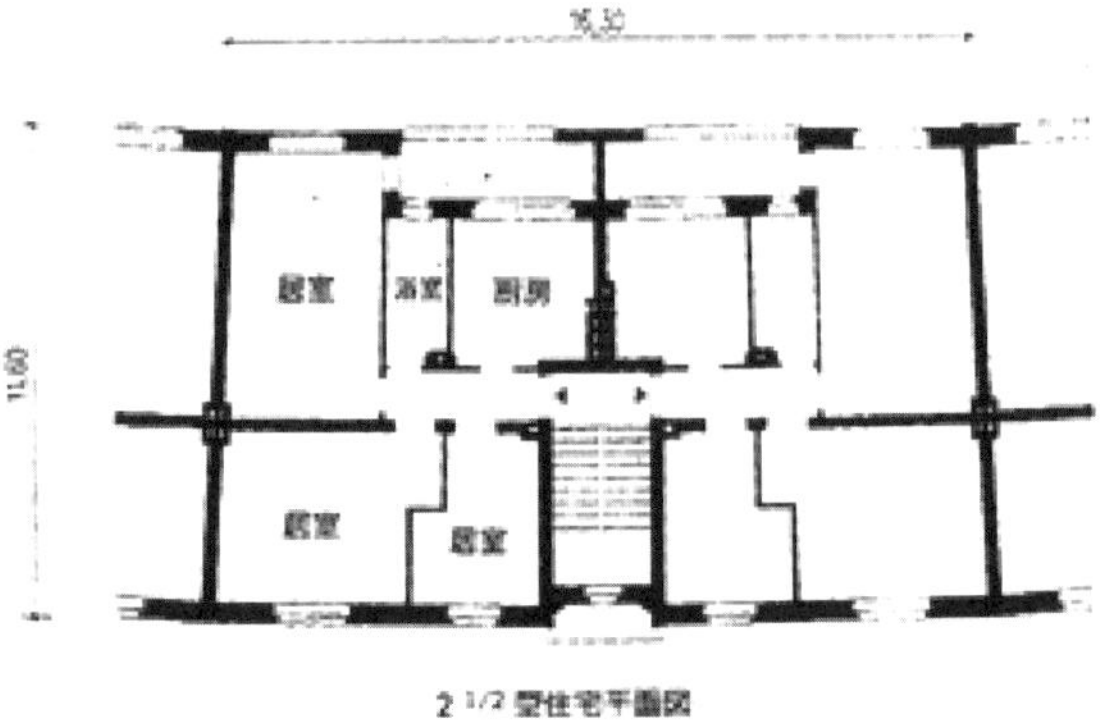

プリッツ／馬蹄形（1戸／1フロア）（a）

プリッツのジードルング（馬蹄形住宅）鳥瞰

T／15　ワイマール共和国・独（概ね1925〜1930）のタウト他による集合住宅
（いずれもノンスケール、田中氏著作から転載）

的であるのだが、この配置計画をデザインしたことの中にタウトの精神を汲み取れる。ただし、この計画はマルチン・ワグナーとの共同作品であることでタウトの主導であるかは不明である。

いずれにしてもこの配置計画に特異な意味があるのではないか。

つまり、原初に存在した池を潰さずに生かし周辺を中庭とする配置及び棟形態である。

官僚的発想に従えば、池を潰し他の住棟と同様に直線的棟配置も可能だった筈である。

自然の景観を最小限であるとはいえ残してこの団地の臍としたことに意味がある。

このユニットが住戸の採光や隣棟関

係に於いて優れたものであれば、同じユニットの数を増やして配置することも考えられた筈だが、直感的に見て需要を賄い切れる住戸数は確保出来ないであろう。最小限とはいえこの一つを残した意味は大きい。

この住戸では、一所帯1フロア、浴室厨房を具備する三居室構成の三階建である。

長谷川章氏はこの共同住宅を代表として挙げ、タウトの住居計画に関してのスラブ民族の環状集落が淵源にあるという論を壮大に展開している。

◉オンクルトムズヒュッテのジードルング（1926～31年）（b）

この計画では一所帯3フロア、住戸内階段でつながる五室、つまり三階建て住戸が横に連なる構成をとっている。（田中氏データでは平面図に浴室表示は無い）

二人の造園建築家の協力を得ているというが、筆者が訪問出来た唯一の団地であり、明らかに周辺環境計画上、優れた設計である。

さて、筆者が想像を逞しくしてしまうのが、第一次大戦後のドイツが都市に住む国民に供給したこれらの住居計画を、第二次大戦後同様に疲弊した我が国において、公的組織が集合住居を供給するに当たり、タウト達の実践に学んだかどうかである。

国交省住宅局及びUR都市機構（発足時住宅公団）へのヒアリングを経て分かるのは、少なくとも公的機関として研究したり参照したか否かは不明であり、想像の域を出ない。

明らかになったことは、やはりドイツ（西欧）と我が国における住まい方には差があることである。生活空間の考え方と住むことが出来る広さの差である。

我が国における公的共同住宅プラン（平面計画）の典型例は、
◉５１C型（１９５１年、住宅公団）（c）と
◉２DK（１９６５年、同）（d）である。

T/16　オンクルトムズヒュッテは停車駅舎名にもなり（上）、このような外観を持つ住棟であり100年を経て現在も使われている。（中）団地入口には、今、タウト記念碑が建つ。（下）

５１Ｃ型には西山夘三（京大）が、２ＤＫには前川國男が関与したとのヒアリング時のコメントも、真実の程を確定出来ない。５１Ｃ型には吉武泰水研究室の流れで鈴木成文氏が関与したという情報（小林良雄氏）もいただいている。いずれにしてもタウト等の事蹟が研究されたかどうかの痕跡は不明である。

各プランへの考察を省略する。前川の時代は既に日本建築界は明らかに独歩していた。

（タウト〈独〉のプランも我が国共同住宅の平面図も掲載した図はノンスケールであるが、我々日本の建築史の中に有る伝統的規格〈規矩〉が、畳のレイアウトにより空間の大きさを示唆してくれている。）

関連する資料を振り返ってみると、時代を問わず全世界的に、共同住居の作品例は百花繚乱である。ここでは、公的共同住宅にのみ限っての論である。

いずれにしてもこの時代、組織の効率最優先思想の中では「池を残す、木陰を創る」発想は許され難いものであったであろう。タウトを評価したい一点がこの作業の中にある。

ところで、日本の住居案には畳が残っている。しかし今、我々は畳の空間を必要としなくなっている。明らかに文明が日本の住空間と日本文化を変質させている。

筆者が自邸を設計した時（１９７０年代後半）一室はどうしても和室であり床の間を具えさせて、失いたくないものがあった。この部屋は後に子供室となり洋間になってしまった。

我々は日本文化の独特な要素を失いつつあるのだろうか。

今和次郎（１８８８～１９７３年／考現学の創始者・全日本建築士会初代会長）的視点も欠かせない。

第一次大戦後のドイツや第二次大戦後の日本が必要とした共同住宅建設は同じ社会状況の要求に基づく

ものであろう。それら要求の基本条件は低価格・大量であったはずである。似たような建設物が出現することも当然であろう。しかし、平面形や建物の形が異なるのは当然で、それを決めるのは各国民の持つ固有文化であろう。

一戸の広さと内容を決める生活様式の特徴において日本は独特であり、靴履きではない、畳敷きの特徴

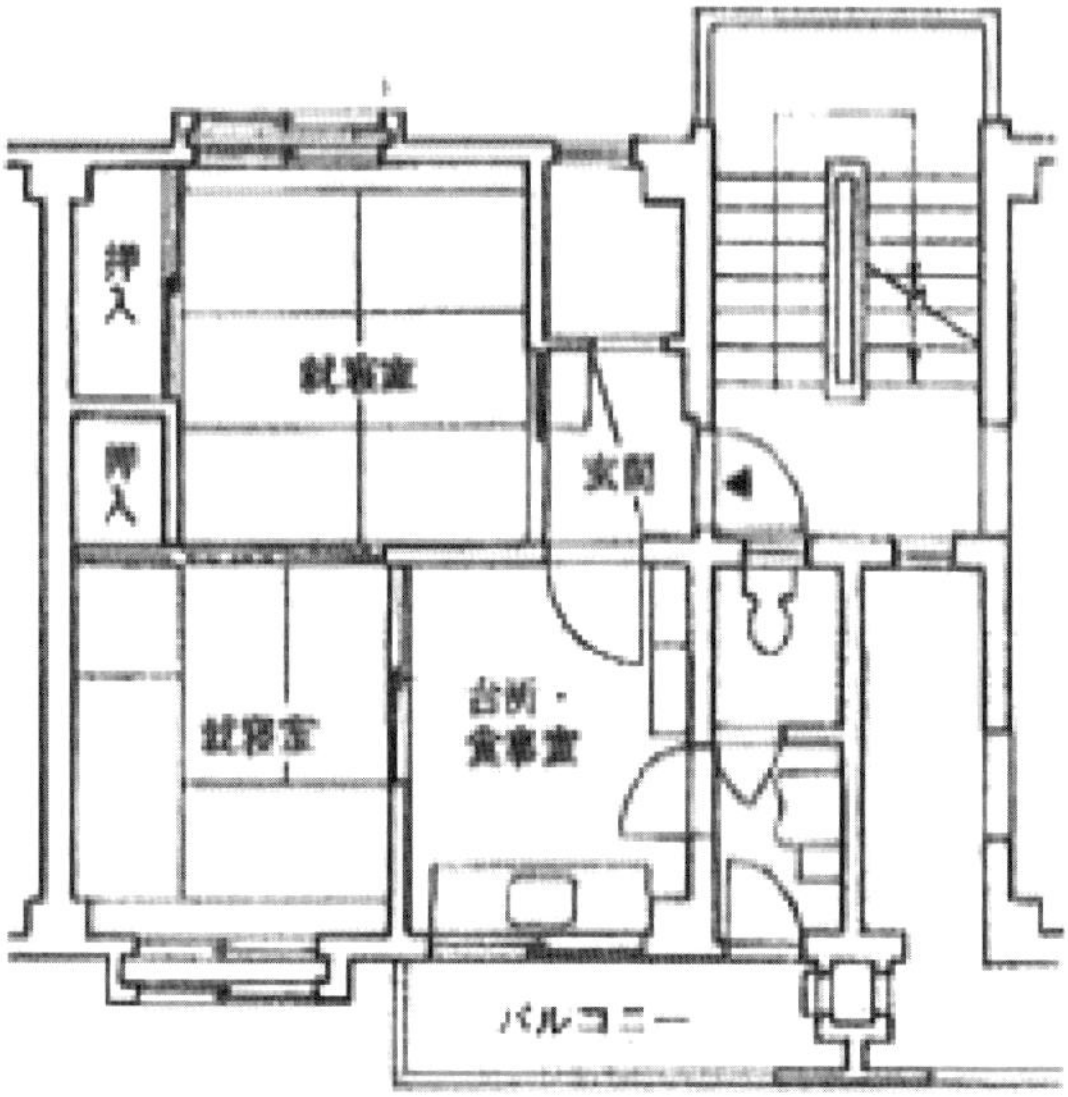

63-5 （昭和30年：1955年型）

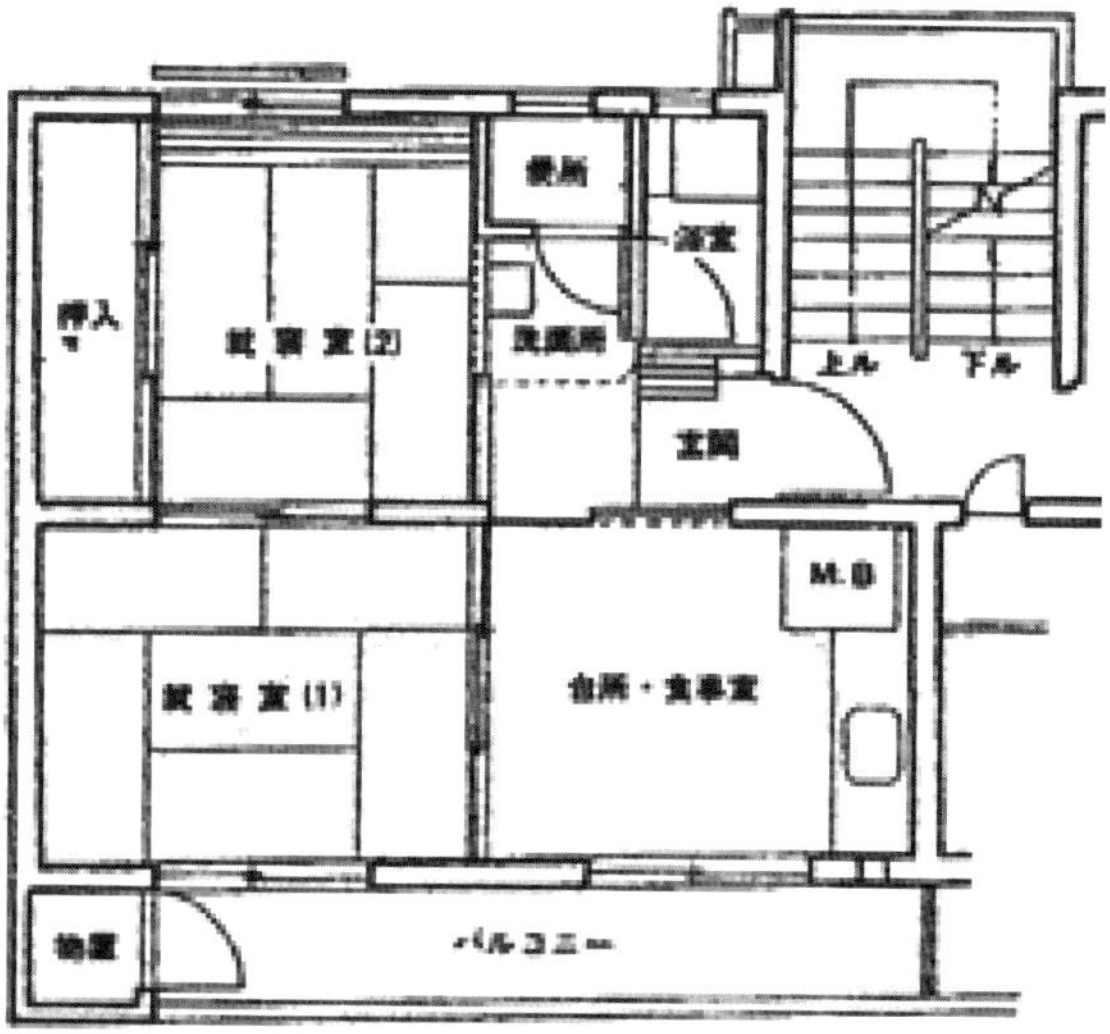

63-5N-2DK

T/17　日本の公的集合住宅プラン（UR都市機構提供）

と畳の大きさつまりモデュールに拠る空間把握の存在ではなかろうか。

しかし今和次郎の言うように、選択の余地なく使用せざるを得ない公共住宅の生活は、住民に屋外への脱出を促し観光産業の発展をもたらしたということが言えるらしい。

もう一つ、タウト達のジードルングの部屋が壁とドアによって仕切られるのに対し、日本の団地住宅では、当然襖障子によるフレキシビリティがあり、空間の流れとつながりが獲得されている。此処にも日本文化の独自性が存在する。

コルビジェのマルセイユ・アビタシオン（建設時期を考えると非常に革新的であった）のメゾネットに始まり経済的余裕の出てきた時代の共同住宅、例えば今世紀に入ってのアムステルダムにおける都市型住宅（NHK・BSスペシャル「オランダ夢の都市型住宅」）に見られる、住居内空間さえ豊かでありたいと願うようになった例には共同住宅空間の進化を考えさせられる。

時代の要請するものが切羽詰まっていたから次元を異にするが、タウトの時代、タウトはそのような空間を思いもしなかったであろうし、帝国ホテルの空間に違和感を持ったタウトの感覚の中には「流れて繋がる空間」は生れ得なかったのである。

3：ジードルング以外／田中辰明著『ブルーノ・タウトと建築・芸術・社会』他に詳しい。若い時代のニーデンの教会やマグデブルグの体育館などもあるが、興味をそそられる対象ではなく、省略させていただく。

4：日向別邸／筆者に大きな切っ掛けを与えた日本に唯一現存のインテリア作品（前述）

長谷川章氏はこのインテリア設計の解釈にドイツロマン主義の背景を言う。氏のタウト研究の中で、『画帳桂離宮』への解釈と相俟って正当性に納得する。

しかし、連続する三つの空間の中央にある漆塗り段々の部屋で茶を喫するタウトとその友人達の姿には共感出来ぬ西欧人達が見えてしまう。

空間自体が実に窮屈で、海を望んでいるであろう彼等に敢えて寛いでいる風の不自然さを感じる。段の下には除去出来ない岩が隠れているそうである。

5：大倉邸／実現せず、タウトの基本プランにより他の設計者により完成されたが、タウトが日本に残し得た最後の作品になったかもしれない。その経緯（大倉邸の設計）についての竹内芳太郎（日本インターナショナル建築協会）の回想

「スケッチをさせてみたところ、我々は落胆し当惑した。それはあれほど日本と日本人を理解しきっていたと思っていたタウトも、所詮は外人であると思い知らされたからである。それはあまりにもスーベニール的色彩が濃厚であって、日本人としては、いささか鼻持ちならぬ臭気を催させるものであった。」

「その事があって以来、大体誰もが彼の作品を日本に残す計画を断念してしまった」

＊（この経緯は筆者を大いに納得させる。筆者が熱海で初めてタウトのインテリア設計に出会った時に感じた失望感がどうやら正しかったということを論証しているような気がするからである。桂離宮を思わせる雁行型の外面を持つ）

6：トルコでの業績（田中の著作に詳しいので参照されたい）

ミマール・シナン大学での某教授の講演とシンポジウムで、トルコにおけるタウトの活動について知る

ことが出来た。その教授は貴重な資料を紹介してくれた。

代表的なものにケマル・アタチュルクの国葬での記念碑の設計案のスケッチがあり、一端を目にすることが出来たので、それを見ての感想を教授に問うた。教授は即座に頷いておられた。

ポイントのみの率直な観想であるが「いかにもドイツ的に見える」ということである。

とても意外に感じたので印象的であった。人を讃える時（主に為政者として国民の渇仰の対象になった）のシンボリックなデザインなのである。即座に連想したのが村野藤吾の宇部市民会館であり、シンケルの一連の作品のイメージであった。

ミマール・シナン大学を出、ポプラ並木の落ち葉が舗道に張り付きしとどに雨に濡れていたことが瞼に残り、何か不思議なものを観たように感じたのが印象的で、記憶に残った。

後に確認出来たことであるが、国葬セレモニーの装置正面の両側に雁行する壁を設えるらしいプランがある。大倉邸設計においてタウトが提案したかもしれないデザインに似通うものであり、つまり桂離宮の増築形態を模した雁行型ではないかと想像される。

5－2　タウトの残した日本に関わる著作群

タウトが日本に滞在したのは三年半である。建築家として本来の設計業務の機会に恵まれず、重苦しい日常はもっぱらその旺盛な批評精神の赴く先である文筆活動に向けられることになったのはやむを得ざる必然であった。その著作は、今回筆者が手にしただけで十作になる。その内の七著作は篠田英雄氏の訳になるのであるが、筆者へのインパクトの強さから以下の順に繙いてゆきたい。

（1）画帳桂離宮／ブルーノ・タウト

この作品がタウトの日本理解、日本を感じた心を最も直接的に表現した著作と考えて最初に取り上げることにした。

二〇一九年（令和元年）五月、『画帳桂離宮（特別復刻版）』（岩波書店）を早大中央図書館で閲覧することが出来た。

同時に、『画帳桂離宮の解説』（ブルーノ・タウト、篠田英雄訳・岩波書店）も読むことが出来た。

二〇〇四年十一月の再版発行であり、一九八一年十一月の「あとがき」がある。

何よりも独語によるタウトの書き込みが邦訳され、さらに欄外に解説も添えられており、内容を確認出来ることが安心をもたらした。

目次は、日記（桂離宮／孤篷庵）・桂離宮・永遠なるもの・画帳桂離宮の解説、である。

タウトの和筆による画帳本体は絵も文も分かり難いもので、その内容を知ろうとすれば、『画帳桂離宮の解説』に拠らなければならない。この版では、タウトの書き込みをも篠田が訳しており、表題を〝回想〟としている。従ってこの書物を『画帳桂離宮』と呼称するようになった源は、この〝解説〟故であろう。

（2）日本美の再発見／ブルーノ・タウト、篠田英雄訳・岩波新書

繰り返し言うように一種の社会現象のように日本に議論を巻き起こした著作であると思うので、また、筆者自身にも燻っていた疑問の元になったという意味での重さがある。

(3) 日本文化私観／ブルーノ・タウト、森儁郎訳・講談社学術文庫

この著作は（1）（2）を総合したものと位置づけられるし、大きく比較文化論に寄与すると考えられる。従って、此処までは丁寧に見てゆきたいのであり、これ以降の各著作については筆者なりのポイントを拾って紹介することとする。

(4) ニッポン—ヨーロッパ人の眼で観た／ブルーノ・タウト、篠田英雄訳・春秋社

(5) ニッポン／ブルーノ・タウト、森儁郎訳・講談社学術文庫

＊（4）（5）は同一著作で訳者と出版年（1950年、1991年）が異なるのみである。

(6) 日本の家屋と生活／ブルーノ・タウト、篠田英雄訳・岩波書店

(7) 日本—タウトの日記（1934年）／ブルーノ・タウト、篠田英雄訳・岩波書店

(8) 建築とは何か／ブルーノ・タウト、篠田英雄訳・鹿島出版会

(9) タウト建築芸術論／ブルーノ・タウト、篠田英雄訳・岩波書店

(10) 建築・芸術・社会／ブルーノ・タウト、篠田英雄訳・春秋社

(11) 日本の建築／ブルーノ・タウト、吉田鐵郎訳・育生社

(12) 日本の居住文化／ブルーノ・タウト、吉田鐵郎訳・育生社

(13) 建築と芸術／ブルーノ・タウト、吉田鐵郎訳・雄鶏社

(14) JAPAN(独語原文)/ブルーノ・タウト

5-2-1　『画帳桂離宮』/ブルーノ・タウト

筆者の原初の疑問「タウトは本当に日本を、日本文化を理解したか?」を解いてくれるものと直感した故に、この『画帳桂離宮』から始めたいのである。そもそもこの著作は、タウトが墨筆で記した独語文章とスケッチによる桂離宮礼讃の詩ともいうべきもので、書式形態を上手く説明出来ないので、その一部数頁をT20・T21に筆者の撮影写真により紹介し、形態のみ先に認識して頂きたい。

宮元健次氏による紹介が解り易く、タウトの観察をよく伝えているのでその著『桂離宮—ブルーノ・タウトは証言する』によりタウトの桂観察を辿ってみることとする。しかし、タウトの絵に添えられたものは詩の形態であり、宮元氏も他のタウト著作を引用しながら解説を試みている。

宮元健次氏著作には別に『桂離宮と日光東照宮—同根の異空間』(1997年、学芸出版社)がある。同時代の二つの建築が対極にある評価を受けてきたにもかかわらず、実は同根の潮流の中から生まれたとする分析を提示しているが、どうやら先人達(林屋辰三郎、梅棹忠夫等)の論に源があるのではないか。本論とは別のレール上の議論として、追々その論にも言及したい。

タウトは本当に日本を、日本文化を理解していたかを考察する上で『画帳桂離宮』は筆者にとり最重要資料であると思ってきた。タウトの心をその独文から直接読み取れないもどかしさは残るが、タウトが抱いた日本文化への理解のレベルと正当さを、この著作から汲み取れるのではないかと確信しているので、

T/18　桂離宮全景／宮内庁パンフレットより転載

T/19　桂離宮全景配置図／宮元健次著『桂離宮』より転載

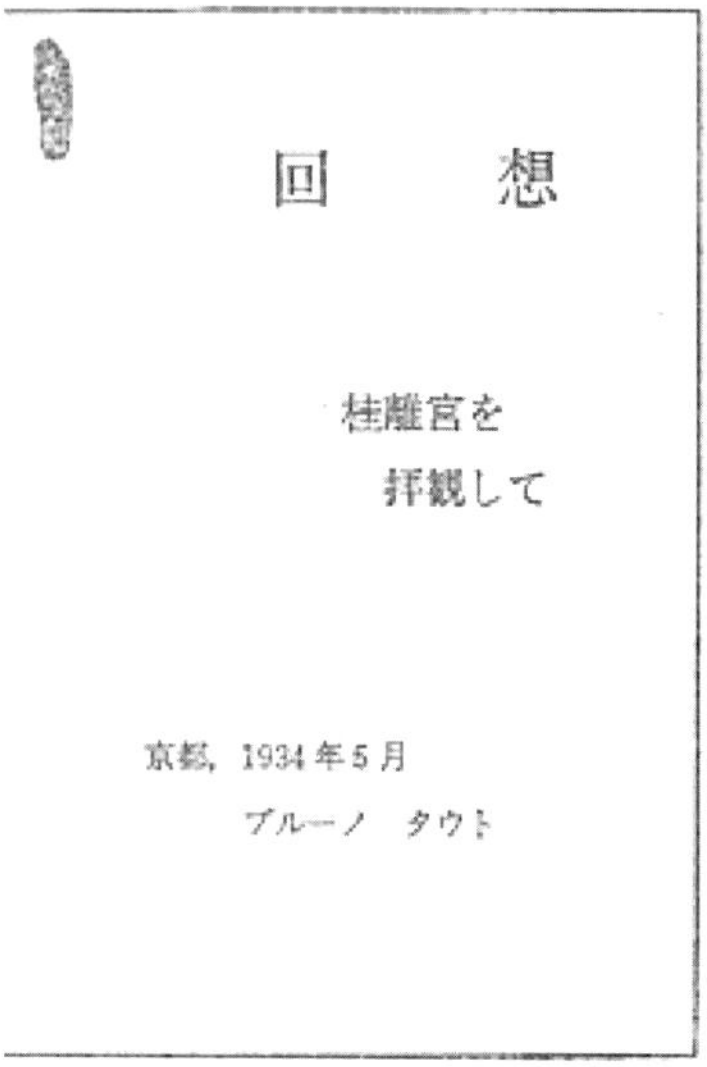
回　想

桂離宮を
拝観して

京都，1934年5月
ブルーノ　タウト

同右　表紙見開き

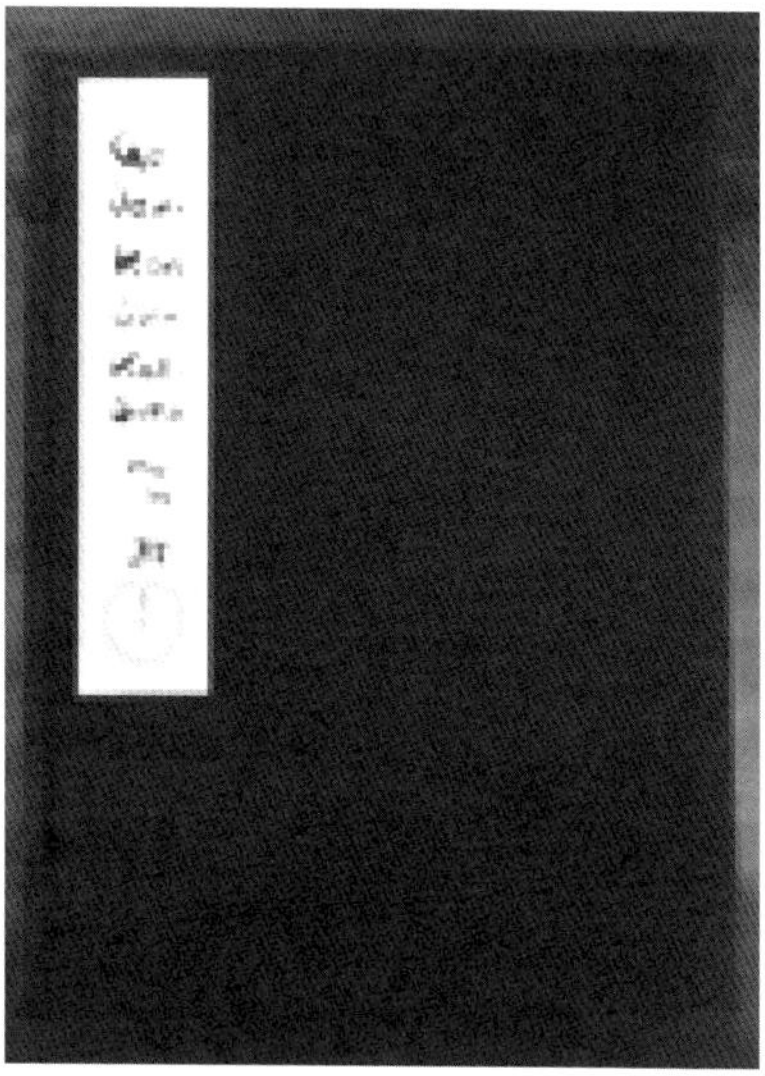
T/20　『画帳桂離宮（特別復刻版）』表紙

上図の表紙見開きがタウトが命名した原題と言える。“回想”（GEDANKEN）を『画帳桂離宮』とした訳意に違和感がある。

まず、最初に取り上げたい。

直接『画帳桂離宮』そのものを読むのではない隔靴掻痒の感をお許し頂きたい。

タウトは一九三三年五月四日、衝撃的に桂離宮に出会い、約一年後の一九三四年五月七日に再訪したという。直後の九日にこの画帳を纏めたというから、最初の感動を再確認し記憶の鮮明なうちに記録したかったのであろう。

いわゆる「日本美の再発見」の発見内容の正しさに聊かの疑問を持っていた筆者の想像を修正してくれた。

『桂離宮―ブルーノ・タウトは証言する』という著書はそもそも、表紙において〃桂離宮〃の文字が大きく扱われ〃ブルーノ・タウトは証言する〃が副題の扱いで小さい文字で表記されている。あたかも桂離宮がテーマであるかに見えるが、実はタウトがテーマである。

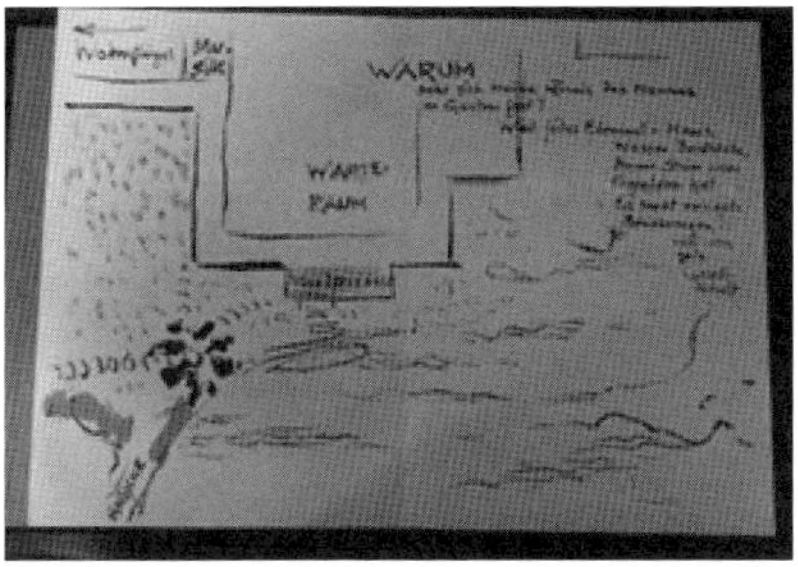

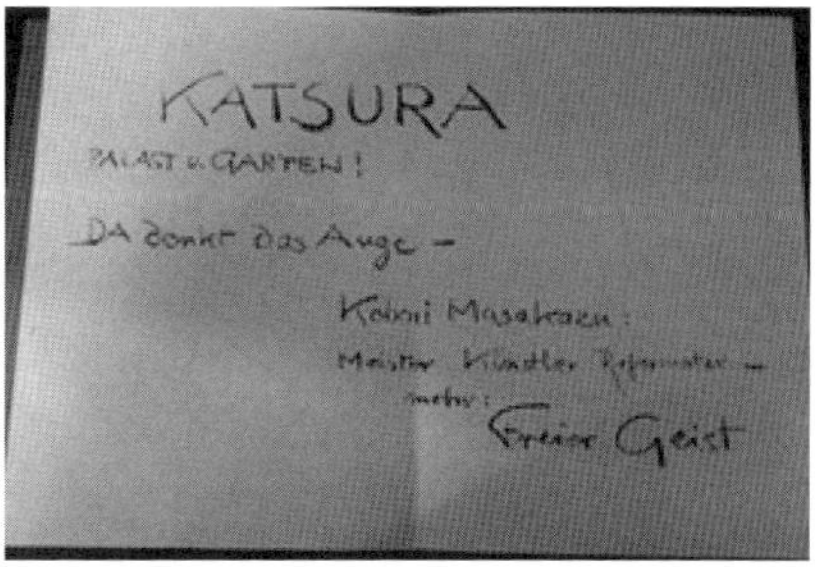

▲御殿・月見台の頁　▼同・訳

▲画帳最初の頁　▼同・訳　御殿と御庭！とある

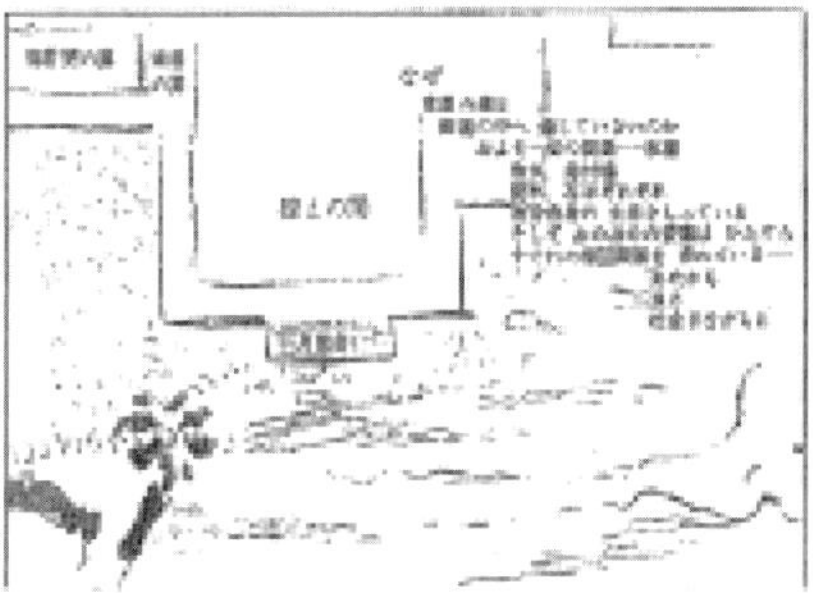

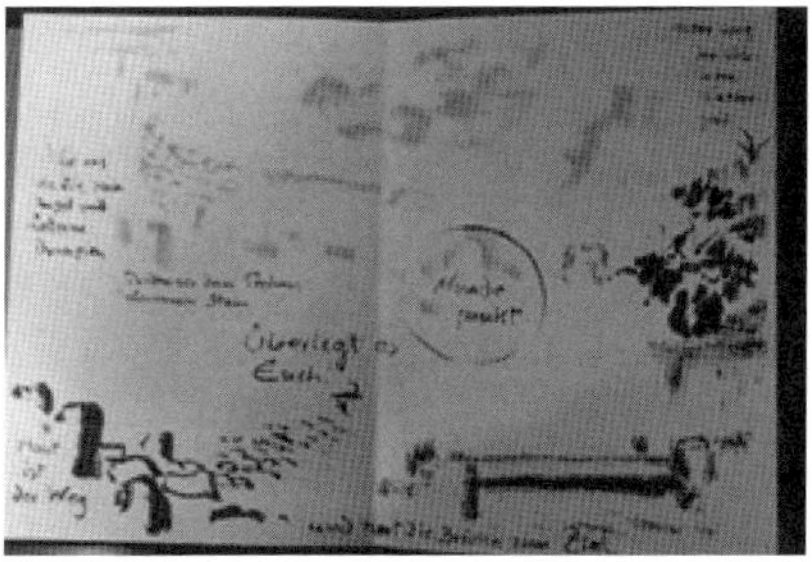

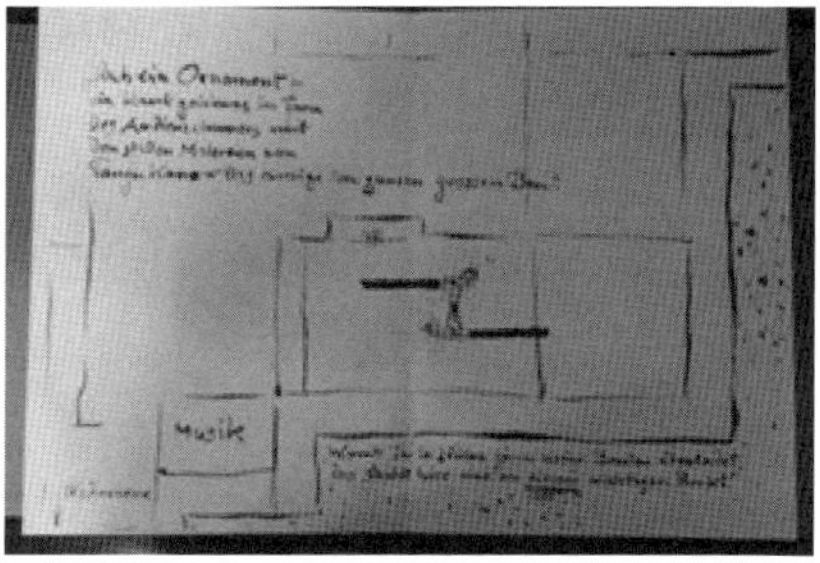

▲円の中に転回点という言葉のある図　▼同・訳

▲御殿内違棚に関する頁　▼同・訳

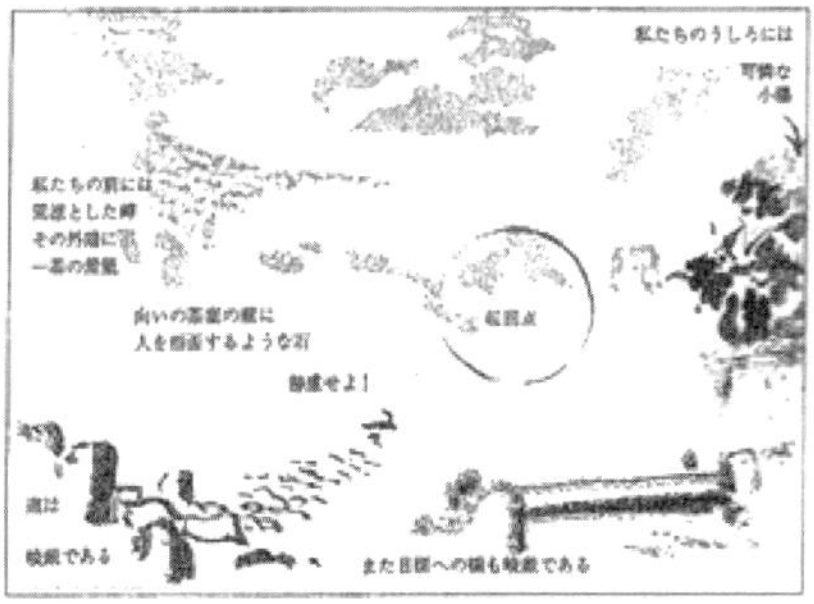

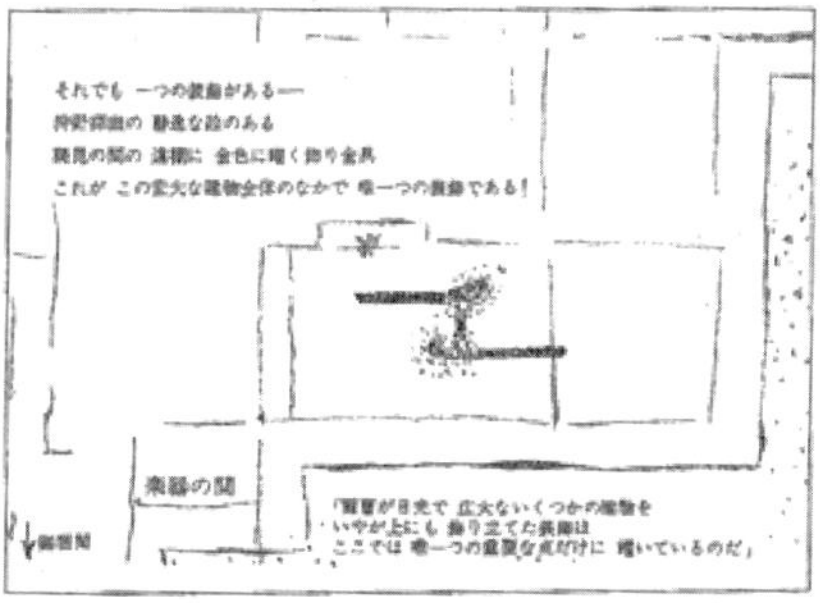

T／21　『画帳桂離宮』（抜粋／早大図書館にて筆者撮影）

従って本論の趣旨のための材料として大きな貢献をしてくれると思われる。頁を追って、タウトの言葉及び著者の考えと対話して行きたい。【　】内が筆者の私見である。

もう一つ、どうしてもコメントしておきたいことがある。ここで言及しておくことが必要と考える。正直に言って、筆者は衝撃を受けた。長谷川章著『ブルーノ・タウト研究』での『画帳桂離宮』である。氏は留学等を踏まえ深遠なタウト研究を成し、特にタウトの思想的背景としての「ドイツロマン主義と美的共同体」と題した論を展開し、この『画帳桂離宮』もその土台からの著作であると観ることが出来る。タウトが日記に記した「(桂離宮は) 新しい〝アルプス建築〟が生まれたようなものだ」は長谷川氏の見方を裏付けるもので、それ故に氏は「ガラスの鎖」他に表れるタウトの思想を追ったのであろう。独語を解する氏の読みに軍配が上がると直感するが、〝タウトの桂〟という太陽を挟んで筆者とは反対側に氏が居ると思わざるを得ない。いずれにしても氏の、タウトの桂解釈への論拠としているドイツ文化の探求には目を見張るものがある。

以下、『桂離宮―ブルーノ・タウトは証言する』の内容を追う。

「序章」でタウトのプロフィールを追いながら始まる。

◉ p.16・「日本への憧れ」／タウト著『ニッポン』からの引用がある。

「私は二十歳のころ、刀の鍔や布模様などの安価な原版の日本図案意匠集を取り寄せたり、日本の色彩木版画を熱心に研究したりした」

「……（自然風景を見つめることは）自然の法則を見つけ出し、また同時に新しい建築のプロポーションにあてはめうる法則をそれらの中から見つけ出すためであった。」

【タウトの発言の中での「プロポーション」の概念が不分明であるが、この記述でも判明しない。】

◉ p.20～23・タウトの初期の代表作について

ハインツ・ラッセン（建築家）事務所入所、シャルロッテンブルグ工科大学入学と言う経歴の後に、次の二つを挙げる。

・1913年、「鉄のモニュメント」ライプチヒ建築博覧会・鉄鋼産業会広告用建造物

・1914年、「ガラスの家」ケルン工芸展・展示パヴィリオン

工芸展の施設設計で注目を浴びたのがタウトとグロピウス。グロピウスは後にバウハウス（1919年ワイマールに創設され近代建築運動、芸術活動の拠点）の中心人物になる。

【いずれの建物も常時の機能を要求される建物ではなくむしろイディーが先導する種類の建造物である。理念作家としてのタウトを印象付ける作品ではなかろうか。

その活動の初期において実用的建造物ではなく、抽象性が優先する建造物の設計に手を染めたことは、個人の住宅設計からスタートしたライトと好対照をなす。】

◉ p.24～26・詩人パウル・シェーアバルトとの思想的関係性を述べている。

・パウル・シェーアバルトとは「ユートピア志向の異端作家で、空想的な文章を書き、星を改造する建

築、空中・水上の浮遊建築、可動都市、宇宙と星を架橋する巨塔建築、等ユートピア建築を文章化したが、その中に〝ガラス建築〟も」これに反応したのが「ガラスの家」であるとする。

【ガラスという建材／物質を通しての理念の錯綜、詩とドローイングによる理念の作品と言える。】

【このような傾向が建築家としてのタウトを性格付けており、現実の建築設計では極めて理詰めの、機能を突き詰める方向でしか絵が描けないタイプになってしまう。

ジードルング群もしかり。日向別邸のデザインでは彼の思考が姿を現す。

この傾向を補って、自然への同化を指向する心が環境デザインに成果を見出す。

日本文化への共感、傾倒はその線上にあると言えまいか。

先にも述べたように、長谷川章氏の研究によれば、タウトが形而下の作品（建築）に到る前に、形而上の理念の提示、つまり哲学・詩の世界での漂いの中を如何に通るかが明確であり、建築設計の手前、絵画のレベルで優れていたことが解る。長谷川氏はタウトの絵を検証することに多くを費やしている。

タウトが建築の前に絵画を志向していたこと、最初の勤務先の師が「建築家たらんか、はたまた画家たらんか」とタウトに問うていたことについて別項でも言及する。】

◉p.27・戦争の激化、世情の悪化はタウトを現実から逃避させ夢の世界へ導く。

「救い難い幻想をもった攻撃の多い（ママ）建築家たる私」と言わしめ、実作出来ない精神は詩やドローイングの世界へ、「アルプス建築」「都市の冠」「都市の解体」「宇宙建築士」等（1917～1920）はいずれも詩と絵で構成された壮大な建築物語であるという。

【これらの著作活動の延長上に日本でのこの『画帳桂離宮』、『日本の家屋と生活』、『ニッポン』、『日本文化私観』などなど旺盛な著作活動があった。】

◉ p.29〜32・1918年、グロピウスと共にベルリン芸術労働評議会入り／集合住宅建設へ

「デザインしたいのは、今はもう原理としてのユートピアではなく、両足でしっかりと大地の上に立つ、極めて具体的なユートピアである」との発言が残っていると。

この問、マグデブルク建築顧問に任命されてもいるが、例の、体制と馴染めない性格故実績を挙げられず離職し、ベルリンでのゲハーグ住宅建築協同組合の顧問建築家として多くのジードルングを手掛けることが出来た。

女性の為の（女性をテーマとした、主婦の家事労働軽減を指向した）集合住宅、主なもの八件。タウトの「ゲハーグ・スタイル」と呼ばれるようになるこれ等は共通して緑に囲まれ広い中庭を持つ。（長谷川氏はこの傾向の論拠としてスラブ環状集落への指向を言う）

【自然志向優先のデザインはタウト独自のものであり、作品の現地に立って実感出来る。

このことに関連したことをタウトは画帳解説講演で述べている。（p.90後出）。

その内容は筆者にとって重要な意味を持つ。

筆者がタウト設計であるベルリン郊外の団地（ジードルング）を初めて訪ねた時（田中辰明博士のツアーに参加）、故武基雄先生（早大教授・建築家）がしばし佇んでいたという同氏の回想の場所に立ち、又その周辺を観察したのだが、筆者の意見を率直に述べた。

「タウトはデザイナーというよりプランナーだね」彼は建築家の素養の中で建物の設計者というより景観設計に優れて業績を評価されるべきで、その為の良い理想を持っていたのではないかと直感した発言であった。鮮明に記憶していることである。伏線としてタウトの設計センスの意外と貧しいであろうことを感じていたことが作用している。熱海でのインテリア設計を観たときの失望感が原因となっている。】

一九三〇年、タウトはシャルロッテンブルク工科大学教授に、翌年にはドイツ建築家協会／建築家委員会委員長になり明らかに名だたる建築家としての存在になっていた。

◉ p. 34～108・『画帳桂離宮』解説

第一章『桂離宮との対話』としている。

【この著者によるこの部分は、筆者にとってタウトを真に理解する、もしくは見直す鍵になる部分である。著者は、筆者の類推でしかなかった曖昧部分をほとんどクリヤーして、分かり易く論じている。

『日本美の再発見』により日本文化の真髄を日本人が看過していたので覚醒させた、という論旨に疑問を持ち修正したいとする立場からは、タウトが本当の意味で日本美を理解していたか否かを論証する部分になるからである。

タウトは見事に日本的なものを理解していたのである。

「タウトがドイツロマン主義的世界観により桂を解釈した」についてであるが、「日本的なもの」と「ドイツロマン主義的世界観」の予期されざる一致とは即言出来ないのだが、この意味でも「タウトが日本美を発見した」は、論理的に成立しないと思う。

堀口捨己がタウトをケアし始めた上野伊三郎に助言してタウトの桂離宮訪問が実現したという証言が正しければ、堀口が桂の価値を、日本を代表するものとして位置付けていたことに、日本人の一人は桂の価値を理解していた事実が存在する。

多くの建築家・文化人、一般人の蒙は未だ開かれてはいなかったのだが。

タウトが気に食わなかったものが桂の中で二か所ある。
・離宮内に蘇鉄が植えられていることへの違和感……p.48に関連記述
外来種、日本以外からもたらされた植物があることへの抵抗感は、涙が出るほどに心酔しかけた日本的なものの中に自分の属する西洋のものが取り入れられてしまっていることへの反感であり、単純素朴なものではないか。
・青と白の市松模様を「いかもの」と言う違和感。……p.50に関連記述
蘇鉄と同様に市松模様に外来的な感覚を感じた故ではないかと著者も言い、時間の経過の中でタウトの気持ちの中で薄れていったとタウト自身も述べている。

タウトは「キッチュ」＝「いかもの」という言葉で気に入らないものをやり玉に挙げる。
◎タウトの言うキッチュ、つまり「いかもの」のうちの一つに一般庶民の家屋や、経済活動に関する建物の中に桂を崩し、安易なコピー的なデザインがあることも含まれている。
しかし、筆者はいかものとは決めつけない。良きものをコピーしようとする心に、日本人のもつ文化を共有したいとする粋を見たい。イタリーの都市の市場で肉屋が、店の後ろ壁に自分の下手な絵を飾

りご満悦な気分で肉を捌いている気分に共感するのと同じものである。
◎遠州をはじめとする日本庭園の芸術を解説した評論家は日本に何人居たであろうか、建築家・西沢文隆以外に居るだろうか。タウトが桂の庭園を自分なりに解釈出来たことに敬意を払いたい。それだけ、日本に出会ったその日に桂を観た感動が大きかったと言ってもよい。】
◉p.36・『タウトの日記』からの引用、桂の庭園について
「……泣きたくなるほど美しい印象だ。……——心を和ます親しさである。」
◉p.43・仝
「——眼は精神的なものへの変圧器だ。日本は眼に美しい国である。」
◉p.44・仝
「今日は恐らく私の一生のうちで最も善美な誕生日であったろう」
◉p.46・「永遠なるもの」からの引用／桂を再訪しての記述
「私達は今こそ真の日本を知り得たと思った。しかしここに繰りひろげられている美は理解を絶する美、即ち偉大な芸術のもつ美である。優れた芸術品に接するとき、涙はおのずから眼に溢れる。私達はこの神秘にもたぐう謎のなかに、芸術の美は単なる形の美ではなくて、その背後に無限の思想と精神的連想との存することを看取せねばならない。」
【この発言に、長谷川章氏の言う思想的背景を感ずる】
◉p.47・写真：古書院月見台からの景色

「中秋の名月の日には正面に満月が昇る仕組みになっている」という解説

【全く同類の仕掛けでありながら東西の違いを示す話

太陽と月の文化：ベルサイユのバルコニー（2017・1・15、日本経済新聞『私の履歴書』・高田賢三）、運河のような池を正面にするテラスは、年に一度太陽が正面に落ちるように設計されているというグザビエ（彼のパートナー）の解説を聞いた、という記事。つまり日本人以外にも同様な心情は発生し得るということである。つまり、日本人に限らず宇宙への神秘感は共有するという証にもなろうか。】

◉p.48・蘇鉄を欠点として述べた部分へ（「永遠なるもの」からの引用）の著者の類推

「ところがこの見事な芝生のそばに、数株の大蘇鉄が植えてある。これは確かに本来の美しい環境にふさわしからぬ後年の作為に違いない。」（タウト）

「桂離宮の造営の時代に、設計者八条宮父子とキリシタンの関係から、西欧文化の影響を受けて南国から取り寄せたものと考えるに至っている。このことは、当時はまだ全く知られていなかったのだが、タウトは実にこの時直感的に、彼と同じ西欧の血が桂離宮に流れていることを見ぬいて当惑していたのではないか。」

【当時の趣味人も我々も、アイディアとして、離れたものを組み合わせて面白いとする境地は共通してもっているのではないか。これもある種の「間」を楽しむ心得であり、俳句の「取り合わせ」に通じる日本人特有の感覚かもしれない。この時代の美術的遺産の中の絢爛豪華な「絵巻物」には大々的に蘇鉄が描かれたものがある。昔も日本人は珍品に感動した。タウトが違和感と摂るなら一種の文化の衝突であり、ここにこそ日本文化の独自性さえ存在するのかもしれない。

司馬遼太郎の曰く、日本文化の皿に蘇鉄を盛ったのである】

◉ p.49・桂の中の音の要素／小漠と流れによる水の音への言及。

【タウトの持つ繊細な神経は、西洋人にも日本人と同質の自然への憧憬は在るのだという証左かもしれない。】

◉ p.50・松琴亭の襖の市松模様（「永遠なるもの」からの引用）への感想の推移の考察
「ほかのところだったら堪らない悪趣味に堕するだろうと思われるものが、ここではっきりした意味をもっているのだ、つまりこの一見異様な意匠は、ここから見えかつ聞こえる例の小さな滝の水の反射を意味しているのである。この意見には二人の友人（上野伊三郎、下村正太郎）も賛成してくれた。」

そのデザインのプロポーションや色彩に自分と同じ西欧の匂いを直感的に嗅ぎつけ、「堪らない悪趣味」「一見異様な意匠」と言って狼狽の表現をしたのでは？　と言い、

「しかし彼は、この青と白の市松模様が、前に幻景の中で見えかつ聞こえた鼓の滝の水のイメージの延長線上にあるとして、結果的には評価するのである。」

【この解釈は聊か苦しい。著者の思い遣りも、タウトの解釈も。二人の友人の同意もおぼつかないものだと考える。】

先行して書かれた日記の中により真実の記述があると言う。

「小堀遠州（実は八条宮父子で、タウトは知らないでいた）のこの古典的作品は、私に新鮮な或物を啓

示する、それはこの人の精神的自由である。……たとえ私の主観的な観想にもせよ、日本の筆を用いて桂離宮の印象をスケッチと詞書とで描きとめてみよう、……」

この意思が「画帳桂離宮」（篠田英雄の命名）として結実した。

◉◎画帳／第1面～第28面の内容（タウトは冒頭、GEDANKEN＝想い、と記している―篠田訳は回想）

【絵に添えて書かれた文字はほとんどが詩と言える。

一つ意外なことがある。タウトは最後まで桂の庭園が小堀遠州作と信じていた、と。

和筆によるスケッチにドイツ語によるタウトの桂解釈が記述されている。

著書『ブルーノ・タウト研究』の第Ⅱ部「『画帳桂離宮』―ドイツロマン主義と美的共同体」の第1章に「書画同体論―タウトの日本の手紙」と長谷川章氏が記した、和筆によるスケッチと独語文章構成による文人画風巻物手紙への論考は、多くの資料を提示している。手紙群と画帳の成立に日本文化・日本美術へのタウトの並々ならぬ傾倒が察せられる。】

◉p.52・画帳の世界の始まり―第1面～第28面の解説

筆によるスケッチにドイツ語によるタウトの桂解釈の解説が記述されている。

著者は言う、この画帳の内容（桂の解釈）は「アルプス建築」のプレゼンテーションと同じ性質のものである、と。

【正に長谷川章氏の論考と合致する】

◉p.74・著者のコメント／第8面＝松琴亭へ至る道行の記述

タウトの記述に対して「タウトに比べ、第二次大戦後に来日した近代主義の建築家グロピウスは、松琴亭周辺の庭園について「遊びの多い細部の過度の強調」といい、タウトのように全体の変化と抑揚のリズムを見出せないのである。」

【グロピウスにして日本の精神文化を理解出来ない典型であろう。】

◉ p.84・仝上／第11面＝桂の建物についての論評

「この社殿（古書院、笑意軒）はありふれた農家をさえ想起させる……伊勢も同一の本質……これはこの国土、この日本の土壌から生い立ったもの、――いわば稲田のなかの小屋や農家の結晶であり、この国土とその土壌との力を蔵めた聖櫃、すなわち真の〝神殿〟だからである。」という記述に対して宮元氏は、「……日本の中での地域性というよりも世界の中での日本の造形であるという意味であろう」と言う。

【タウトは伊勢神宮や修学院離宮を評価し、銀閣を低く見ていた。

タウトが銀閣を低く見ていたことはある意味で象徴的である。

足利義政による銀閣の彼の居間であった四畳半はその後の茶室の原点であるとされるし、時代の文化人・粋人という人種の所有物と、米を生産した階級の農家を聖櫃・神殿と見る思考とは見事な対照をなす。

やはりタウトは正しく人民派・農民派の一面を持つ。】

◉ p.90〜91・仝上／第13面＝桂の総合評価とでもいうべきものについて

【タウトの言う「proportion」が釣合を意味するらしいことが、ここで解ってくる。】

「……釣合は決して型にはまった規矩に従っていない。……その美は、全く精神的なものである。」（タ

ウト）について、

「……庭園を構成する各要素それぞれが自立した個性を持ちつつも、それぞれが相互に良い関係性を保っていることを指摘し、良い社会のようであると言っているのである。」

【このことに関連し、長谷川章氏は多くを語っているが、「タウトの総括」の項で言及したい。】

タウトの画帳解説講演から引用している。（前出）

「……彼がドイツにおいて集合住宅を多数設計した際に、都市と自然について主張したことの延長線上にあり、この講演の結論では、〝新しい都市計画に決定的な影響力をもつ〟建築家にとって〝桂離宮ははるかな目標となるであろう〟と指摘しているのである。」

【宮元氏の、この部分のコメントに、筆者の〝タウトは建築家であり、環境プランナー又は都市計画家的性格をおびているという見方に近いものを感じとれる。】

…………

第二章「日本への絶望」としている。

この章の始まりはタウトが著作の中で度々使用する言葉〝いかもの〟の解説である。

【筆者もタウトの著作の中での〝いかもの〟と〝プロポーション〟が気になってしょうがない。】

◉p.110・「〝いかもの〟の元の形はおそらく〝いかさまなもの〟であろう。また〝いんちき〟の意味も含まれているらしい。ドイツ語のKitschが相当し、全く同義で、即ち芸術たることを欲しながらついに芸術たり得ない〝芸術〟を意味する」としている。

タウトは〝インチキ〟の語感で、気に食わないものを見た時に断定的に評価する。案内されて東都に入った時、見て回った対象に直截な感想を語っているそうである。

・丸の内の公共建築――「性格というものがまるでない」

・宮城――「クレムリン宮殿のよう」

・国会議事堂――「アカデミックな仰々しさを搗きまぜたたまらなく嫌なものだ」

・商業街――「最悪の商業的個人主義」などなど。

◉p.115・極め付きは東京での宿泊先である帝国ホテルについての言及であろう。

「ホテルのなかは頭を押さえつけられるような感じだ（この建築の外観もそうだが）。芸術的にはいかものだ。どこもかしこも大谷石ばかり、そのうえ到るところに凸凹があって埃の溜り場になっている（全く非日本的だ）、仰々しい寺院気分―これが「芸術」なのだろうか。さまざまな階段はさながら迷路である、空間の使用はこのうえもなく非経済的だ。ライトに深い失望を感じる。」

◉p.117・日光へ赴き自然を満喫し楽しんだ後、東照宮訪問の感想として「いかもの」が発せられる。

建物の配置は（少し破っているところはあるがあまり意味がなく）シンメトリーと言い、眩いばかりのきらびやかさ、すべてが威圧的で少しも親しみがなく、東照宮社殿は「いかもの」だ。建築の堕落だ―しかもその極致である、と。

【シンメトリーという概念・形態にタウトはどのような意味を込めていたであろうか。何故なら後にタウト自身がケマル・アタチュルクのために、つまり東照宮と同目的機能の建造物にシンメトリーデザインを採用しているのである、計画案で終わったが。

東照宮は一六一六年に造営が始められ、一六一五年からの（タウトが涙を流さんばかりに讃えた）桂離宮と全く同時代の建築物であり、幕府の造営たる日光に対する貴族の桂離宮も、後に幕府の援助により改修・維持されたという。

両建築が同時代に日本に存在し得た国のシステム、文化についてタウトは考えなかったのであろうか。いずれにしても、著者も言うようにタウトは「〝眼〟を通した文化批評をしていた」のである。けだし、日光も桂も日本文化なのである。しいて言えば、日光には大陸からの影響が顕著であり、桂は日本独自のものと言えよう。日光は為政者のものであり、タウトが言及しているように、桂は日本人の生活から突き詰められてきたデザインかもしれない。

タウトはやはり人民派なのである。】

◉p.121・『タウトの日記』からの紹介、この時期タウトは経済的にも苦しく、健康上も不調であったらしく、日本で活躍する友人バーナード・リーチについて羨望の念を抱いていたらしい。

◉p.123・タウトの政治的立場について述べている。象徴的記述なので引用する。

当時（1933年の国外脱出以後）ドイツ国内で〝政治的亡命者〟とされ、国内に留まる家族には高額な二万三千マルクの「帝国逃亡税」なるものが課せられたという。

◉p. 126～129・タウトは芭蕉の「奥の細道」に魅かれており、「逆回り奥の細道」を実行したらしい。この時の見聞を『日本の家屋と生活』に記したのではなかろうか。
◉p. 129～131・タウトは軽井沢に滞在したことがあり、アントニン・レーモンドと出会っているらしい。レーモンドは仕事があり活躍の場を得られないタウトは反感を抱いていたらしい。日記にコルビユジェの模倣者として非難し、「この国の嫌らしいコルビジェ流行」という言辞を弄している。レーモンドがコルビジェ建築を振り撒いていると見做していたらしい。その根拠らしいのがレーモンド作品（夏の家）に自分の作品のコピーであることを認めてコルビジェが怒ったのも事件だった、とは宮元の見解である。
◉p. 132～133・日本で持て囃されたタウトの著書について述べ、持て囃された理由について宮元氏なりの見解を示している。
「……彼の意思とは無関係に独り歩きし、その頃、徐々に高まりつつあった軍国主義の機運と結び付けられて評価されたことに関係する。すなわち桂離宮への賛美は、単純に国粋主義と受け取られ、また宮廷文化への理解は、天皇制の支持者として利用されたのである。」
◉p. 134・『タウトの日記』にある記述
「悲劇的な地上の片隅、そこで精神的な事柄と触れ合うことはほとんど贅沢なことになったよ。そのような思想を以って日本はどうなるのであろうか。大砲その他の兵器の氾濫する国になるに違いない。（1934年5月10日）」（タウト）
【タウトはヒットラーのファシズムを逃れ、日本のファシズムに利用され、トルコという三国同盟のア

タチュルクにつかえて最期を迎えた、奇縁ではなかろうか。】

◉p.135・タウトが日本に最後の作品を残したかもしれなかった経緯（大倉邸の設計）

竹内芳太郎（日本インターナショナル建築協会）の回想

「スケッチをさせてみたところ、我々は落胆し当惑した。それはあれほど日本と日本人を理解しきっていたと思っていたタウトも、所詮は外人であると思い知らされたからである。

それはあまりにもすーべにーる的色彩が濃厚であって、日本人としては、いささか鼻持ちならぬ臭気を催させるものであった。」

「その事があって以来、大体誰もが彼の作品を日本に残す計画を断念してしまった」

【この経緯は筆者を大いに納得させる。

筆者が熱海で初めてタウトのインテリア設計に出会った時に感じた失望感がどうやら正しかったということを論証しているような気がするからである。（タウトを日本へ誘った側のメンバーの態度についてコメントしづらい雰囲気がただよう）**】**

しかし長谷川氏は異なることを言っている。既に設計にとりかかっていた久米権九郎が、途中にもかかわらず、タウトを参加させ、良いアイディアを採用し変更さえした。共同設計作品であると。

◉p.136・タウトの本質への意見

「……実はタウトはモダニズムの建築家ではなかった。……それらは表現主義と呼ばれるスタイルに属しているのである。」

「1930年代の日本は、〝バウハウス派〟（山口文象、土浦亀城等―分離派メンバー）、〝コルビュジェ派〟（レーモンド、前川國男、坂倉準三、丹下健三等）、〝後期表現派〟（村野藤吾等）の三派から成り立っていて、タウトは異端の人に過ぎなかったのである。」

◉p.137～139・タウト＝操り人形論

「タウトは（道化者的な存在だった―藤井左内）という衝撃的な発言である。」

「……日本インターナショナル建築協会は亡命者タウトを桂離宮へ伴い、構造材が直ちに化粧材となるモダニズムに一見似た構成の桂離宮を賛美させることによって、モダニズムを日本に宣伝しようとしたのではないだろうか。」

【この論は井上章一氏の見解に近い。】

◉p.140・『建築学大系』の〝近代建築史〟におけるタウトについての記述

「……伊勢神宮や桂離宮などに近代建築の目指す合理性・機械性・即物性のあることを発見し、『日本美の再発見』『日本の建築』『ニッポン』『日本文化私観』などを著わしてそれを礼賛したのである。」

「……近代的な構成や機械的な表現との類似を、伊勢神宮から桂離宮への系譜に発見してこれを天皇芸術と呼び……」

「表現主義の建築家タウトは、いつのまにかモダニズムの建築家として、桂離宮を合理性、機能性などによって評価したなどと理解されてしまったのである。」

【これこそ筆者に入り込んでいた上辺だけの浅いタウト理解の本質をなしていた。】

第三章を〝永遠の離別〟とし、第二章のラストを踏まえて離日からとそれ以後を。

◉ p.153・熱海の日向邸を設計する頃タウトは日本を去ることになった。

◉ p.156・日本の芸術としての庭への礼賛／曼殊院・詩仙堂

「……これは日本芸術のもろもろの傑作のなかにあって、全く独自のものだ。いや世界においても唯一無二である。」（タウト）

◉ p.159・（タウトの弟子とされた水原徳言へのタウトの手紙から）

「自然即芸術か、芸術即自然なのか。

芸術といってもありふれた型に嵌ったものではない。芸術だとは信じかねるほど大きなものだ。あれこそまことに私の言う日本の悦びなのだ。」（タウト）

【これは曼殊院を見ての言葉らしいのだが、明らかに桂離宮をも対象としている。重要なのは「自然」という言葉の採用なのである。】

◉ p.168・タウトがトルコで描いた絵の中に、小堀遠州が茶室の庭を造る心構えとして選んだ一句とされる句が描かれていた。（水原徳言の回想）

「夕月夜　海すこしある　木の間かな」

【観月のために造られた桂離宮であることを理解し、月を愛でる日本人の心と同じ心を持っていたタウトを意味していはしまいか。】

◉ p.171・タウトの最後はエリカから上野伊三郎宛て手紙で知らされた。一ヶ月後に新聞報道、五ヶ月後

T/22　タウト墓石(在イスタンブール・筆者撮影)

に『日本美の再発見』（岩波新書）が出版された、と。

ここまでが宮元による『桂離宮―ブルーノ・タウトは証言する』をたどっての『画帳桂離宮』にまつわるタウトへの考察である。

＊

タウトが葬られたイスタンブールの共同墓地を訪れたことは既に述べたが、広大な墓域の中でタウトの墓は探すのに苦労するほどに目立たない質素なものである。白大理石ではあるが平置きで一畳大のものである。

タウトは日本文化を理解していた。ただしアウトプットへの評価を通してであり、次に示す井上靖が述べるような日本人の心の在り方にまでは踏み込めてはいなかったと思う。

筆者がそう思うのはタウトの他の著作をも通して感じる或る距離感である。

但し、「自然即芸術か、芸術即自然なのか」は、その隙間を埋めるものとも言える。

左写真はタウト墓石と同日、２０１１年10月9日、イスタンブール訪問時のものである。

T/23　ボスポラス海峡

T/24　タウトが眠る共同墓地

T/25　ボスポラス海峡にて
(左が筆者、右・田中辰明氏)

T/26　ミマール・シナン大学正門

芸術一般に強い関心を示し作家としての観点から美術への並々ならぬ洞察を文章にしている井上靖の桂

離宮への文学者的思考を参照してみたい。

○井上靖「桂離宮庭園の作者」が語るもの

庭園の造営者は智仁親王とされている。百七代後陽成天皇の同母弟、天正十六年（1588年）に秀吉の猶子となり称を立て八条殿と号した。離宮はその子智忠親王に引き継がれ完成をみた。代々八条宮家の別荘であったが明治に桂宮家が絶え宮内省に移管され桂離宮と称されるに至った。ついでに智仁親王の甥、後水尾天皇は退位後、山荘として修学院を造営した。

桂離宮の庭園工事の開始は修学院完成の六年前とあるものの時期を明確に出来ないが、智仁親王の代に完成されていたとされる。此処までが造営時期の基本データである。

この名園が何を語り誰がその何かをどう受け止めたか、その何かの中に日本文化独自の特性が潜んでいるのか、それはどの様に語られうるものなのか。

ブルーノ・タウトは画帳まで作って自身の感動を表現しているが、庭園の設計者の想いにまでは言及出来ていない。井上靖は造営者且つ設計者としての智仁親王の意図、デザイン精神にまで迫っている。井上の語るものの中にこそ日本文化、それを造り出す日本人の精神文化を汲み取れるのではないか。

一節の終わりに言う、井上は蝉の鳴いている夏の桂が好いと。だが仲間の一人は紅葉の頃が一番美しいと言い、他の一人は新緑の候が最もいいだろうと言うと。当然のことながらまた別の一人に問えば雪の桂は絶品だろうと言うのではないかということが示唆される。

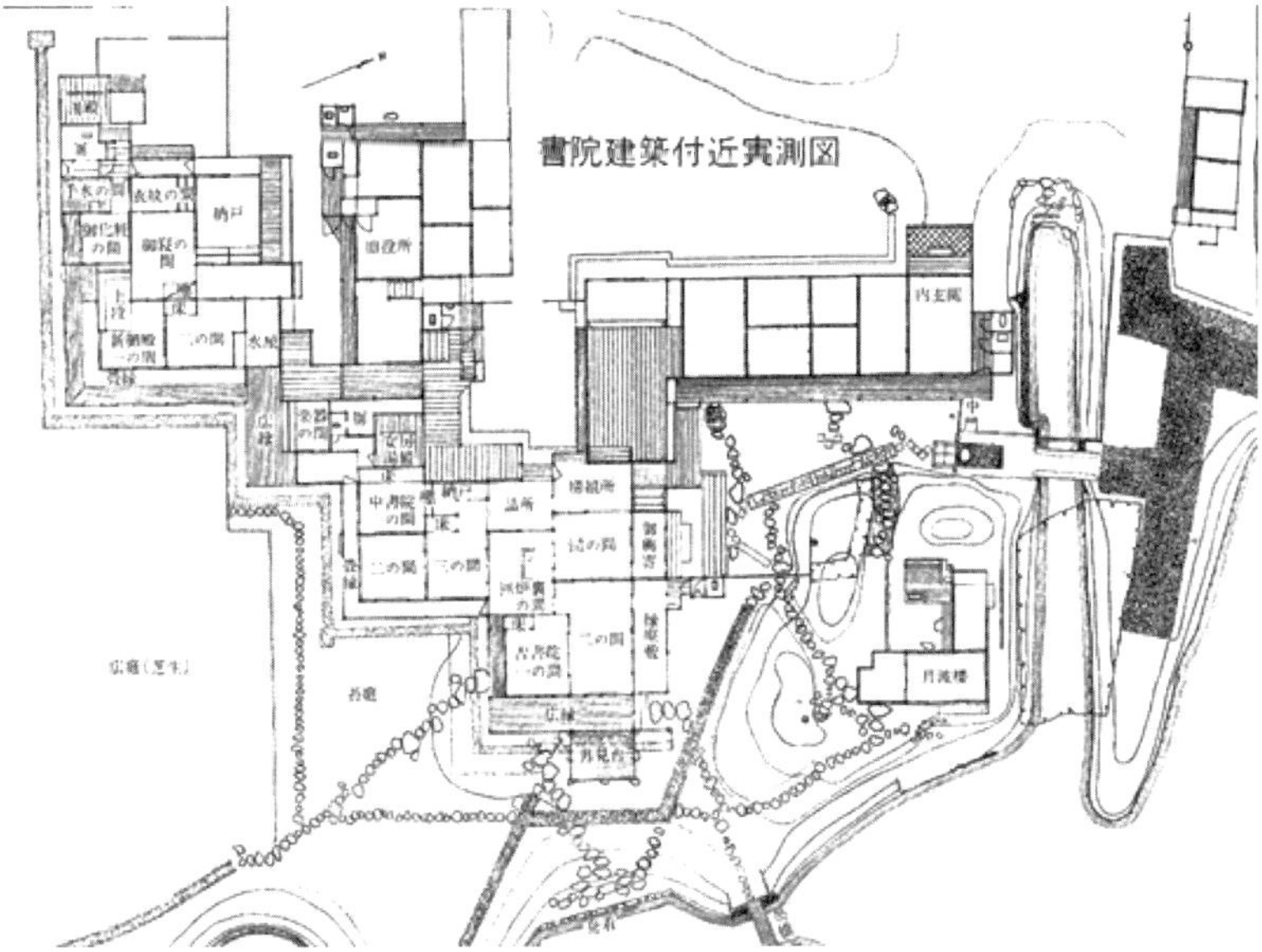

T／27　桂離宮御殿平面図（宮内庁パンフレットより）、増築による雁行型

このことは明らかに四季の変化に順応し、いずれの季節にも独特の味わいの姿を見せてくれる庭園の美を、そのような庭園を造営した者の精神を示唆することになる。

井上は造営者の作庭思考過程を推し量る。

「何も初めから決定的なものをと思い詰めて考える必要は毫もなかった」

「周辺の景観も美しかったがそれを取り入れようとは思わなかったし、桂川も傍を流れていることだけで十分であり、ただ水を利用はしたかったので川のほとりに場所を設定したのである」

「池も流れも築山も道も、書院でさえ一生かかって創っていけばよかったはずで、作者が生を終わる時桂は完成したのである」

これらの類推される思考過程はごく自然に我々の共感を引き出す。

西洋式庭園の幾何学的に創られる在り様とは明らかに異なる。

ただ同時に思うのは、この造営者は社会的地位も高く、古典への造詣が深く、茶道の嗜みも並々ではなく、教養人、趣味人としても当時一流の人物であった筈であるということである。

そうであろう、当時の我が国の仕組みの頂点の数人の内の一人であった訳で、彼に宿った精神文化が時代を経て現在我々一般人の殆どに理解され得るようになったのである。

文化の伝承はこのような形でしか成されないのであり、それを繋ぐものこそ具体的な「建築」及びその周辺の文字や絵を含めた「物」という存在なのである。日本庭園について言うなら極端な言い方になるが、日本人の愛好するものの一つに「盆栽」があるが自然のミニチュアを創ってしまう点で和式庭園を創ることに精神として底通してはいまいか。

勿論自然そのものの中に踏み入ることも楽しむが、人工の自然を創ることをも躊躇しないのである。これも所謂日本人の縮小思考の一つなのだろうか。

勿論、井上の考察はタウトの述べたことを踏まえての論であるから、言外にタウトの考えの到達していない事象について言いたかったことを述べているように感じるのだがどうであろうか。

タウトの桂離宮への感激を薄める議論になるかもしれないが、宮元健次氏によるもう一つの研究を紹介しておきたい。その内容はさらに伊藤ていじの「足し算文化の精神構造」へとつながる。

『画帳桂離宮』冒頭で前触れをした『桂離宮と日光東照宮―同根の異空間』の議論である。

戦国時代から徳川時代の初めに、日本にキリスト教文化が浸潤し始めた時の影響について、主に桂離宮に現われた西欧文化の痕跡について語っている。多くを井上章一氏の研究をも踏まえていると断わっている。

タウト後、日本人の中に始まった桂離宮への評価の議論は、

・建築史家太田博太郎の発言に主導され一般へ流布したようである。筆者の既成概念を作ったものもこれであった。曰く、

「建築は飾りたてられた装飾によって美しいのではなく、装飾のない、裸のままの姿で美しくなければならないとする近代建築運動の理念は、飾りのない、構造材がただちに化粧材となる日本住宅の造形と全く一致する。ブルーノ・タウトが桂離宮をはじめとする日本の住宅に賛嘆の声を放ったのは、このような意味からであった。」

・続いて、伊藤忠太の日光東照宮への酷評。この両論により桂対日光の評は固定された。

・モダニズム建築家・丹下健三の「（桂離宮は）構造的・経済的合理性を離れた視覚的美的立場の創造物」、

・ポストモダニズム建築家・磯崎新の桂離宮マニエリスム論、

・内藤昌の（桂離宮における）様式混在論、

・川添登の桂／日光類似論と続き、

・宮元の論は桂／日光とも西洋の黄金比、パースペクティブ技術により制御されたデザインにより、同根である、という論

そうなった理由をキリスト教が入ってきたこの時代の文化的背景であるとし、その影響を受けた利休・織部・遠州、特に織部・遠州は八条宮家や幕府との連携が出来る立場に居り、美術一般への影響力を顕在

化させたと説く。

宮元氏の、この論理からの桂離宮分析は詳細を究め、タウトの見たものはすなわちタウト自身の属する西欧文化により成り立っていたのだ、と言わんばかりである。

蘇鉄（タウトは遠州ではなく後に誰かが追加したに違いないと見た）も青白市松模様襖も建設当初から組み込まれていたデザインであるとする。

筆者の立場は、これら諸々を取込んでしまう日本人と日本古来の精神文化を、独自なものであるとする処に在り、その文化が西欧文化を飲み込んだ経験の最初は既に飛鳥時代にあり、大きくはこの時代で二度目であったことになる。

そしてこれらが混在して現在の日本的なものが成立していることになる。

それにしても、桂離宮と日光東照宮は同じ時代人達により同じ精神の上に成立して、なお対比的外観を呈しているとは面白い。


一九八二年、『桂離宮』（『新建築』7月臨時増刊・伊藤ていじ他監修、新建築社）における一文、「足し算文化の精神構造」は興味深い。伊藤ていじは言う。

「一八世紀に、日本は西欧文明を導入したけれど、思想的に西洋化したのではなく、近代化しただけのことだ。西欧の建築創造の思想を受け入れたのではなく、ただ日本の近代化の過程又は手段として利用しただけなのである。……その意味で桂離宮は永遠なのではないか。」

「(同時代、同じ文化人グループの関与した日光東照宮と桂離宮が創造された事を考えると) 八条宮父子も小堀遠州も、相反する建築を創造して別に不思議とは思わない精神構造の持ち主だったことになる。

これは彼等に限らず今の多くの日本人にも引き継がれている精神構造なのである。

……戦後アメリカの企業経営が良いと思えば尊敬し、我々にふさわしくないところがあると気付けばその部分は捨て、ドイツ労働者の勤勉さと科学的研究が立派だと思えば尊敬し、必要でなくなれば捨て、スウェーデンの福祉政策が良いと思えば真似ようとし、どうも問題が多そうだと思えばそっぽを向く。このような精神構造を持つ日本人が、タウトの桂離宮論と同じように (桂を) 解釈しなかったとしても無理ないことなのである。」

「私達は何故、無駄になるかも知れないそうした努力をするのだろうか。それは多分、日本文化の形式が、昔と変わらず今もなお継承されているところに由来するように見える。

顧みると日本の文化は常に「足し算」の文化であった。……桂離宮がモダニズムとは何の関係もなかったと解っても生き続けられるのは、古いものと新しいものと、西欧的思想と日本の伝統的発想と横に並び共存し続けて居るからである。

日本における文化の成長とは、新しいものに埋められ取って代わられることではなくて、横へ横へと加えられて足し算されてゆくに過ぎなかったからである。だから桂離宮はなくなることはない。」

筆者の生きた八十年を振り返れば、伊藤の思いは同じ経験に基づいていることが解り、共感出来る。

この日本文化の在り方をなんと表現すればいいのだろうか。

「たをやかに」ではなかろうか。

5－2－2　日本美の再発見／ブルーノ・タウト、篠田英雄訳・岩波新書

今回の主題について何か発言してみたいと思った時から、僅かな後のことだったと思う、購入日付としては〝二〇一二年五月八日〟と記録してある。『日本美の再発見』を読んだ。

同年同月三十日、伊豆半島へ小旅行をし、ホテルに二泊三日の滞在、他の幾冊かの関連書と共に読了したことになっている。

単純に、タウトが我々の看過していた日本美について日本人を覚醒させた、という話の曖昧さに、何か釈然としないものを感じて来た者として（かなり多くの人々が同意してくれるのではないかと思うが）、タウトの発言や著書の内容を本当にその著書の通りに受け取ってよいものかどうか確かめたくなった。

「日本人よ！　皆様の築いてきた美意識は再評価すべき素晴らしいものですよ。」

と、彼が言ったわけではなかろう。故国にあって知り得ていた日本美とは、かくも素晴らしいものであったのかと、あらためて著者は見直した、つまり日本美をあらためて確認再認識しました、という思いが書名になった、つまり「日本美の再発見」と、括ってしまった、と思ってきたが、これも訳者の創造でありタウトは「日本美の再発見」とは書かなかった。

外国人から指摘されると、素直に？　自虐観さえ添えて受け取るのが多くの日本人の癖でもある。この性癖についてタウトもこの著の冒頭で伊藤忠太の発言を引用している。彼の滞日中、我が国の政治体制は彼を危険分子として監視し続けたが、その発言が我が国への礼賛とも受け取れることから、言うところの、泳がされていたのではないか。（このことに関し長谷川章氏の『ブルーノ・タウト研究』に詳しい情報がある）

タウトが対象にした日本美を考えるにつけ、我々日本人が創造した日本美・日本文化を、どのような言葉で筆者の心に定着出来るのか、トライしてみたくなった。

その為に、タウト一人だけではなく、全く別の建築家を並立させ、二人の日本との接点を考察しながら焙り出したほうが、日本文化を、その特質を認識し易いのではないかと思った。筆者のアーキテクト精神に多大の影響を与えた建築家が居た。

フランク・ロイド・ライトである。

タウトの作品についてはそう多くを語れない。殆どがワイマール時代のドイツに残されたからである。これ等については他者の報告に依らねばならないが、その片鱗をベルリンに訪ねて感じることは出来た。

又、幸いにして彼は自らの考えを著作に残してくれた。

彼の幾冊かの著書の内から、この『日本美の再発見』と『建築・芸術・社会』（１９５1年3月5日第1刷）とを、まず手始めに追ってみたのである。

一方のライトの作品について、四百件になろうとする、提案等及び実現した作品の内、約十件の作品に接することが出来、その建築空間を体験することが出来た。

又、著作については自著、『ライトの遺言』を読むことが出来るし、ライトのなんたるかの多くの部分を谷川先生の『ライト紀行』その他から知ることが出来た。（この時点で『自伝』を手に出来ていない）

まずは『日本美の再発見』を紹介しながら筆者の考えること、と対照させてみたい。

第一に訳者・篠田英雄による〝あとがき〟である。

ブルーノ・タウトの位置づけが、簡略で分かり易いので重複且つ蛇足ながら引用する。

「ケーニヒスベルグ生まれ、国立高等建築専門学校卒、ベルリンで独立建築事務所、事務所建築、広間建築、大アパート、百貨店、映画館、レストラン、大小住宅、〝鋼鉄の記念館〟（1913年）、〝ガラスの家〟（1914年）、大戦後主にジードルングを設計、1930年〜シャルロッテンブルグ工業大学で教授、ジードルングと住宅建築の講座、「当時、ジードルング建築により大衆の便を図ろうとする建築家は社会主義的とみられた」ので、ナチスを逃れひとまず日本へ」そして、

「この『日本美の再発見』は、小冊ではあるが日本建築および日本文化に対する彼の批評と評価、それからまた日本と日本人とに向けられた留保のない愛をよく伝えるものであると思う。」とある。

「桂離宮はもとより、伊勢神宮、飛騨白川村の農家および秋田の民家等の美は、いずれもタウトによって本来の意味で「再発見」されたのである。」

文中、〝本来の意味で〟の解釈が問題を孕ませてしまった。

タウトも指摘するように、西欧化に一目散であった日本の建築界が自身への評価という考察さえ看過していたのも事実であるから、当たっている言葉使いとも言えるが、「図らずも日本へ来た」タウトにとって「再発見」とした表題はあくまでも自身の日本文化認識・評価の訂正もしくは新しい認識への変遷を言

うのではないか？――全て訳者の介入である。

「タウトが再発見した」という表現に聊かの違和感を抱く人々の心理にはこの辺の曖昧さが働いてしまっているのではないか。訳者・篠田英雄の創作誤訳であると考えたい。

少なくとも本文中でタウトは、日本文化の成り立ちに関して正しい認識をしている部分と彼独自の評価で、我々日本人の意見と異なる見方をしている部分を明確にしている。

従って、「日本美の再評価」であって、「日本美の再発見」とすべきではなかったと思われる。（著書名はセンセイショナルであってよいが、この場合訳者の勇み足ではないか）

この著書でのブルーノ・タウトの発言を拾いながら、筆者自身の見解を述べてみたい。


「　」内は翻訳文そのままの引用であり、【　】内は筆者の意見である。

◉p.2～3・（「日本建築の基礎」という章／章番号無し）

東洋的アイロニーといって伊藤忠太の発言を取り上げ、日本人の主体性欠如を起点として語り始める。

（伊東忠太はタウトを否定的に評した）

「五十年前にヨーロッパ人が日本へ来て、日光廟（東照宮）こそ日本で最も価値のある建築物であるといえば、日本人もまたそうだというし、今またブルーノ・タウトがやってきて、伊勢神宮と桂離宮こそ最も貴重な建築だといえば、日本人もまたそうだと思うのである」と。そして続ける。
・ドイツ人・ブリンクマン（ドイツの東洋美術の最高権威の一人）はその著『日本の美術と工芸』におい

て、伊勢の内宮も外宮も民族的特異性の表現に過ぎず、その価値と美しさには言及することがなかった。あまつさえ鳥居を磔門と呼んだ、と。
・アメリカ人・モースの『日本の家屋とその環境』での発言を、日本の装飾を簡素、控え目と言い、日本人の特殊な自然観を感傷的に見ているに過ぎない。と断ずる
・ドイツ人表現主義小説家・エトシュミットは伊勢神宮を納屋と比較したと嘆く。
◉p.8〜9・西欧人の基本的な日本認識について。（同）
「現代ヨーロッパの芸術家たちは、――最初はイギリスにおいて、ついではとくにドイツおよびオーストリアで、――自然と直接に結びついている日本の絵画と装飾とから強い刺激をうけた。しかしヨーロッパの建築家の心をとらえたのは、茶室に用いられている自然木の奇妙な形でもなければ、時代の匂い（侘び）に対する愛好でもなかった。またはなはだしく非相称的な形姿でもなければ矮小精緻な形式でもなく、まして日光廟の浮華をきわめた過剰な装飾ではなかった。彼等が日本から学び取ったのは実に清楚、明澄、単純、簡浄、自然の素材に対する誠実等の理想化された観念であった、……（中略）……一般に欧米の人達が日本に興味をもつのは、日本は欧米諸国とまったく類を異にする存在であると考えているからである。」
【ここで、終わりに言う「日本は彼等と全く類を異にする存在」という表現がこの時点における、フン族に侵攻されて以来の東洋、極東の人種への未理解であったはずであろう。しかし既に遅い例でも1920年にはフランスに於いて俳句研究の書籍は出版されていたし、1876年のパリ万博以来の日本

の情報は欧州に、そこから北米へと広まっていた。
タウトが「奥の細道」を読んでいた節がある。現在滞日中の仏俳人・学者によれば仏訳は二十世紀初頭であるというから、英語もしくは独語に翻訳されたものがタウトの読める状態で存在していたのかもしれない。】

◉p.10～11・茶室は日本建築とは別物である、という趣旨。（同）

「伊東（忠太）博士は、自国の芸術に対する日本人の判断が、ヨーロッパ人の判断に頼りすぎていることを指摘されたが、……こうして日本人は、西洋よりもさらにはなはだしく、様式の外面的模倣に狂奔した。そこで旧来のすぐれた伝統は断絶し、それと共に「質」の観念もまた消失したのである。……日本人は挙って外国の文物の模倣に明け暮れした。それは異国的である故に、彼等の興味をひいたからである。……彼等自身は欧米人の興味と判断に従ったのである。」

「もちろん著者とても、地方的条件をもつ特性が、建築においても広大な範囲を占めていることを否定しようとするものではない。しかしそれは日本人ならではとうてい理解することのできないものであり、従って世界的芸術の新しい創造にはいささかも寄与するところがないのである。のみならずかかるものは、日本建築の今後の発展にも結局役立たないものであると思う。それならば一体なにがそのようなものであるのか。」

「それは――（略）――茶室である。茶室がしばしば卓越した美を表現していることには、もとより疑いをさしはさむ余地がない。しかしいかに洗練されたものにもせよ、茶室は近代的日本に寄与しうるものではない。茶室は建築ではない。いわば即興的にしたためられた抒情詩である。さらさらと書き流された詩でこそないが木材、竹、障子、畳、壁などを素材とした詩にほかならない。往時の茶の湯の宗匠達は、かかる清純な気分の美の主観的一回性（一期一会）に重きを置いた。……（一般住宅などで用いられる床柱などはいかもの、いんちきだ）……瞑想によって宇宙と一体になることを宗旨とする禅の高風も、所詮は堕落せざるをえなかった。……（主観的一回性は）やがて固陋な規矩となり無味乾燥なアカデミズムに化したのである。このことは茶の湯そのものにおけると同じく、茶室建築の細部についてもまた同様であった。」

【正しくここに、タウトが日本の深奥を理解出来ないで終わったポイントがある。

井上靖が敢えて文章にした、桂離宮を造営した日本人の心にタウトが到達出来なかった所以である。

銀閣を低く見た由縁も当然のように此処にある。次にタウトが認めるように日本建築には人を閉じ込める壁で囲まれた空間が無い故に、殊更に閉じこもれる閉ざされた一室が必要であった。タウトも言うように心の空間を必然として必要としたのである。

西欧人と異なり、描かれた絵は日本の家屋の中で唯一此の床の間に掛けられ、西欧人の絵は個々の部屋に掛けられたことと対比を成す。床の間以外の場所では絵は壁や襖に直接描かれたのである。典型的な彼我の文化の対照が此処に見られる。

銀閣の四畳半を日本人は敷衍していったのである。

これがタウトには、〝いんちき〟・〝いかもの〟としか理解出来なかった。】

しかし、次のようにも言う。

「「床の間」は、文化、芸術および精神的な所産を置くべき定めの場所として、世界に冠絶した創造である。……日本の部屋は、平常はいつも「虚」である。……部屋全体がすっかり開け放たれて、通気は自由である。……西洋の真摯な建築家に最も大きな影響を与えたところのものは主としてこれであった。」

【此処でタウトが明快に言うところの、「日本の空間を西洋が取り入れた」は大切な事実である。典型例がライトなのである。ライトは何も言わずただ実行した。

そしてベルラーへを介し欧州の建築家が学んでいったものもその一典型であると考える。流れる空間は屋外と一体化し――日本家屋の開放性、生活と自然のつながり・一体性を得て――近代西欧人のものともなり、ガラスという素材の獲得を経てミース・ファン・デルローエやフィリップ・ジョンソンのガラスの家のコンセプトへも繋がっていった、と考える】

◉p.13～14・日本人観（同）

日本建築・住宅が台風や地震に繰り返され破壊されても堅牢な構造を求めない。独自の文化を創造しているという自然との一体化への疑問。合理性を求めるのもまた日本人であるはずだという。

【日本に於ける地震力に抵抗出来る素材を手に出来なかった日本人が、必然のように自然に順応してゆく、自然をかわしてゆく、そして自然と一体化してゆく心に至ったことを理解出来ないタウトがある。】

「……日本の家屋はまるで厚紙細工の家であり、地震や暴風雨があるときわめて弾性的に振動する。」

細い柱に成の大きい梁を乗せるのを不思議だと言う。こんなことは「侘び」「さび」に価値を置くことをそぐわない、極めて不合理なことだと言う。

「……日本人が自然と親密なことは疑う余地がないし、またそれは確かに独自の文化を創造している。……（柱と梁の関係を上げて）日本人は彼の友たる自然をあまりに知らなすぎると思う。……」

この後で日本人への疑問点を挙げている。その一方で、

◉p.17〜19・伊勢神宮について（同）

「……構造自体がそのまま美的要素をなしている……」

と言って、伊勢神宮礼賛論を展開する。

「ここにあるところのものは、真正の建築であって、たんなる工学技師の手になる建築物ではない。このことはパルテノンにおけるとまったく同様である。ギリシャでは大理石を用い、また日本では木材と茅葺屋根とを素材にして、究極的な形が創造せられたのである。」

「パルテノンは、その釣合と輪郭とをギリシャの透明清澄な大気にうけ、伊勢神宮は、これを日本の湿気と雨との多い風土にもとめたのである。」

「それぞれ根本的にきわめて相異なる条件を具えながら、人間の精神はこの二つの場合のいずれにおいても、至純な構造的形式を創造した。伊勢神宮では、一切のものがそのまま芸術的であり、ことさらに技巧をこらした個所は一つもない。清楚な素木はあくまで清浄である。見事な曲線をもつ屋根も、――しかし軒にも棟にも反りが付してない、――掘立式の柱と小石を敷きつめた地面との結合も、共にすがすがし

い。実際、構造的性格を帯びないような装飾はなに一つ施してないのである。棟木の上に列ねた堅魚木の両端にはめてある金色の金具は、茅葺屋根と檜造りとによくなく調和している。神前に供えた榊の緑枝と御幣の白紙さえ、全体の調子とぴったり一致しているのである。」

【と、伊勢の美に対し我々と変わらない反応をしている。しかしながら、次の発言はタウトの想いにある斬新な直感に比し明らかに見損ないであり、誤解に基づくと思う。

「侘び」という心は日本人が得た後天的な精神であるから。】

「よく日本人は、時代の匂いが特殊の匂いをもつことを強調し、「侘び」という概念で一つの芸術観全体を包括的に表現する。ところが伊勢神宮は、「侘び」らしいものの痕すらとどめていないのである。伊勢神宮は常に新しい。私にはこのことこそ、とくに日本的な性格に思われるのである。むっとするような時代の黴臭さは放逐せられ、それと共に一切の非建築的な付加物、すなわち純粋な建築に背くような一切の装飾はことごとく排除されている。……伊勢神宮でそれが脱落してしまったのは、二十年目ごとの造替に際してかかる贅物までも繰り返し付加することの無意義を覚ったためであろう。」

【〝侘び〟は原初において存在しなかったし、哲学として並列する概念である。新しさを求めるが故に発生した境地なのである。正に並列する日本文化である。】

◉ p.20・法隆寺について（同）

「……たとえば新薬師寺などにも、事物を明晰単純に把握する日本的精神が示されている。……法隆寺で、中国風の型にはまった七堂伽藍のぎこちなさを平衡を破った非相称的な形式にときほぐしたことについても詳述する必要はない。」

【この陳述に驚く！　筆者が卒論において法隆寺への関心をもった根源に関するからである。〈金堂と五重塔の非対称配置〉は造営建立以来の改築の歴史の中での必然であったかもしれないのであるが見事な非対称のバランスを確立している。対称を脱することへの寛容に日本独自の文化精神を反映させてはいまいか。続く文章へのコメントを思いつかない。】

「……その後の仏教寺院の屋根は、もはや構造ではなくて装飾である。従ってそれはまた建築ではない。……」

◉p.21～22・白川郷と平泉金色堂について「同」

「……（隠れ住んだ落人としての平家を創造者と見做して）平家が高度の日本文化、つまり美的にしてしかも同時に合理的な性格を具えた文化の最後の負担者であったという見解によってのみよく説明し得ると思う。かかる文化の残した唯一の宝石は、平泉の金色堂である。金色堂も、貴重な螺鈿細工その他の装飾によってビザンチン建築との類似を示し、またその芸術的自由と壮大との故に国際的ともいうべき性格を示している。

とはいえ世態の常であるように、この文化もまた野蛮で無思慮な暴力に屈服し、こうして日本は平家と共に、建築美学に対する健全にして自然的な理性的基礎を失ってしまったのである。」

と、華美なものへの嫌悪感を露わにし、禅的な、ある種の哲学的、芸術的教養は所詮外衣にすぎなかったと言い、聚楽第の遺構（飛雲閣）を挙げ、次のように言う。

「……専制者の命令によって造られた建築物は、実際にもきわめて薄弱なものである。」

◉p.23～24・日光東照宮そして桂へ（同）

「かかる専制者芸術の極致は日光廟である。ここには伊勢神宮に見られる純粋な構造もなければ、最高度の明澄さもない。材料の清浄もなければ、釣合の美しさもない、――およそ建築を意味するものはひとつもないのである。そしてこの建築の欠陥に代わるところのものは、過度の装飾と浮華の美だけである。」

【タウトが嫌いなものが「過度の装飾と浮華の美」であり、「釣合の美しさ」がタウトの美の基準であるらしいが、タウトの言う「プロポーション」が「釣合」と訳されており、不可解なのである。タウトの著作の様々な部分で使われる「プロポーション」を繋ぎ合わせると我々が理解している黄金律に始まるプロポーションの意とは異なるようである。】

「しかし日本人の天才は、一つの偉業をなしとげるために、いま一度立ち上がった。しかもそれは、あたかも日光廟の建築と時代を同じくしているのである。

１５８９年から１６４３年までに、京都の近郊に桂離宮が造営された。この建築によって成就された特殊な業績は、これに類する他の建築物にも再現せられている。しかしそれにもかかわらず桂離宮は、伊勢の外宮と共に、日本建築が生んだ世界的標準の作品として称してさしつかえない。」

【ここで言う。〝日本人の天才〟は同一グループであったことがタウトには理解出来なかったであろう。〝今一度立ち上がった〟のではなく、日本人が両者を成し得たことは、ほぼ明らかなのである。】

◉p.34・「伊勢神宮」から「桂離宮」への伝承（「日本建築の世界的奇蹟」という章）

「純真な形式、清新な材料、簡素の極致に達した明朗開豁な構造」

「しかも材料は常に新しいこの荘厳な建築こそ、現代における最大の世界的奇蹟である。」

という伊勢礼賛。様々な中国からの影響を排し、

「日本人の繊細な感覚によって解きほぐされ、しなやかな線の流動が現れた。」

◉p.35〜40・「桂離宮」つづく（同）

「……中国建築に特有の規矩整然としたぎこちなさや怪奇な様式は、日本人の繊細な感覚によって解きほぐされ、しなやかな線の流動が現れた。伊勢神宮に「納められている」日本の逞しい創造精神は、本来の日本的感情と、日本の精神的古典文化を形成したところの中国文化を内に包蔵して、しかも極度に分化した「現代的」精神生活との調和を創造すべき天才を小堀遠州に見出したのである。」

【ここでは二点について不自然である。訳者（篠田英雄）の力量を勘案しても、「伊勢神宮に見る逞しい創造精神」には中国文化を包蔵していないであろうこと、と、誰も教唆してやらなかったのでやむをえない誤解、桂が遠州作と信じていた故の問題である。

翻訳における言葉の選び方のぎこちなさを差し引いても論理は不明快である。】

「桂離宮は―現代建築においても創造の基礎となり得るような一切の原理と思想とを含んでいるからである。」

は、当を得ている。又、日光と桂の相違を語る次の表現は簡潔で納得がゆく。

「日光では、眼は見ることだけに終始したあげく、遂には疲れ果ててしまうだろう。これに反して桂離宮では、眼は見るにしても、眼だけで見るところのものはきわめてわずかである。……日光では、ただ見るばかりで、考えるものはひとつもない。ところが桂離宮では、思惟がなければなにひとつ見ることが出来ないのである。」

そして、

「なかんずく古代ローマおよびルネサンス以後の左右対称の専横とから、遂に「前面」、すなわち「見せるための面」という概念が生じた。……桂離宮では（このようなことは）全く見出すことが出来ないのである。……個々の部分がそれぞれに自分の目的、本分および意味に従いつつ、渾然とした全体をなしてあたかも個の生物の如くであることこそ、極めて単純明白でしかもそれ故にまた美しいのではあるまいか。それは自由な個人からなる良き社会さながらである。……」

此処で又、『ブルーノ・タウト研究』（長谷川章著）からタウトの発言と、タウトに影響している二人の先人の言葉を引用せざるを得ない。

「つまりタウトは、既に自身の思想を構成している西欧思想を背景として桂をとらえた。

先人達の思想の体現そのもののように桂を見たのだ。

桂離宮はオリジナルに日本に造られていたのだが。

カント〝いかなる部分も他の一切の部分によってのみ存在すると同時に、他の一切の部分及び全体のために実在する〟

シュレーゲル〝あらゆる概念は一つの全体をなし、それを構成する部分はより大きな部分との関連の中で把握されなければならない〟

タウト〝個々の部分がそれぞれ自分の目的・本文及び意味に従いつつ渾然たる全体を構成し、あたかも一個の生物の如きである〟

【つまり、この時点での西欧建築における状況と桂離宮を対比させ、桂の良い特性を表現している。特に後半の賛辞は大いに評価出来るものであると思う。

そしてこの佳い特性は日本文化の良き本性をも表現していると思う。】

「……しかし小堀遠州は「機能」に精神的な意味をも認めていた。」とし、この後に、「林泉の中を通って茶室（松琴亭）に赴く道は……」から、

「……桂離宮では——芸術は意味である。」まで、桂離宮庭園への賛美の記述が続く。

◉p.43～46・伊勢神宮各論（「伊勢神宮」という章／章番号無し）

◉p.47～137・タウトの「奥の細道」（「飛騨から裏日本へ」及び「冬の秋田」という章／同）

5月16日、京都……2月11日、秋田を経て高崎・少林山洗心亭まで。

◉p.83、移動中の汽車の中での官憲による日本人同伴者への尋問についての不快感を記録し、これが三度目であると言っている。

【この記述はからずもタウトの日本に於いて置かれた立場を物語っており、国際政治状況下のタウト自身の立場への鈍感さを露呈している。（この辺りの事情についても長谷川章氏の報告に詳しい。参照された

い）】

◉p.98、【次の記述は現代の日本に於いてさえ真実である。】

一九三六年五月二十六日、秋田での項に、

「（日本では）普通の建築には、建築家はいささかも与らないからである。大工は、建築主の注文に応じ、建築主の示す見本に従って仕事をするのであるから、出来上がったものは大工仕事と建築主の趣味との合成物にほかならない。」この記述は或る意味を持つ。関連し他所で論じたい。

冬の秋田の項では（p123）横手での「かまくら」の情景と人々の振る舞い、風習を見聞し「ここにも美しい日本がある」と絶賛している。

◉p.139〜175・「桂離宮」各論〜修学院離宮〜大徳寺孤蓬庵・小堀遠州の墓まで（「永遠なるもの――桂離宮」という章／最後の章）

当然のことであるが、この章は宮元健次氏著作で採り上げた桂離宮に関する内容のダメ押しになるのでタウトの特徴的な言葉のみを取り上げコメントする。

◉p.141、桂に近付きながら目にとめたことを書いている。

「明るい緑色をした一匹の蛙が、緑の下の砂の上にうずくまって、太陽と静寂とをあくまで享受し、私達が近づいても知らぬ顔をしていた。」

【筆者はこのような記述をするタウトに親近感を覚える。俳句的情景であり、日本人的情感を共有していると感じる。ひいては桂離宮との出合に涙せんばかりの悦びを露わにしたタウトには日本文化の深奥の

半ばを理解出来ていたと思いたい。】

◉p.144では、章全体に十五点ほどの桂の写真を示しながら次のようにも言う。

「私達は、今こそ真の日本をよく知り得たと思った。しかしここに繰りひろげられている美―すなわち偉大な芸術の持つ美である。すぐれた芸術品に接するとき、涙はおのずから眼に溢れる。私達は、この神秘にもたぐう謎のなかに、芸術の美はたんなる形の美ではなくて、その背後に無限の思想と精神のつながりとの存することを感得するのである。」

◉p.151〜152、タウトがヨーロッパとの対比において、桂をどう見ていたかについて

「ヨーロッパの宮殿には、宮廷生活と庶民階級との距離が著しく強調されている。たしかに桂離宮にも、宮廷生活があった。けれどもここには、旧いヨーロッパに見られるような階級的な距離はまったく認められない。桂離宮は、どんな日本住宅よりもすぐれた趣味と優美な構成とを具えている。だがこの趣味と優雅とをもってしても、それは決してこのたぐいの距離を創り出すものでない。実際ヨーロッパの最も質素な城に比べても、桂離宮は実に市民的である。」

【やはり、建築という芸術が支配階級のみの所産か人民によってなしうるものかについてタウトは気にしていたのであろう、彼自身の経歴から言って頷ける。しかしタウトがそう観た桂離宮のしつらえは形としてそうであったが、それでさえ我が国のその時代、豊富な資金と動員出来る労働力の大きさからも良く平民の為しうるものではなかった。頂点にある支配階級の所産であったが、その心が庶民へ伝播しタウトの言う〝いかもの〟として引き継がれていったと考えるべきであろう。

しかしこのような観点からの議論は、芸術的所産の持つ意義について歴史上のすべてのシーンにおいて、人間の創造物という意味であまり意味がないと思われる。】

◉p.156では、建築内部所謂インテリアに相当するの細部についてもタウトの基準での評価を下している。壁、襖の装飾から襖の引手、長押の釘隠し等についても「優美」「優雅」という表現をしている。

【タウト自身が電気スタンド等の家具類についても自らデザインし、滞日中も作品を残していることから当然であり、多くの建築家が家具から都市計画まで興味の対象とすることの例外ではなく、ライトと軌を一にする。】

◉p.158における桂離宮を介した建築芸術論はタウトの主張を簡潔に表現している。曰く、

「（桂離宮は）部分および全体の実現すべき目的にかなっている。この目的は、一方では日常の他奇なき生活が便利に営まれることであり、また他方では尊貴の表現であり、さらにまた第三には高い哲学的精神の顕露である。しかもこの三通りの目的が一つの統一をなして天衣無縫の趣を示していることは、まことに偉大な奇蹟である。」

「私は、桂離宮のこの旧い建築において、私が現代建築の重要な基礎として確立した理論（すべてすぐれた機能をもつものは、同時にその外観もまたすぐれている）が、間然するところなく実証されていることを知った。」

◉p.161、

【一方で、タウトには時々筆者には不思議に見える誤謬の意見陳述がある。】

「（日本建築の地面への密着性を表現して）日本人は上方を眺める習性をあまりもっていないように思われる。それだから高い塔を建造するなどということは、日本人にふさわしくないわざである。日本の城の天守閣も、甚だ遊阮的であって、これを世界の本格的な城郭建築に数えることは出来ない。むしろ日本人には下方をじっと眺める習慣がありはしまいか。つまり日本人は畳に座るので、その結果、瞑想的で活静な境地を体得し、それが芸術的にきわめて洗練された形で、地面の上に表現されたものに違いない。」

◉p.163では、

「（修学院離宮の庭苑は）全体的に見て、狭い日本的な性格をまったく脱却している。ゆるやかに起伏する芝生、整然と刈り込んである生籬は、いずれもイギリス風の庭苑に酷似している。」

【特に、小堀遠州についての建築との関りの位置付けについて情報の欠如がある思われる。又日本の風土、特に地震との関わりについて考えると、日本の城への論評は特に的はずれと思えるし、五重塔の構造などへの情報が無かったであろうことは割引かなければならない。

しかし、修学院離宮への低評価はF・L・ライトの対極にあり、筆者のタウトへの点数を下げざるを得ない。

しかし最後に、実に意味深長にして大きな予見を、感激した建築芸術を有する日本の未来について語っている。】

「私達は、日本で実に多くの美しいものを見た。しかしこの国の近代的発展や、近代的力の赴く方向を考えると、日本が何かおそろしい禍に脅かされているような気がしてならない。」

【当時の日本人の中に、この最後の記述を読んで幾ばくかの反応を開陳した人があったのであろうか。タウトの立場とこの時代の日本人の立場は、ほんのりと遠く、互いに眺め合っており、タウトの発言も杞憂としか思えなかったのであろうか。タウト自身も心配を打ち消すような発言で終わらせている。】

◉p.177~182・「あとがき」一九六一年十一月著（1962年2月20日第19刷改訳版）

【『日本美の再発見』の訳者・篠田英雄の〝あとがき〟にこそ筆者が関心を持ち、出版以来多くの日本人が意見を交わすことになった原因があると思う。

まずは『日本美の再発見』という書名。やはり訳者・篠田英雄によるものであろう。

「『日本美の再発見』という題を付して刊行したのは一九三六年の六月で、」と書いているが、素直に自分の行為を述べているのであり、「……その後たびたび版を重ねて……今度の改版を機会に、〝日本建築の世界的奇蹟〟と〝伊勢神宮〟の二小編を新たに付け加えた。」と言っている。一九三九年の六月の初版は論文二編と日記抄二編の訳であったとしている。

書名の齎すものにタウトは聊かも関わりないと言える。

つまり「私が日本美を再発見したのだ」とはタウトの意思ではない。タウトは日本という国が持つ感動的に美しいもの、いかものと受け取らざるを得ないものとを忌憚なく指摘し書きとめたのである。

訳者は〝あとがき〟の中ほどであえて言う。

「桂離宮はもとより、伊勢神宮、飛騨白川村の農家および秋田の民家等の美は、いずれもタウトによって本来の意味で〝再発見〟されたのである。彼が建築学的な立場からこれらの作品に加えた分析と総合、および芸術的鑑賞は、いつまでも高く評価されてよいだろう。」

文中「本来の意味で」は何か？　既に一度は発見されていたものを改めて見直した、評価し直したということであろうか。

「日本人自らは自らの創造した美とその価値を意識していなかったものを覚醒させた」と、素直に言った方が解り易い。世界的視野で日本美を自覚出来たのはやはりこの時が最初だったのではないか。文学や哲学の分野で美についての研究が、特に日本そのもの、特に建築、民俗学の研究が未達であったのは確かで、痛いところを突かれた心理が反発感情を呼ぶことに繋がるのはこれも自然である。

つまり、この時代、比較文化論は日本に存在しなかったのである。

現代において、タウト発言の影響も現れた後の認識で感じる我々の反応は既に着色されてしまっているので、筆者自身の意見もこれ以上正確な主張となりえないと思う。

当時のドイツでのタウトの立場を「ジードルング建築によって大衆の便を図ろうとする建築家は、社会主義的だと見做された。」と端的に言っている。第一次大戦後にナチスが出現したことがその原因であり、第二次大戦後に日本の住宅公団設計の建築群が社会主義的とはならなかったこととの差は歴史の責任としか言い得ない。

同じケーニヒスベルク生れでその地で生涯を送り得た哲学者カントに影響を受けたタウトはデザイナーとしての建築家よりも一歩評論家に近かったのであり、老子の思想を自らの中に発見したライトが一途に建築デザイナーの生涯を送ったことと見事な対照をなす。

最後に少し残念に思うのは、当時タウトのドイツ語を訳せる建築家が居なかったことである。今後に改めてタウトの訳に挑戦する建築家の出現が望まれる。より正確なタウトが現れるのではないだろうか。このあとがきの最後に「日本建築および日本文化に対する彼の批評と評価、それからまた日本と日本人に向けられた留保のない愛をよく伝えるものであると思う。」と言う。あえて『日本美の再発見』とは、図らずも自身の感覚に忠実でありながら、上手いコピーではあり、タウトへの誤解の原因にもなり、複雑な混乱した議論をも呼び起こした。】

5-2-3　日本文化私観／ブルーノ・タウト、森儁郎訳、講談社学術文庫

一九三六年（昭和十一年八月二十日）付「原本序」（黒田清）があるからこの年に発行された著書であるとして話を進める。

遅れること六年を経て昭和十七年坂口安吾が同名の『日本文化私観』を発表した。イスタンブールでタウトがこの世を去った昭和十三年の四年後である。終戦直後の昭和二十一年に発表された坂口安吾の『堕落論』は広く読まれ、語られ、今なお愛読者を発生し続けているという。

端的に言って『堕落論』は本音論であり戦時中に抑圧された言論の解放の所産であったと思う。この作家の昭和十七年における著書の意味は如何なるものであったか。それを考えることによりタウトの『日本文化私観』の意味もより鮮明になるかもしれない。

そして、そもそもタウトの論はどういう意味を持っていたのであろうかを考えてみたい。

坂口は言う、

「タウトは日本を発見しなければならなかったが、我々は日本を発見するまでもなく、現に日本人なのだ。我々は古代文化を見失っているかもしれないが日本を見失うはずはない。日本精神とは何ぞや、そういうことを我々が論ずる必要はないのである。説明付けられた精神から日本が生まれるはずもなく、また日本精神が説明付けられるはずもない。」

今にしてこの文章を二重の意味で読むことが出来る。一つはタウトへの反発とも言うべきもの、二つ目は当時の日本精神論への皮肉・反発論である。後者は穿ち過ぎか。

当たっているとすれば後の『堕落論』の文脈からして評価すべきものかもしれない。

しかしながら「寺院などは僧侶の活動のために必要なものであって壊れればバラックでも良いから建替えればよい」とは暴論で「古代文化を見失って」はならないのである。

筆者には文学者のアイロニーであるかもしれない論を慮る余地はない。

その意味でタウトの発見を尊重すべきであり、古き遺産により日本を再確認することが自己のアイデンティティを確認することになり、自己の大切なもの・佳きものを保存敷衍してゆかなければならない、と考える。

〝タウトの発見〟は日本文化に潜む普遍性を証明するものかもしれないからである。

我々が「古代文化を見失って」しまうことを戒めることが重要であり、異邦人が日本文化の素晴らしさを認識することが重要なのである。

話が極端に飛躍するが「俳句」という短詩形に潜む「なごみ（和）」の精神の敷衍であり、「日本人が健康でありさえすれば」という坂口の論を助けるかもしれない「日本食」文化の敷衍が重要なのである。

一九九二年十月九日が第一刷の『日本文化私観』（講談社学術文庫）により進めてゆく。

原本序（昭和十一年八月・黒田清）と「訳者の詞」（昭和十一年九月・森儁郎）の後に、十二の章からなり、末尾に「解説」（佐渡谷重信）があり、この解説からも多くを得ることが出来る。

十二の章とは「床の間とその裏側」「あきらめ」「メランコリイ」「芸術」「神道―単純性の持つ豊富性」「味」「絵画」「彫刻」「工芸」「芸術稼業」「建築」「第三日本」である。

筆者が論じてみたい事項を章毎に採り上げてゆく。

この著書の命名はタウト自身によると考えてよいのかもしれない。タウトの議論をどう読むか？　タウトの言葉使いか、訳者の日本語の選択と表現方法によるものか、筆者の読解力の不足か、かなり苦労する部分も多い。『ニッポン』が前著であるという。先にこの著書を取り上げるのは筆者の議論により近いかもしれないと思ったからである。

◉「**床の間とその裏側**」（『タウトの日記』――十月十四日のスケッチ参照）

日本建築に特有の「床の間」をテーマにするとタウトは明言している。タウト自らのスケッチで、床の間の背面に便所が隣接している断面図を掲げ読者にある種の暗示をかける。

「この絵画のために在る床の間」と総括し、床の間の使われ方を紹介し「部屋が床の間の種々の放射を

担い得るように、そうした美の中立性すらも部屋に要求すると云えよう。」と言う。又、床の間の持つ精神性をも理解し、

「室内建築および全家屋の一部分として、この床の間の現象そのものが、すでに建築であるとも云えよう。従って床の間は地球上どこにおいても達成され得なかった所の、まことに世界の模範と称しても差し支えない一つの創造物なのである。」

とは同感出来る。

さらに、断面図の挿絵の意味を説明するのであるが、確かに日本家屋ではこのような融通無碍（壁一枚で建物の精神的中心である床の間と便所を隣接させる）があり得るのだが、タウトの言うように「茶室でも」とは誤りであろう。たしかに滞日中にタウトが過ごした洗心亭ではこれに近いプランになっているが、日本の通例では多くこのようなケースは江戸時代の長屋の場合でもあり得ない。長屋では床の間は無く、便所は共用であったろう。一般住居では在り得ないし我々設計する者もそういうプランは描かない。

ましてやそれなりの茶室では両者を隔離して配するであろう。茶室では〝香〟さえ意図する演出の一部であり、未開文明時代の日本家屋では〝瞑目〟と〝不浄〟は切り離されていた筈である。従ってタウトも、

「壁一重を隔てて、およそこれ以上のものはないと云ってよい対立！さらにこの対立によって示される二つの世界。」

と言い、抽象化を試みている。これに続く哲学的議論を追尾することは止めにしたいし、これ以上の議論の意味を認めない。

むしろ次の部分に興味を持った。この章の前半に日本文化の歴史的認識上の誤謬ではないかと思われる部分がある。いや、むしろ斬新な見方といえるものかもしれないのだが。

「古来日本には中国と異なって武器を尊重する風があった。すなわち中国では武人の身分が軽視されたのに対して、日本では剣およびその携行者を崇び、これによって古代よりの自然観、世界観、ひいては神道をも固持して来たのである。日本が中国から移入した事物を、独自なものと成し得たのは、恐らくこれに素因するのであろうと思われる。」

恐らく美術工芸品レベルの刀剣（子供時代から日本刀の鍔に興味を持っていたという）への心理が影響してはいまいか。しかし、神武神話には草を払う剣も、八咫烏の止まった弓もあるが、確かに三種の神器の一つは剣である。さらに、

「従ってどのような場合でも、日本はかの〝輸入品〟をある独自なものに造り変え、また部分的にはこれを全然別個のものに改造することに成功して来たのである。」

と言い本論に入ってゆく。

【明らかにシンボルとしての武力は剣に象徴され、支配者が武士階級になってからはその携行者と剣が尊ばれたが、日本人の改造力及びその知恵が此処から発生したとは頷けない。日本人の知恵及び好奇心を齎したものは人工扶養力の大きい稲作である。

日本人の創り出した「床の間」に込められた精神性は「祈り」であり、その根源は自然への畏怖であり、アニミズムへとつながる。

アニミズムが日本文化の根源にあると、筆者は考える。】

◉「あきらめ」

タウトが観た映画「あるぷす大将」の話から始めている。この映画は山本嘉治郎監督により一九三四年に制作公開されたものであるが、タウトがその梗概を述べているように、どうやら当時の日本に於ける世相、西洋を取り入れつつある社会の従来風習との相克を扱っているらしいのであるが、そのような混沌の責任が何れに起因するのか解らないとする、諦めを意味する表題らしい。

「……かくまで多くのものを世界に附与した日本、同時にこの美しい日本も、またその姿を消してしまうことになるのではないかと思う。しからばこの冒瀆の責任は、そもそもヨーロッパの文明に嫁すべきであろうか。果たしてヨーロッパのみが、この責任をもつべきであろうか。」

と結んでいる。

◉「メランコリイ」

「日本における頻々たる自殺行為は、……」

と話を始め、日本芸術を総覧し俳句の話に至る。其角の「名月や　たたみの上に　松の影」を独訳し、「日本芸術の主観的傾向は、すでに夙く芭蕉においてその端を発していたように思われる。」と言い、さらに芭蕉の句「夏草や　兵どもが　夢の跡」、「物書いて　扇引きさく　余波かな」も独訳している。後者については独詩人パウル・シェーアバルトとの共通点を言う。

芭蕉の『奥の細道』も鴨長明の『方丈記』も翻訳で読んでいたらしいのである。これらの翻訳にいつ接することが出来たのかが不明である。少なくともあの欧州ジャポニズムの時代に仏訳は存在しなかったと思われるので、タウトはいつ英訳又は独訳に出会っていたのであろうか。『方丈記』からの知識で、日本に於ける東京と京都との歴史的関係から、フランスに於けるパリの幸福と京都の不幸を論じる。しかし、パリが二千年このかたフランスの文化的中心というのはどうか、ローマ帝国時代からの二千年はフランス独自のものではない。京都及びその周辺地域への賛美を言うに事欠いて、

「……（例えば少林山達磨寺の）ような、八十年も前に建てられた出来損ないの、しかもまるでいかさまな社寺のごときものは、京都付近では全然あり得ない。……」

は、聊か衝動的なもの言いではないかと思う。

「メランコリイ」はタウトのものか、文化の中のものか理解出来ない。

◉「芸術」

この項から、特に「工芸」まで、タウトのような建築家のむしろ評論家とでもいうべき幅の広い分野をカバーする批評精神が横溢する。そして「芸術稼業」から終章まで、この著書は間違いなく〝日本文化私観〟たり得ていると思う。坂口安吾をして自前の『日本文化私観』を書かせた、いや、むしろ書き得たのは坂口のみであったのかもしれないのだが、日本人の多くにもやもやした反映をもたらしながら今八十二年（２０１８年）を経ている。

この『日本文化私観』を繰り返し読んでみて改めて思う、このあたりでタウトをこそ再評価してもよいのではないか。

この項の初めに言う、

「日本芸術が人類に贈ってくれた特質、しかもあらゆる世界の芸術の中にすら見出され得ない特質とは、一体何を指すのであるか。」

そして日本に於ける芸術のあらゆる分野の関連性、貫くものの表象的ことばとして独語の「ラインハイト」を挙げ、訳者は「清純」を当てている。そしてまた続ける。

「「単純さ」―たしかにこれは日本芸術の外面上の特徴の一つと云える。だがこのようなわずかな表現手段によって、あのように饒かな発光を何によってなし得たのであるか。いかにして日本芸術はこの傾向を、しかも全く特殊な仕方で生育させ得たのであるか、ということである。」

直ぐに思い浮かぶのは「俳句」である。世界最小短詩形とされる「詩」であり、既に前項「メランコリイ」でタウトは媒体として採り上げている。十九世紀前半から欧州に認知され現今の日本で新たな隆盛を迎えているが、所謂日本精神の縮《ちぢみ》小志向というトランジスタ先進国時代の俗な言葉で語っても、このタウトの疑問への回答にはならない。

続いて日本史を辿りながら仏教の耐える力を、日本文化を養った根源の一つとして言う、

「キリスト教の侵入に対する自己防御」㋑

あるいは、

「中国の文化に沈潜し、最後にこれを日本的な形式に改鋳し得たのであった」㋺

とも言い、日本史認識の骨組みとしている。

ある種の精神性にタウトの同郷の崇拝してやまぬ哲学者イマヌエル・カントの箴言として、「私の頭上には星辰の空、私の心の内には、かの道徳律」を挙げて東洋と西洋が会合するものと言う。これはタウトの日本文化への共感の表現なのだが直ぐには理解不能である。

㋑、㋺を可能にした素質として「神道」を挙げる。あらゆる他の宗教と異なり、

「神道はその基準の点よりして、本来決して宗教でないと云い得る程のものである。これは一つの自然観であって」

とし、そしてこの項の最後に言う。

「日本の人がある神社に対して懐く尊崇の念は、教会に対して懐くキリスト教のそれとは全くその類を異にしているもので、さらにまた寺院とか仏陀に対してわなく人の感情とも、およそ何のかかわりもないとも云えるであろう。私はこの神道の中に、真に日本的な芸術や文化感情に対する、その解決の鍵があると考えている。」

桂離宮もさることながら、この発言と以下に続くことどもが当時の日本の国情（置かれた立場）・政府をして見当違いに、無理解にも滞日中のタウトを許容したのではなかったか。

タウトはまったく異なる次元で日本を、日本文化の歴史を理解していたのだが。

◉「神道―単純性の持つ豊富性」

冒頭次のように始める。

「日本文化は、ただにアジア自身にとってのみならず、多くの点で、他の諸外国にとっても重要な価値

をもっている。地球は実にこの島国に、所謂未曾有の価値を有する財宝を持っているのである。」

そして「文化」の定義を論じ、日本文化の特性の一面についても述べる、

「偉大な、あらゆる細部に到るまで精緻の極を尽くして完成された調和」と。

又、東西文化を比較し『日本─ヨーロッパ』の著者※エミール・レーデラーの発言を引用し、

「ヨーロッパ文化は能動的でかつ他の影響にも敏感な動的文化であるのに対し、日本文化を定着不動の静的（硬直状態とも表現）文化」と言い、「あらゆる思想、時代傾向有力な人物、あるいは団体の影響に対して直ちに反応を示すことが、ヨーロッパ文化の長所であり」短所でもあると。

「欧米から日本へ齎されたものは文明のみであり、日本から欧米へ渡ったものは文化のみ」とも言う。

日本文化の根源、その中心に遡るとそこに神道があり、それは源泉を二千年の昔に有し、他国との関係は全然なしに生まれ来り、太古以来の純日本的所産であるとする。その内容は極めて単純で、天皇を中心として結晶し、日本国民相互間および国民と国土との間の結合を醸成せる祖先崇拝観念が、その内容であるとする。

【――ハンチントンの八大文明論に匹敵する見解であると思う――】

他の宗教が説教中心であることと比べ神道が内容単純であり、個人が心の悩みを解決せんとすれば進んで仏教に入り、下ってはキリスト教にも頼ったのだが、これら宗教も日本に入るや神道発生の起因である日本人の楽天的素質、社会観のために、日本的に改造されたとし、「簡素」の中に大きな創造力と自在な伸縮性を持つのが神道だとする。

神道の「観念」は確かにはなはだ「原始的」であり人間および人間生活と自然および自然力との結合がそれであるとする。以下、アニミズムとの言葉は使わないが縷々日本に於けるアニミズムの状況を説明し、その象徴的表現は我々の肯けるものである。

「墓地から受ける印象は手入れの行き届いたものではなくむしろ自然の手に任せて自然の中に溶け込み消滅し去ってゆくもののように見え、ことに田舎の墓地は特定の範囲に限られることなく、樹下の一隅に散在し自然の風景の中にその姿を消してしまい、いわば死者の身体も霊も、大自然の中に吸収融合せられてしまうようになっている」

——おもわず我が祖先の現代につづく林に埋もれた様にある墓域を想ってしまうのだが——

又、西欧人の見た日本及び日本文化ひいては日本建築にいたる評論は次のようになる。

「日本人は即興を愛することの強い国民で、この即興を愛する心こそは、一般に見られる厳格な形式尊重と対蹠をなすところの、日本の諸芸術の、殊に斯道の達人の社交的娯楽として現れている絵画と抒情詩（和歌）の特質なのである。（【——俳句において然り——】）

もちろんこの際建築だけは例外である。とはいえ、この建築の場合にも、その構造上から云えば、柱を組み合わせただけにすぎない日本家屋には、無限な変化を与える余地が残されているのであって、要するに、あの優雅な茶室のごときは、趣味の洗練された茶の湯宗匠のものせる抒情詩に他ならない。今日においても、大工が拙劣な建築家の精緻な設計図などは無視して、全然独創的にそれよりも良いものを造ることがあるが、これも結局今述べたことと変わりはないのである。」

続けて日本の情景を観察し、特に神社の在り方と人々の関わり方を述べ次のように言う、

「日本でいう神とか神性とかいう言葉の意義は、キリスト教の立場からいうとそれとは全く異なっている。日本人にとっては（【この点では総ての南アジア民族に共通なのであるが】）自然あるいは世界というものはあまりにも広大無辺なので、これを唯一の全能神の支配下にあると考えることが出来ないのである。一切の万有が、人間自身もまた、かかる広大無辺なるものの一部であると見なしているのであって、かかる自然宗教は、むしろ古代ギリシャの汎神思想と比較され得よう。」

そして、「神輿」の中の神についてどう解釈するかは個人的な問題としているようだと言う。

「農業の非常に早期な進展、あらゆる職業の極度の発達の中に現れている、日本人の精巧緻密な仕事に対する素質は、社会に対しても極めてデリケートな分化を実現するに到らしめ、その結果がまた上述の進展発達を促進せしめたのでもある。」

とは、正確な観察・分析と言えよう。同時にこれらの考え方は我が国の碩学達により疾うに論じられていることでもあろう。

【タウトがそこに到っていることが素晴らしいと言える。

しかし、初来日の三年半の観察の上に、この東西の宗教間の違いに、人類にとっての幸不幸の関わりが如何に顕れるかまでは洞察出来なかったのはやむを得ない。天はタウトに時間を与えなかったし、我々は結果を見て論ずるのであるからどう仕様もないと言える。

一神教の対立がもたらす現在の混沌を知るが故であり、主にキリスト教文化の基に発達した文明がもた

らした現代における結果を全て否定するわけにはいかず、只々憎しみの連鎖を断ち切るための方策をアニミズムに発する東洋的文化の下で発見・工夫出来ないかを思うのみである。】

なお続くタウトの神道及び具体的な祭礼、祇園会の有様への観察は見事で、日本文化の「質素」・「直感的」・「即興」と神道の「単純性」・「豊富な変化」の関わりを洞察し、ついに吉田兼好のアフォリズム（箴言）に到達し、讃える。

タウトが『徒然草』から引用した文章。

「すべて何も皆、事の調ほりたるはあしき事なり。為残したるをさてうち置きたるは、おもしろく、生き延ぶるわざなり。内裏造らるるにも、かならず作り果てぬ所をのこす事なりと、或る人申し侍りしなり。先賢のつくれる内外の文にも、章段の欠けたる事のみぞ侍る。」

【如何にも前節の最後に挙げた、井上靖の言う八条の宮の心であり、はたしてタウトが迫り得ていた精神であったのか？　理解し得ていたからこそ引用したのか。】又、

「その物につきて、その物を費やしそこなふもの、数を知らず有り。身に虱あり、家に鼠あり、国に賊あり、小人に財有り、君子に仁義あり、僧に法あり。」

をも引用し、ほとんど※リヒテンベルクであると言い、神道に基づく日本人の現代生活に芸術の活動力が豊富に流れているとする。

そして最後に締めくくる。

「近き将来にこの国にいかなる政治的経済的発展が行われようとも、典型的日本の今日もなおかくも活

発な文化的生命を鋏をもって切り取り、棄て去ってしまうというようなことは全然不可能であるし、また極めて有害なことであろうと思うのである。」

【ただ、タウトは文化による平和の招来には望みを抱いていなかったと察せられる。】

※エミール・レーデラー＝独経済学者、ナチスを逃れ米へ亡命、『大衆の国家—階級なき社会の脅威』が代表著書

※ゲオルグ・クリストフ・リヒテンベルク＝ショーペンハウアーが賞賛した独の格言家

◉「味」

日本語にして千文字そこそこの短い文章であるが「味」という日本語を探る。

此処でタウトの文章に頻発する独語 **Kitsch** に相当する日本語として訳者は「いかもの」を当て、「いんちき」が思惑的（意図的・作為的?）「いかもの」であるとしている。

そして「味」とは趣味を意味するとし、この曖昧な概念についてアイロニーとれる文章を残すが充分には理解出来ない。

タウトの著作の様々な場所にこの「いかもの」という言葉が使われているのだが、タウトが **Kitsch** と書けば訳者はその都度この言葉を使うことになり、なぜか違和感を醸し出す。

【タウトは我々が受け取っているほどの意味で **Kitsch** と言っているのだろうか。

いずれにしても彼にとって「好もしからざるもの」を言うのであろうから致し方ないのであるが、「いかもの」と「いんちき」の前には「にせもの」もあり得るのではないかと思う。

つまり、**Kitsch** の意味するものにはより幅があるのではないかと思う。

「いかもの」を当てる際に訳者はタウトとどれだけ話し合い吟味したであろうか。それ故に、この項の最後に言う以下の文章について不可解なのであり、教えを乞いたい。【「言葉は人を殺すことも出来よう。特にこれらの言葉の裏に、なお完全に生きた概念があるにおいて然りである。従ってまた生命を創り出すことも出来得る。では、私達はこの味とそしてその武器である「いかもの」に、私達の希望をかけることにしよう。」】

◉「絵画」

タウトの広く深い美術への関心と該博な評論を如何に把握するかを考えてみるのだが、やはり本著の目的に沿ったキーフレーズを辿りながら行くしかあるまいと思う。

勿論このタウトの語りさえ専門研究者の論文に比すれば極く浅いものであろう。タウト自身、日本絵画への深い興味は日本に来てからのものだと告白している。

タウトは画家たらんか、建築家たらんか迷ったほどの絵の達者であった。

彼の絵について長谷川章氏が豊富なデータを挙げ論じているが、他のタウト関連著書にも引用されている小さなモノクローム写真からでも、その腕前の確かさを理解出来るほどである。タウトが最初に勤務した設計事務所のボスから、建築と絵、一体どちらの専門家を目指すのかと問われたという話も繰り返しになるが、タウトの絵の技量がかなりのものであったことを証明する逸話であろう。文人画にのめり込んだなりゆきは当然である。

【ライトは浮世絵の影響を受けた透視図レベル、コルビジェは画家としての、あまり頂けないピカソ風作品を僅かに残す。共通して二次元芸術に関わる、至極当然である】


キーフレーズ選択の中心に置くべきものはやはり、

㋑「日本の独自性」と
㋺「芸術の持ち得る平和への影響力の可能性」が二つの大きなポイントとなる。

このポイントの採用は、つづく「彫刻」「工芸」においても共通のものとしたい。

この項の冒頭でタウトはまず㋺の論旨に基づく発言をしている。

そもそも、美術作品などは一国民に占有されるべきものではなく各国民が愛し合い尊崇しあうべきもので、そうすれば一つの美術を生み出した固有の土地・国に同様な尊崇と関心を抱けるはずで、これが現代における希望に満ちた光明になりはしないか、と。

【いかにも、クーデンホーフ・カレルギーの国際連盟的平和主義の匂いであるが、現代の我々もまだ同様に夢見ることがある。筆者の思い、「俳句は平和敷衍の詩形」も同様である。】

タウトが縦横無尽に語る中から、文脈の如何を問わず彼が取り出すあらゆる分野の作家達を出現順にもれなく挙げてみる。

雪舟、雪村、蕪村、元信、探幽、永徳、山楽、（海北）友雪、光琳、岩佐又兵衛、玉堂、大雅、竹田、師宣、春信、清長、歌麿、写楽。

デューラー、グリューネヴァルト、クラナッハ、アルトドルファー、カルパス・ダーフィット・フリードリヒ、ブリューゲル父子、グレコ、ゴヤ、安信、常信。

ベートーベン、モーツアルト、バッハ、ヘンデル、レンブラント、ラファエロ、ミケランジェロ、シェークスピア、カンジンスキー、ホラーツ。

鳥羽僧正、安田靫彦、弘法、白隠、達磨、狙仙、前田青邨、ルーベンス、宗達。

エミール・ノルデ、遠州、芭蕉、ゴッホ、セザンヌ、アンリ・ルッソー、メンツェル。

ブレッヒェン、北斎、広重、ワルデマール・フォン・ザイトリッツ、応挙、草雲、呉春、文晁、マルク、カムペンドンク、ココシュカ、パウル・クレー、カラ、ノルデ、モルツアーン、リシッキー、モホリイー・ネイジ、鉄斎、蓮月尼、川村曼舟、田中案山子、人見小華、五雲、渡瀬凌雲、大観、橋本閑雪、岡本一平、平福百穂、小杉放菴。

滞日中仕事もなかったタウトは、これまで興味の対象外であったと告白している絵画について論ずるのであるから底は浅い。しかし、招かれて参加した資産家や識者の集いで、古筆や日本画の数々を鑑賞する機会を得たらしく、これまでの知識を駆使して自分なりの独特な評価を下してゆく。

特に文人画への傾倒は特に大きかった。（巻物風の墨筆によるタウトの手紙の実践に長谷川章氏は注目し研究している）

これらの事々を仲介してくれた建築物の一部としての床の間の効用を認めている。

探幽や雪舟を評価し、例えば雪舟をドイツのグリューネヴァルトだ、という言い方をする。

探幽はバッハに匹敵すると言い、バッハは独一国のものではなく世界の財産であるように探幽とて同様で、未だそのように認識されていないのが不思議であるという。

日欧の相互関係については次のように言う。

「日本からの影響は、二十世紀に入る以前からヨーロッパへ流れ込んでいて、最初は英国へ、次には中部ヨーロッパへと浸潤し、自然のままの形態を蔭をつけずに描くあの抽象的な手法や、奔放な、均斉を全く無視した構図や、単純な明るい色彩などがヨーロッパの広告美術、装幀美術までを若返らせたのであった。……これらは主に木版画を介し……（ユーゲント派としての大流行は日本研究の結果であり）……尾形光琳に遡る。」

光琳自身は似た様な（貴族的）存在であったルーベンスほど著名ではないとする。

（欧州における）表現主義もその祖先を日本に持っていると言う。又面白いのは欧州における広告美術が日本の影響を受けて面白いのに、日本には優れたそれがなくいかものばかりだと言う。

【これは確かにその通りである。今もって彼我に差があるかもしれないし、それなのに日本の風景の中の広告はあらゆる意味で実にみっともない。】

タウト独特の評価で面白いのは、北斎は桿状（枯草）菌（パチルス）であるとこき下ろす。

「完全な意味での無様式がもつ空虚が、悪質のアルコールのように、人々の頭を酩酊させてしまった」という表現である。

【正直なところ「様式」というような概念は歴史を語り学ぶ次元では意味を持つのだろうが、筆者にと

りそれ以上のものでは無い。従って相変わらず北斎が大好きであるのだが。】

ところで、タウトの次のような言い方には親近感を覚えずにはいられない。

「日本は、私達ヨーロッパ人にとっては眼の薬のようなもので、日本国民はそれほど秀れた特色をもち、またその特色を少しも失わずに生きているのである。」

それなのに西洋画のまねをして油をぬったくり、情けない有様で展覧会等をやっていると嘆いてみせる。又次のような表現で日欧の共感を述べる。

「セザンヌやヴァン・ゴッホの絵は、どの一枚をとってみても、東京の絵をありったけ蒐めたものよりも、遥かに日本的であって、彼等の絵には、透明さ、雅趣、繊細さがあり、さらに力があるのである。」

【だが、次のような皮肉を込めた日本人評は当たっていながら、一方あまりにも自己基準に偏りすぎていることからくる錯誤ではあるまいか。】

「自然の奴隷になる（【これはある種の褒めた表現だと理解するのだが】）のも、また外国の描き方の奴隷になるのも、どちらも同じ素因によるものであって、元来絵を描くということの目的ならびに意義に関する無知、これがその起因である。」

【絵を描く目的・意義が、それこそ彼我の心の在り方・文化の違いであり日本人のほうに誤りがあるものでも、日本人が無知であるのでもないと思う。何れかに正解があるのではなく、その違いの妙味こそ比較文化論の対象テーマになしうる。】

さらに、次のような観察から、日本における絵と書の関係、日本文字の持つ特徴について言及していることは面白い。

「専門の仕事としてでなしに絵を描くこと、道楽に絵を描くことが、日本ほど蔓延っているところは恐らくどこにもないであろう。」

日本人は、字を、書くのではなく、字や数字を描くのであり、墨、筆、手の動かし方、書法、などは自分達の書き方と呼んでいるものとは全く異なると言う。ここで論じているのは単なる表音文字の字母とは異なる、渡来の漢字から日本人が造り加えた文字文化の特質・特異性に注目している。

この項の最後で「味」という概念に未来を託す、と言うがごとき表現をしている。

日本美術界に、

「渋い、澄んだ、已に安んじた、全く日本的の雅趣とも云える、あの「味」こそ、一勢力となり……現在の夥しく繁茂している擬物（いかもの）、ほとんど圧倒的ないかもの、いんちきの類は……吹き散らされてしまうであろう。」

【「味」の項が不可解のままであるから、此処で言うことも不可解のままである。】

◉「**彫刻**」

この項は得るところが少ない。絵と建築、建築と彫刻の相関関係に言及し、あまり面白いところを見出せない。大船の大観音像は途方もない大きさをもった擬物（いかもの）であり、近代日本の病弊であるとしている。

項の終わりに「床の間とその裏側」論を持ち出しているが論理不明である。

◉「工芸」

訳文の不徹底故と思われる個所が多い、が。

「画家には自分の考（イデー）を即座に描き下ろすことが出来るという利得がある。……工芸家は……」という両者の差を述べているが、次の文章には説得力があると思う。

「日本は、ある小さな対象の中に宇宙全体を包含せしめることが、最も大切なことであるということを教えていてくれている。この対象物は、その実用性を生かしている完全な美しさによって、それを取り扱う人間の性向ををも包蔵するものである。……絶対的な完成によって宇宙的なものになっているのである。」

最初の一行は正に「俳句」そのもので、さらに次の一行で、タウトは日本人の心に迫り得ていると思う。

「鉄の茶釜の中で沸っている水の歌もまた美しいものである。こうなると、それは非常に程度の高い古典的な芸術である。」

タウトの滞日中最も作品を残し得た分野が工芸であったし、生活の卑近なところから、鉄、青銅・その他の金属、竹、木、漆、焼物などの素材についても語り、日本人の生活文化にも論を広げてゆく。

この段になり「味」を表現する形容詞の一つとしての「渋い」を挙げ、その概念は非芸術的な分野、あらゆる場面で使われるとする。この論の延長上に貿易、市場と云うような世界が現れ、独逸工芸家連盟の標語にも至る。

「信用のない輸出は国家を損ね、実質的な独創的な仕事は国家を利する」

如何にもこの言葉からは近々百年のドイツの国家像さえ現れる。そして「模倣」論へ。

日本人の持つ、この論の周辺にある過度の劣等感への戒めにも言及している。

面白いことに日本土瓶を模したドイツ土瓶の写真を掲げて言う。

「ヨーロッパやアメリカの教養のある非常に多くの人達が、東洋の製品を衷心から愛していて、日本の美しい製品を手に入れることを本当に楽しみにしているのである。味というものは決して日本という島国にのみ限られた概念ではなく、日本はこれによってある普遍的なものを創造したのである。」

「日本は技術に対する感受性、伝統の中に積み上げれた風趣等、それに必要な前提を一切具えているのである。」

次の発言は今日において、これからも真実であり失いたくない箴言である。

「文化は各国民の間に架けられた、たった一本の、そして事実上の橋である。」

◉「芸術稼業」

「東京は日本ではない」と始めるのであるが、「芸術稼業」という項の名称はよろしくないと思う。意訳された「稼業」に代わる言葉が欲しい。

能、文楽、歌舞伎への関心を語りながら、分かり難い「床の間とその裏側」でタウトが言いたいことの幾分かが察せられる表現も出現する。

能、文楽、歌舞伎を通して付随する日本の音＝音楽に目を向ける。

日本の音を評する時、タウトは次のように日本の庭の造形を引き合いに出す。

「日本の庭園にあっては、芝草、苔、石、水、緑樹のどれ一つをとってみても、フランス風の庭のような、抽象的な線の形式であるとか、「メロディー」のごときものは強要され得ないのである。日本の音楽も以上のように組み立てられているのであって、個々の音そのものがもつ純粋さ、さらに、音の集団が示す純粋さと各音の相互の関係に一致した自由な音の配列から成っているのである。」

そして言う。日本の音楽にあっては、

「ヨーロッパとは全く別な自然への接近があるのであって、従って全然別個の様式が生じているのである。これは「わが歌は鳥の奏でるにも似て……」とある、ゲーテの詩「歌手」と真に一致するものである。」（該当する詩が何であるか不明）

日本の音調の中には、水の囁き、蛙や鳥の声、あるいは風や流れのざわめき、を聴くことが出来るとし鴨長明の『方丈記』を引き合いに出し、能楽にはこれらを源泉とする〝様式上の厳正さ〟があると言い、評価する。

批評の対象は日本の当時の演劇界におよび経営者の興行の利益追求と演劇者の理想論を「表側が床の間であって、その裏側がまことに便所である。」とし、文学については日本語（日本文字）が分からず批評出来ないのを遺憾だとする。

ただここで、タウトの好きなパウル・シェーアバルトを持ちだし日本で知られていないことを残念だとする。シェーアバルトはタウトの「アルプス建築」を讃えた詩人であり、その作品に対しタウトは「神道の直観法のヨーロッパ的解釈」という表現をしている。

その作品を追うことを断念するが、日本人にもっと知ってほしいとタウトは言う。

演劇の延長上の観点から、タウトが滞在した時代の世相の一つとして「宝塚少女歌劇」を採り上げ、日本人の感想として「ロンドンで正真の芸者踊りと称して、英国の女優が踊ったのを見たことがあるが日本のレビューウーを見ていると、その時と同じような気になる。」と。簡単で分かりやすい評である。

二百五十年の江戸時代が日本人に「微笑」（隠された諦念の表現）の習慣をもたらし、その後のアメリカ文明の性急な吸収が「今日、日本国民の感覚がヨーロッパ文化の事物に対して開放的になり……若い人達があらゆるヨーロッパ的なものをいかに盲目的に、無選択に鵜呑みにしているかは、全く一驚に値する」「生活様式さえ一変せねばならぬと、本能的に考えているのではないかと」その無批判を危惧している。

日本の学生達への好意的観察と問題点の指摘や教育の在り方への評価を省略する。

タウトの広範な批評対象の中で日本における都市計画の不在とそれを為す者が居ないことについての驚きは現在に至るも事実が継続しているので忸怩たるものがある。そして、

「注目すべき事実は、畢竟、日本においては、優秀な芸術は全然公共の対象ではなく、全く私的な存在によって露命を繋いでいるのであるという事である。」

「法廷において充分に黒白のつけられるような芸術家のための法律は、日本にはないように思われる。図案の保護、個人的な着想の剽窃に対する保護もない。芸術家の作品をその同意なく、その使用料も支払わずして出版する様なことに対する精神的な著作権の保護もない。法廷において法律的な努力を有するような芸術家の仕事の謝礼に対する確固たる標準もまたない。誰かが一人の芸術家に制作を依頼し、その謝

礼のことに言及しなかったとすれば、この人はその支払いをする要はなく、日本の法廷は、それに対して、いかなる手段も加えることは出来ない。」

【ようやく二十一世紀の初頭の現在、これほどのことはないと言えるかもしれないが、身の回りにはズバリ似た様な人々の無意識、無関心が罷り通っているし、事件は頻発している。】

「最も恐るべきことは、芸術家の人格が完全に破壊され、人間としての価値、自己自身への尊敬が全く失われて行かねばならないということ、芸術の素質の唯一の根底をなすところの、宇宙に対する芸術家の従容自若たる態度が、その最後の一片まで破壊しつくされてしまうということである。これと共に怖るべき不幸がこの国に加えられ、外国の不消化の余りにも性急な、正しく猿真似的な模倣に悲しむべき実を与えることになるのである。」

「芸術は自分の力を宇宙から、すなわち哲学や宗教や、さらに科学のある分野と同じ源泉から汲み取る。」

【その行為の価値の尊厳に対する尊崇・尊敬（最近の日本人はこの意味を表わしたい時、軽さを付加しレスペクトなる英語をよく使うようになった）の念を表し、ひいてはその価値に見合う対価を差し出す倫理観が必要であるということなのだが、万人が共有出来る価値観は有り得ないということも土台として認めなければならない。】

「ちょうど床の間の裏側に便所があっても、実際に使用のために尋ねる時の他、便所のことなど口にすべきではないと同じである。」

【どうやらタウト描くスケッチは、認めるべき本物の価値と、いかもの（にせもの）が背中合わせであ

るの比喩でもあるらしい。】

「……日本における建築家は全然彼等の奴隷である。近代の大文化国としてまことに恥ずべきことであるが、五百万の市民を有する東京に、自由な独立した建築家の事務所の数はおよそ吃驚するほど少数であり、しかもこの人達はひたすら悲惨な妥協によってようやく命脈を保っているに過ぎないのである。」

【この状況は、建築士事務所の数は砂の数ほどに増えた現在だが、タウトおよび西欧人の意味するアーキテクトの存在は現在も不変、つまり「真の建築家は少ない」のである。】

「新聞紙にとっては建築家は、全く芸術家として考えられていないように思われる。」

「建築家は芸術家全体の不幸を示す最も顕著なる範例である。」

このあたりが「芸術稼業」というこの項の標題たる由縁であろう。

「建築は、一切の芸術の母としての価値をもつ」

と言う価値観を根拠に、発注者である大名と同格の大名であった小堀遠州（少しの誤解を含めて）を引き合いに出し、注文主に従属してはならない建築家の在り方を主張し、その故に芸術家としての活動をし、現状の是非を見分けるように促し「桂が床の間で日光が便所」である如くせよと言っている様なのだが、難解ではある。

ただ、分かり難いスケッチの意味をこれらの引用の仕方から測る他はないと思う。

◉「**建築**」

前項の、日本における建築家の不幸論を引き継いでいる。

そして、日本における社会の中の建築、建築界、建築教育、建築を学ぶ学生の相互関係の欧州との違いを述べ、日本のケースを非とし、依って来る原因を江戸時代二百五十年の所為にしているが論理的にはあまり根拠がない。違いの一例を挙げている。

（タウトが）建築に関する講演をすると日本では聴講者の八割ないし九割は学生で、残りがその他の関係者である。ベルリンでは全建築家が参加することを義務と心得、加うるに市・町長、市・町会議員その他かかる問題に関心を有する他の職業のあらゆる人々がやって来て学生のための席などまるでないという状態を呈すると考えられる、と。

建築上の世界的問題も挙げている。コルビジェの建築論を非難する。

「コルビジェのごときは、現代建築は、その風土気候の如何にかかわらず、到る処常に同一であり、〃地中海沿岸の建築も、北方の建築も全くそのままでよい〃というようなことを唱えたのである。」

日本の建築家はこの魅惑的な公式の魔力にかけられていると言う。そして、

「国それぞれの建築の自然に備わった条件を放棄することは、言い換えれば、国家としての自意識を放棄することであり、結果として国粋的で無性格な建築を生み出してしまう」

さらに、コルビジェの形式表現論とこの〃現代的〃形態の模倣を〃俗悪〃と非難し、断言する。

「現代の建築家が最初に熟慮しなければならぬことはまずもって風土である。」

【丹下健三が戦後、自邸をコルビジェの論のままに設計し建設しており、ピロティの採用は日本建築の高床様式にも見え、妙な混沌を呈していると思うし、菊竹清訓の自邸・スカイハウスも、斜面敷地に建て

る実利の為の或る種のコルビジェ化である。

結果としての作品が雪洞のように地上に浮く日本的美観への評価は別次元の問題であろう。全くの余談になるが、別に丹下は日本的なものとしての垂木のデザイン化なども試みているが、現今においても格子のデザイン化などにその流れを観ることが出来る。

（ここでこの著書の編集者はタウトの設計として一戸の邸宅〈大倉邸〉写真を挿入しているが、これは雁行する平面計画がタウト原案かもしれないがタウト作品とは言えないのではないか、原案が生かされているならば共同設計とは言える）】

タウトは日本における畳の美しさを語りながら畳生活の衛生的問題、障子の桟にたまる埃を問題にしており、文脈の不明瞭も割愛させて頂くが、前項に続き日本における建築家の地位の低さを嘆いている。

「都市計画」の領域に建築家を参与させていないことを採り上げ西欧との差を言う。

東京を含む日本での下水道設備の不備を難じ、次のように皮肉る。

「都会の通常の住宅区域における汚物の臭いこそは、世界強国の一つたる現代日本の「香」の一つである。」

同時に、都市の緑の少なさを挙げ、屋敷の緑を塀で囲ってしまうと言う。考えてみれば、現在にして、やっと残されている公園も多くは緑の空間に、料金を支払い入園を許される。

そしてタウトは、これらの問題はその罪の原因が日本の現代建築術にあるとする。且つ、

「庭園を構成する要素の一つ一つが、それぞれにいわば自由なる個人（建築家）であるということを理

解していない。自由なる個人が独自の性格に基づいて、何らの拘束をも受けず、他の個人と結合するところ、そこにこそ良き社会が構成されるのである。」

【と言うタウトの思想は最も重要で、根底に「個」と「全体」のバランスがつまり「美」の源泉であるとする哲学が在る。タウトには建築デザイナーであるよりも都市デザイナー・計画家である傾向を見ると言いたいのも、このような理論が根拠になっているし、先年、タウトにより設計され、造営されて百年を経たベルリンのジードルング群の環境計画を観た時に直観的にそう思ったことをも裏付けている。】

長くなるので直接の引用をしないが、この著書の308頁でタウトは都市の最小ブロック単位の要素と要諦を具体的に述べている。

タウトの思想の根幹は次のようにも簡明に語られる。

「都市の美―それは企業家の思惑の統制および一般公衆の利益重視の程度如何に拠るものであると断言してよかろう。」（ここで言う〝統制〟は〝制約〟であろう）

善き建築家は常に考える、筆者の終生の思いであることと同じであるが、タウトのズバリと言う言葉は、「都市計画の芸術家たるべき建築家が（日本には）居ない」

「一軒の家を、その一軒だけ独立させて出来る限り建築学的に優れたものにするなどということは、実際無駄な努力なのである。どんなに美しい調和をもっている建築でも、その周囲が全く不調和を極めているとしたならば、それでは何にもならない。まるで掃き溜めに鶴のようなものである。」

この項の最後にまた言う。日本は建築教育に意を用い、良い建築家を育て、建築家にしかるべき地位

（高い社会的地位という）を与えられるだろうか、建築家自身も進んで果敢な闘争を試みることが出来るであろうかと。建築は造形芸術の中心たる位置にあるがゆえに、建築家の地位が高められれば、それと同時に、画家、彫刻家、工芸美術家の地位も高まるのであると述べ、次のように結ぶ。

「そうなれば建築家は床の間の真価を恢復して、諸芸術相互間の列次を決定し、かつ芸術と非芸術、すなわち「床の間とその裏側」との間の順位を正常に復させるに到るであろう。」

【やはり、あの図「床の間とその裏側」は、好もしからざるものと真正なものとは背中合わせに存在すると言う程度の意であろうか。】

●「**第三日本**」

キーワードとキーセンテンスを拾いタウトの言わんとするところを汲み取りたい。

・第三日本＝これから（タウトが見ている時代以後）の日本
・第二日本＝大陸文化を吸収しつつあった日本
・第一日本＝「大和」時代とし、伊勢神宮をシンボルとする。とはタウトの定義である。

第二日本のシンボルとして「源氏物語」、「金色堂」を挙げる。此処では相変わらず江戸時代つまり徳川幕府が芸術を権力の奴隷たらしめたとする。

第三日本は世界文化を取り込んだ後のものであるべきとするが、日本はそれが出来ないとする。その原因は日本人の「自賛」だとする。日本人の美徳は「謙遜」なのにと。

また、日本文化もヨーロッパ文化も同根でその源をインドに発すると言う。かなり飛躍すると思われるが、東北農村の建物とヨーロッパのそれは似ていると言う。

自賛と言う「自己の特殊性」の強調は劣等感の仮面であると言う。

タウトの思索の中から、哲学的混迷に誘われるのを避けながらあと少しを挙げるなら、東西比較論であろうか。東洋と西洋の本質的相異の在り処を次のように言う。

東洋――それは、ヨーロッパ人にとっては、静の境地である。

西洋（ヨーロッパ）は――東洋人にとっては動の境地である。

東洋人の精神的活動は、まず対象の全体を静観し、じっと決断が自然に盛り上がってくるのを待機するという受動性から生まれるものである。

ヨーロッパ人には、体系的な分析総合、方法論的な思考法と活動、個人の能動性の境地がある、とする。

東洋人は自己を補完せんがため熱烈に西洋の文化的所産を目指して手を差し伸べ、西欧は合理的技術強調の所産が模倣される状況に、自己懐疑的になっているとする。

「コモンセンス」、「ジェントルマンシップ」等の概念にまつわる思索の背後には、大きな世界があるであろうが此処では深入りせず、時と場所を変えて考えたい。

「第三日本への道は、まことに精神的ヨーロッパに通じているのである。」

と言うタウトの言葉についてもあらためて考えることにしたい。

◉そして「**解説**」（佐渡谷重信）

タウトおよびその著書の価値を数々の先人達に並べて評価する。名前だけ挙げる。

ペリー、ゴンチャロフ、R・オールコック、E・サトウ、P・ロチ、P・クローデル、ハーン、E・ベルツ、フェノロサ、モース、フローレンツ、エリセーエフ、スパルウィン、E・ヘリゲル。筆者が反応出来る名前は四～五名である。

【今回この著書を追い、これまでの筆者の不明を恥じるのは勿論、タウトの論に共感する。筆者なりの疑問や注文はあるものの、今日現在の我が国の状況を確認した上で、タウトの指摘に頷くことが多い。

些末なことであるが、「(タウトの)日本への旅立ちの夢はこうして二十二、三歳の頃から生まれたが、莫大な費用を必要としたが故に夢は泡の如くに消え去った。」とは本当か、タウト自身が著書『ニッポン』で文章として残しているのであるから信頼するのみである。

正確には把握出来ない。端々にアメリカ的なるものに賛否を呈しながらも行きたかったのはやはり米国であったろう。タウトの日本論の全ては、三年半という状況が生んだ結果ではないだろうか。

その結果が、我々に与えたものは大きかった。

『ニッポン』において再確認したいが、解説者が引用するタウトの言は重い。

山本七平に導かれた筆者の比較文化論の本旨に迫る言葉である。】

「**日本人が自己とその新旧文化についていかに考えているかということこそ、国家の宿命ともなるべきものである。真の国家意識、他の国家に対する態度、それから最後に将来の日本が全世界に対して持つであろう価値、すべてはこの一事の如何に帰するのである。**」

5-2-4　ニッポン─ヨーロッパ人の眼で観た／ブルーノ・タウト、篠田英雄訳・春秋社

この章の初めに申し上げたが、この『ニッポン』と同名の次の著作は同文原稿を異なる訳者により四十一年を隔てて出版されたものであるから、共通の内容を時代と訳者がどう受け取っているかという観点と、異なる情報があれば補完しながら、タウトを理解してゆきたい。

最初に篠田訳を読み比較文化論と建築家としての観点からのポイントを拾ってみた。

◉若き日のタウトがどのように日を過ごしていたのか、日本との接点がどのようなものであったかを推量出来る最初にして唯一かと思われる記述がこの書の冒頭にある。（p.4）

「（日本の）刀剣の鍔や裂地の図集、色刷版画を見て」又、「湖や樹木の様を観て自然の法則を窺い」勉強したと書いている。日本とのスタンスの程度はよしとして、次に出てくる一行の文章には最初に読んだ時から違和感がある。篠田訳では、

「新しい建築の釣合に適用せられ得るような法則をこれらのものから識得する為」

であり、森儁郎訳版では、

「新しい建築の均斉（プロポーションのルビ）に役立ち得る法則をも見出さんがため」

である。

「建築の均斉／釣合（プロポーション）」とは何を意味しているのか。タウトは独語「フェアヘルトニス」と書いているのか、英語でプロポーションと言っているのか。

建築全体のバランス又はバランス感覚と云うような意味であれば分かる。我々が使う狭義のプロポーションではないはずである。

◉建築界でのヨーロッパに与えた日本の影響、タウトの見方は次のようであった。（p.5）

「一九二〇年頃の数年に、ヨーロッパ住宅の居室を簡素化するに最も強い刺衝を与えたのは、大きな開口部と押入れとがあり、極めて純粋な構造を持ち、一物も余計なものをおいていない簡素な日本間であった。」

自身が労働者向けにジードルングを設計するに当たりヒントを得ていたのかもしれない。

◉以下の文章は筆者にとり重要な意味を持つ可能性があるのだが、容易に理解出来ない。訳に問題があると思う。最後の一文を除いて。（p.32）

「コルビジェにも影響を与えたベルラーへの理論を信奉する現代建築家が、桂離宮の諸室の見取り図に対角線を引こうとしても絶望するばかりであろう。このような建築物は、究極の美しさが合理的に理解せられ得ないからこそ古典的なのである。その美はまったく精神的なものである。」

◉五月初旬に来日し、ほぼ半年でかなりの場所を訪れこの『ニッポン』を纏めたのだが、不十分な論を含むとはいえ次の結論を得ていることは評価出来る。（p.59）

「独自の仕方で自然と結合している神道にこそ、日本の典型的な風俗と芸術的形式との本来の源泉が存するのである。建築物に木材や竹或いは紙を用いることは、自然に対するかかる関係から明白であるし、また日本庭園の様式もこれによって理解せられるのである。」

◉次に引用するタウトの意見は日本の芸術とそれを生み出す日本人の精神特性を摑んでおり、日本文化に潜む独自性と魅力への思いに迫るもので、短時日の間にタウトが如何に深く体に日本文化を感じたかの証左であると思われ《タウトは本当に日本文化を理解出来ていたのか》というタウト評価に対する筆者の薄い疑問への回答となっている。

勿論、タウトの処々の発言を読み、一巡してきて初めて共感出来るのも事実である。（p.61）

「日本文学にもこれに似た様式があるように思う、とにかく日本の芸術家は、諸国のあらゆる文化とは反対に、与えられた紙を是が非でも《充たす》こと、つまり何もかも紙面いっぱいに描きつくすことをまったく問題にしていないのである。近代の日本画家によく見るように、あらゆる細部を美しく描いて画面全体を万遍なく埋めようとすると、甘い浮麗なものにならざるを得ない。かかる画家は、画面に僅かの対象を描き広い余白を残すことによって却って画面全体を剰すところなく表現しようとする手法を敢えてし得ないから、このような技巧に頼るのである。ところがこれと同様なことは建築にもある、家屋のあらゆる部分を面白いものに仕立てようとする建築家は、かかる浮華な画家と同じ結果に到達せざるを得ない。」

絵に関する限り正に西欧油絵と日本画の対照を言っているが、必ずしもタウトの論が完璧であることはないと思うが、言わんとすることには同感である。

筆者が魅かれるのは、タウトが文学から絵画、建築への広がりの中で論じていることである。文学の中で特に俳句という分野での「余白」論は日本文化の特性が顕著な例であるから、タウトがこれに気付いていたかどうか、芭蕉の奥の細道を逆に辿る試みをしたことからは、真か否かの解答は得られない。

◉次のタウトの日本というものへの認識と謙虚さに対しては尊敬の念を覚える。（p.77）

「能楽もまた、日本の庭園や建築と同じく、芸術になった自然にほかならない。（学問的に掘り下げてゆく時間も無く、かりに西欧人が大いに研究しても）元来これを血の中に宿しているような日本人の域に達することは、もともとできない相談だからである。」

◉タウトの帝国ホテルへの感想は筆者と全く視点を異にする。一九三三年五月八日に一泊したそうであるが（注による）、ライトを現代建築のすぐれた先駆者として尊敬するとしながら、帝国ホテルという作品に対して批判的であった。キーワードで拾ってみると、（p.126）

「観光客相手のホテルに寺院めいた気分」「完全な主観主義的形式による建坪が不経済」「一目瞭然とした明快性を損なう」「好ましくない追随者や模倣者の一派を排出した」

筆者は正に時代を隔てた追随者の一人であるわけだが、帝国ホテルを観るにタウトとは視点をまったく異にしている。ブルーノ・ツエビイに啓発されたことも影響しているであろうが、自身初めて帝国ホテルを感じた時にはタウトとは全く異なる感想、いや感激を覚えた。

その差は？　タウトは、「建築家はより強い価値の創造として空間を設計するべきものだ」との考えには至っていなかったということなのではないか。

このことをライトやベルラーへは感じていた。

◉タウトの次の評価、注目は、筆者にとり感動的な出会いの一文である。（p.132）

「（日本が）シナ仏教の影響と巧みに折り合いを付けた仕方、つまり感受性のこまやかな、しかも日本独自の力を隈なく発揮した仕方こそ、観る人の心をそそってやまない。かかるものの一つの頂点は法隆寺である。」

桂離宮と日光廟をとおして如何に日本建築を観なければならないかという問題の究極の回答が法隆寺であるとする。

此処でのタウトの議論には事例は示しているものの具体的な建築技術論は少なく、わずかに「社寺そのものよりも、その近傍の道路や、また民家の土塀の間に設けられた石畳や、物さびた広場などに……感銘深いものがある」という発言がある。

この春秋社刊の訳書には「タウト小伝」と「主要建築作品目録」、「主要著作目録」及び訳者後記が付されている。小伝、目録は貴重な参考資料となっている。

5-2-5　ニッポン／ブルーノ・タウト、森儁郎訳・講談社学術文庫

次に森訳版により読み返してみる。

森訳の方からは既にタウト伝について岸田日出刀の「序」及び持田の「解説」からの引用をさせて頂いている。

又、エリカ・タウトの「追憶」の一文と「原本あとがき」がある。「一九三九年三周忌に当たり」と最後に付されている「追憶」でエリカ・タウトは、

「日本の文化の美しき華が世界に咲き誇る日の来ることを心から望んでおります。」

と記しているが、実に感銘深い。筆者もこのことを念じてこの著作に取り組み始めた。

当然、目次は同一であり「序」、「解説」、「追憶」を除くと次の各項である。
①序説―何故に私はこの書を書くか（筆者注・仮№を付す）
②敦賀
③伊勢
④桂離宮
⑤天皇と将軍
⑥生ける伝統
⑦ニューヨークへ？
⑧否―桂離宮を経て！
各項についてタウトが何を述べているかを紹介し前著のポイントを補うことにするが、タウトが『ニッポン』として詳述している彼の観察の細々は省略するので興味ある読者はぜひ読んで頂きたい。

①序説―何故に私はこの書を書くか
新鮮な、日本の印象が語られる、次のように始める。

「日本！　それはヨーロッパ並びにヨーロッパ文明の支配する世界にとって日出ずる国である。さまざまの夢、奇蹟への期待、芸術文化と人間文化との連想がこの国に結び付けられている。」

滞日中にこの著を記せばどうして当時の日本の権力が彼を拘束するであろうか。いや、悪意に満ちてうがつのであれば、頭の良い、敏感なタウトは先手を打って日本に対し迎合したのであろうか？彼の著作の全般を観れば、タウトは本当に日本の本質を正直に観察し、日本の魅力を心から語ったとしか思えないのである。十分に日本の見苦しい部分も見、語っている。

その一端が、日本にも彼の嫌う「いかもの」が溢れているとする。

日本が西欧化することへの反発は異国趣味、珍重すべきものへの関心の域を出ていたのか。

建築の均斉／釣合（プロポーション）への言及はこの項にある。

「私はこれまでも日本に関する書物はあまり読まなかったし」

と言い、筆者の関心事である〝タウトは何時『奥の細道』と『方丈記』を読んだのか〟に対し答えていると思う。やはり来日後読んだのであろう。

そして繰り返し言うように本当に深く日本を知ろうとするには、日本語を理解するというハードルを超えねばならないとし、それには何年もの時間を要するし残念であると述べている。そして日本人では在り得ないから日本文化と一体化することは不可能であると言い、

「日本の国土を愛する一ドイツ人からさまざまの事象について忌憚なく、しかも偏見に捉われざる所説を聞くことは、日本人にとって貴重なことであるかもしれないと思う。」

と結んでいる。

②敦賀

ウラジオストックから乗船し、関心を持った日本人船員の印象から日本人の特徴を導き、日本語の特徴

までを摑んでいる。日本語は中国語や英語風の喉頭音をまったく含まず専ら有声音にアクセントが付いていると。

筆者が嘗て接したことのある英語圏の教師は同じことをこう言った、「日本人は日本語をダダダダダとマシンガンのように発音するね」他国人が持つ日本語の印象は共通しており、筆者の小さな経験ではフィンランド語が、少しだけ似ている。

日本海を渡り、見えてきた日本という島の印象的景観も語る。

「水際まで連なる濃緑の山々は、その形状といい、鬱蒼と繁茂せる植物といい、まったく新奇な光景であった。……広重の木版画から抜け出たように」

上陸後最初の旅館での印象も、働く人々を含め、憧れの日本の美しさとして語る。

③伊勢

序説の冒頭の言葉をさらに補強して始め、終わる。

「日本が世界へ贈った総てのものの源泉、日本のまったく独自な文化の鍵、全世界の讃歎措く能わざる、完全な形式を備えた日本の根源、―外宮、内宮、荒祭宮の諸宮を有する「伊勢」こそこれらの一切である。」

「あの建造物は日本の国土から、日本の土壌から生い立ったのであって、いわば稲田の作事小屋や農家の結晶であり、真の〝神殿〟、すなわち国土とその大地の精髄の安置所なのである。」

「外宮を持った伊勢は―一言にしていえば―そもそも建築術の神殿であるのだ。」

④桂離宮

離宮の内部を、床の間、飾り棚、月見台、そして庭を語る。〝画帳〟さえ記した。

銀閣を否定的に語るが、どうやら足利という武人の所産であることもタウトの見方の根源にあると思う。

（実は足利義政の実態は文化人で、武人として統治者たるべき役目の政治をまったく顧みなかったと伝えられる）

修学院離宮をも採り上げ、得意な色彩を語り庭も語る。庭はイギリスのそれに通ずると言い、国際的な相貌とも。「日本人のコスモポリティックな性向」とさえ。

一点、木橋を非難、装飾過多で醜いものであると。

筆者は二〇一八年十月あらためて確認に行ってみたが、この評価を理解出来なかった。

桂離宮における蘇鉄や市松模様と同等に、時代とタウトと筆者の感覚の差が齎すものなのか。

⑤天皇と将軍

タウトの論の典型・原型が此処にある。

天皇の所産＝桂離宮・伊勢（神道）vs将軍・武人の所産＝日光東照宮／陽明門（仏教）であり、武人統治下の江戸時代に対しても否定的発言が多い。

しかし仏像に関しては相当の薀蓄を傾け語っているのだが、省略する。美術の観点から、

「中宮寺観音はまさに日本彫刻の最頂点である」

とし、その在り処法隆寺について別格の評価をする。渡来の中国文化を脱皮し日本固有のものになり得

ていると。この評価は筆者の卒論でのテーマの対象の一つであった法隆寺とは意味を異にするかもしれないが、感動を覚える。筆者の法隆寺評価のポイントは、金堂と五重塔の配置のアンシンメトリーが生む有機的外部空間の流れであった。

この項では日本の風景、風俗、生活に至るまで観察結果を論じ、絵画論にまで及ぶ。

⑥生ける伝統

前項に続けて風土・風景から文化全般へと論評の対象を広げ蹴鞠から食事の風習まで、この項で能や歌舞伎をも論じている。能はヨーロッパ人には異様だがこれこそ、

「日本の庭園や建築と同様に、芸術化したる一個の自然である。」と言い、

「西欧人が言語や文献等で何十年研究しても、血液の中にそれを持っている日本人の域に達することは到底出来っこない」とするのはこの項に於いてである。

日本人のマナー、子供の様子、工事現場の有様まで実によく観察している。

縦横に日本と日本人の在り様を観てこの項の表題としたのであり、多岐にわたる観察と評論は筆者の論議から遠ざかることも多いので詳しくは論じないが、重ねて言っている、

「建築・庭園・能（演劇）までも、ひいては日本の芸術全般が自然の芸術化」であると視るタウトの思考から、彼が日本を理解し得たことの証左が見える、と考える。

蛇足であるが正直に言って篠田訳よりも森訳は読み進み易い。これは訳者を変えて再版した（岸田の原本あとがきに言う）隠された目的の一つであったのではないか。

⑦ニューヨークへ?

明治維新の意味から説きはじめる。多少は案内者の解説の受け売りもあるのだろうか。江戸末期の日本人が、近隣に見た植民地化の恐怖を取り除くため西欧の文明を取り込んで対抗しようと体制の変革を試みようとしたのだと言う定義は既存のものであった。

維新から半世紀にならんとする日本の西欧化と、なお残されている日本古来のものの混淆を来日したばかりの新鮮な目で観て、心に、或る変化を自覚したのではなかろうか。

この項に何故この表題を付したのか、そして「?」を加えたか。

識者は言う、タウトの本音は米国行きだったと。母国出国時の様子から、間に合わせで日本へ向かったのは事実だった。米国行きの手続きが間に合わなかったという記録も存在する。しかし、負け惜しみも含めて本来の意思を断念し、むしろ自分の心に言い聞かせて当初の米国行きを変更するに至る、その気持ちを固めた過程がこの項の諸観察に基づいているのではなかろうか。むしろ日本の光景から米国行きの愚を覚ったのではなかろうか。

ケマル・アタチュルクからの誘いは正に渡りに船であった。

日本と日本人の営みをつぶさに観察論じている内容をなぞることを省略したい。

⑧否――桂離宮を経て!

小堀遠州を絶賛する、桂離宮を遠州の作品と誤解したまま、さらに大徳寺孤蓬庵の空間へ。

再び伊勢を讃え、五重塔の建築術を語り、最後に自らの最も自信を持って語れるジートルング、都市計画論に至る。

蛇足である誹りを免れないが、五重塔という構築物の真理についてタウトは到底理解出来ていなかったと思う。細い柱に大きな成《せい》の梁が架け渡される日本の木造建築への疑問のままタウトは終わっているのだから。ここで少し横道に入ることをお許し願いたい。

＊

五重塔は振り子脚構造であるとしている論は建築構造家に解説を譲らざるを得ない。

尤も最近まで我々も五重塔の構造について正確に理解していなかったからやむを得ないが、この五重塔は実に奇妙で不思議な構造物なのであり、ある意味日本文化の特質を背負った技術であり、曖昧且つ未完の構築物と云えるものなのである。簡単に言えば芯柱は浮いており、建築物全体が木造住宅のように地上におかれたままの構築物なのであり、住宅は全体が柔らかく編まれた状態であるのに対し五重塔は殆ど緊結されてもいないのである。或る学者はお椀（屋根）を重ねて被せ、真ん中を箸で貫いただけのものだと表現している。

実は五重塔だけに限らず法隆寺では金堂さえ同じ構造に依っているのであり、現在から見れば驚嘆すべき構築物であるし、各階は（金堂では二層のみ）単純に下階に乗っているだけなのである。

…………

一九二〇年頃から日本建築は西欧へ影響を与えたとタウトは言う。ル・コルビジェが〝ドミノ理論〟を唱えたのが一九一四年、オーギュスト・ペレがランシーの教会を竣工させたのが一九二三年、鉄筋コンクリート技術の開発が十九世紀末から（スタートは一八五〇年頃）とすればコルビジェの理論はこの技術を踏まえていたのだが、コルビジェの〝五原則〟の中で重要なのは壁からの解放である。西欧の建築史は組積造である壁の歴史であった。

ペレが教会で実現した床を支える柱、コルビジェのドミノ理論は主に住居空間への提案、タウトが言うのは住居空間の在り方であったであろう。これら諸々を考えた上での想像にすぎないのであるが、〝ドミノ理論〟は日本建築がヒントになってはいまいか。この当否は兎も角、結果として西欧の建築空間が壁の拘束から解き放たれたことは日本的建築空間が世界共通のものになったことを意味する。（四偶の解放としてライトが先行実作していた）

いうなれば西欧の建築空間は壁で仕切られたものであったし、そこから生まれる文化は、古来から木造の柱梁構造の空間に育てられた日本文化とは決定的な対比を成してきた。

日本的空間に学び、壁による空間構成にも妙味を残しながらライトは独自の空間理論を実施した。ペレの下で学んだコルビジェはコンクリート打ち放しのデザイン化を〝ドミノ理論〟に加え、この影響は、他国へよりも、強く日本へ及んだ。

＊

タウトがこの項で武人文化と仏教文化の中から法隆寺のみを評価したことは先に述べた。

遠州が、依頼主の五月蝿い注文、予算の制限、工期の制約から解放されて洗練された桂離宮を誕生せしめたことを言っているが、タウトは各種制約・条件に忠実な建築家であったのではないか。ライトは全く真逆であった。

　床の間について日本の色彩表現が闊達に表れる部分だと言い、色彩に理論と実行を重ねてきたタウトらしさが感じられる。

　この項の後段に至りタウトは日本人の心、独特な自然との関わりについての考えを、日本人の住まい方の観察から引き出す。これまでも同様なことを論じてはいるが、此処では具体的な一例を挙げている。

「アパートメントハウスでは、植木が建物の中にまで引き入れられてあることがよくある（……バルコニーの上にまで木の植えてある所があった）。これはやはり日本的な伝統が近代的なものへ進展した一例である。」

　テラスやバルコニーにプランターを置くことは西欧においてもよくあることであるが、土を盛り屋上ガーデンとするような積極性は少ないのかもしれない。はたと思い当たるのはコルビジェの「ドミノ」である。五原則の一つが屋上庭園であった。西欧における革新的提案は日本的なものを二つ盛り込んでいることになる。

　この論の延長上にタウトは集団住宅・都市計画への論を進める。日本においても集団住宅（ジードルング）建設は急務であるとし、彼の設計理論を展開し特に住居者自身の共同組合結成の必要性を説く。（やっと二〇一八年現在日本でも管理組合は普及しているが、役割と組織の意味は異なるであろう）

　特筆すべきは以下の意見であり、以来日本はなおこの思想を試してはいないのである。

「（日本では大規模な都市計画で）立派な街路施設は、建築予定地の総ての街路の割り当てが監督官庁によってなされ、……西洋の一流の集団住宅地では、むしろその反対で、監督官庁はただ主要交通路を提示し、家の高さや建設の密度についての指定を下すに過ぎない。その他は一切、建築家の手に委ねられるのである。」

戦後の日本では正に集合住宅建設は国家的問題であったし、建設省、公団、地方自治体は遮二無二団地建設に走った。ワイマール共和国時代のドイツ（ベルリン）と全く同じであったろう。タウトの設計したジードルングも参考研究対象であったろうが、タウトの言う形では進行しなかった。今、日本の集合住宅は殆ど民間ディベロッパーによるのだが、相変わらず建築家の関わるものは少ないのではないか。むしろ小規模化した、より劣悪な開発が進められている。

タウトの言う意味での都市計画は殆ど無い。官制団地を、皮肉にも、少子化に向かいどう変化させ得るかの問題を孕む。皮肉にも、監督官庁は法律に合致している限り開発を認可しなければならないし、開発業者のポリシーがより良い人間環境創り（売り出しパンフレットにはそのような美辞麗句が並ぶ）になることを待たねばならない。

ベルリンでのジードルング建設はタウト最大の建築家としての実績であり、最も得意だった経歴ではなかったか。理念のプレゼンテーションや優れた文化評論論文ありと言えど、タウトの設計の才が問われるのは実現した建物である。機能と経済効率を優先せざるを得ない第一次大戦後のジードルング設計では、コルビジェのユニテ・ダビタシオン（マルセイユの集合住宅）を構想することは叶わなかったであろうし、そのような才の建築家ではなかった、タウトは。

いずれにしても桂離宮を創った歴史の国から、今米国へ行くことは止め—（否）という表現—在るべき自分に戻ろうとする。

伊勢と桂を創造し得た日本よ、中国の影響をこなし独自文化に為し得た日本よ、西欧文化にまみれつつある今を克服し、さらに、

「一つの日本独自の文化へと変形せしめるであろう。かくして日本はまた世界に新しい大きな富を齎すであろうと信ずるのである。」

これがタウトの、この最初の書『ニッポン』を締め括る言葉である。

以降解説を試みる五著書は二つに分類出来る。（8）、（9）、（10）は構えた論文であり、簡単に言うならば難解である。タウトの哲学に近付くであろうが筆者の本論からは距離がある。（6）、（7）ではタウトの日常、より素直な思考の姿に接することが出来るのではないかと思う。（6）、（7）を追い、（8）、（9）、（10）については読み取れた概要を紹介するに留めたい。

5-2-6　日本の家屋と生活／ブルーノ・タウト、篠田英雄訳・岩波書店

この著書には「著者序文」がある。序文の最後に記された日付は一九三六年二月二十三日、高崎市郊外、少林山にて〈ブルーノ・タウト〉とされている。訳者による「あとがき」は第三刷の為のもので、遥かに下り一九八〇年十二月。一九三八年十二月タウトの死から丁度四十二年を経ている。タウトが滞日中に数々の著書を著わし反響を呼び終戦を越えて、大小幾度の回顧の波があったであろうか。この年六月に西

ベルリンで「タウト生誕百年記念展覧会」が東西両独の人々により開催されたことに因んでの第三刷であるとも考えられる。

改めてこの著作に接すると、タウトの意思を感じる。内容の総てがタウトの日本見聞・経験に基づいた自身の思いであるが、序文に記されたように、真に日本を愛すると言い、

「私が切に希望するのは、本書が国際的な友愛の念を深めるに役立つような書物であって欲しいという一事である。」

としていることの、重い意味を感じないではいられない。

離日前半年にして、仮の日付を設定して全体を纏め、日本と世界への意見を呈している。

つまり、一外国人建築家が来日し一年間の日本滞在で知り得たことを、共感と批判と提案を含めて日本及び世界へ問い掛けている体裁になっている。

本論は十二の表題に分けられ、内容はタウト自身の語るように忌憚の無いものである。

つまり、日本と日本文化への礼賛に加えて自身の基準による納得のゆかぬものへの指摘を率直に述べている。(8)、(9)、(10)に比し語るように書かれ、訳者もより容易に日本語に為し得ているので理解し易い。繰り返し言うが、日本への理解度は深い。

又、思索の範囲は広く、訳者が「あとがき」でいみじくも言うように、「ドイツの〝芸術学者〟タウト」の記述であり、芸術学者に加えて経済学者・都市計画家たるの肩書をも贈りたいと思うほどの分野をカバーして論を展開している。

各表題毎にダイジェストし、紹介方々筆者なりの評価をしてみたい。

Ⅰ　対照

タウトが滞日中に殆どの日々を過ごした高崎郊外、少林山達磨寺の洗心亭を紹介し、外国人が日本住宅建築と出会うことの状況を細かく記述している。当然、筆者もこの地と建物を訪れているのでタウトの説明を手に取るように理解出来る。

特筆すべきは洗心亭のプラン（間取り―『タウトの日記』の挿し絵参照）を説明する中で、その後の日本文化を語る寓意としての「床の間」と「厠（便所）」の位置関係（両者が背中合わせに配されている―『タウトの日記』の挿し絵参照）を述べていることである。（同書p.20）

日本の気候風土と日本建築の関係、高床式建造物の部屋が外気・自然へ開け放たれた空間になっていることの西欧空間との決定的違いを感動的に述べている。

さらに一つ、和室（六畳）の中心に釣られた照明器具についての早速の批判と改善実行を行ったという記述。西欧人らしい照明に対する主張が現れ、和風ペンダントであろう照明器具を一方の壁寄りに移したとしている。

読者もお気付きだろうか、あの、熱海日向別邸の照明器具デザインである。これを観た時から筆者のタウトへの関心・好奇心が始まった。その状況については既に述べた。

もう一つの重要な記述。

「たとえ屋根があり、また建築も非常に洗練されているにせよ、いわば天幕にすぎない。又恐らくこういう点に、日本人の強調する「自然への親近感」があるのではなかろうか。「畳はほんらい草原である、日本人は草原に座るのと同じ気持ちで畳の上に座る、つまり皆がいっしょに座っていると、共通の大地が居合わせた人々を結び付けるのである」(俳句を作る農民の言葉としての引用)それならば住宅はしょせん仮の棲処ではあるまいか。」

此処でタウトは我々と考えを同じくしたということになる。西欧人のタウトは住居を仮のものなどとは思ってゝなかったと言うのである。もう『徒然草』を読んではいた筈である。

しかし現在の我々に未だ〝仮の棲処〟という思想は残っているだろうか。

面白いことがもう一つ、日本建築の内法寸法に言及したところでタウトは、自分の身長が173cmであることを明かしている。なんとライトと全く同じなのである。

Ⅱ　新生活

エリカと始めた洗心亭での生活を述べ、日本建築の特性を各部位の寸法を挙げながら、構造や生産システムに及んで述べる。市民住宅の建設費が廉価であること、建造される過程、建築家を介在させることなく建築工は自分の住まいを建設出来ること、伝統的建築システムのおかげで大工がいとも簡単に住居を建設出来ることまで。

日本人の体軀寸法と衣装と建物との調和を「日本家屋の部屋は、日本人の創造した美学的容器」と表現している。

日々外気と同条件の中での生活、常に漂う厠臭についても指摘して、後に述べる都市計画問題や、日本の近代化の是非論へもつなげている。

Ⅲ　夏

日本家屋が素通しの見晴らしの良い開放的な構造で、夏が一番過ごし易いとしている。

又、次の表現で、日本人にある『方丈記』的精神に言及している。

「日本人は今日でも潜在意識的に、貧を一種の理想的状態と観じている」

さらに又、伊勢神宮への或るドイツ人の評価を紹介している。

「ドイツの或る作家は、日本建築の最大の傑作の一つである伊勢神宮を「納屋建築」と評しているが、かかる批評はまったく論外である。」

この事例はむしろタウトの日本文化理解度の特殊性を表わしているのかもしれない。

これらの論考を踏まえて、この項の主題は日本人の生活スタイルの利点と短所に移る。

つまり屋内での靴を履かない生活の特性、畳と身体との関係、衛生上の問題、美的又は精神的テーマなどである。延長上に性的思想、精神問題におよぶ日本文化の特性も包含される。

しかし絞り込まれたこの項の主題は、日本人の自然観からアニミズムへ、さらに神道へ至る問題であろう。明らかにタウトは私達と同じ思考レベルに到達する、そして超える。

「一切の存在は、人間と同様に「魂」を具えているのだ。……そこには一つの偶像も存しない、広い境内に安置された小社殿の内陣には、一面の鏡と一つまみの盛塩とを見るだけである。」

「神道は、本来宗教ではない、神道の〝精神〟は神ではないのである。神道は想像の文化であり、それ以上でもなければそれ以下でもない、……この日本は、独自の美学をもっている、そしてこの美学はまた日本の哲学とよく一致するのである。」

さらに、議論は建築家などの思考方法などにおよび、

「……私達ヨーロッパ人には、日本人の独自の感じ方をこれ以上究明することは、しょせんむつかしいのではあるまいか。」と結ぶ。

Ⅳ　太陽と炭火

表題の意味は、日本における生活では如何にして暖をとるかを考察した結果ととれるが、つまり前段の夏に対応したとも言える。正に日本の家屋と生活の話である。しかし、語られる内で魅かれるのは芸術的観点の話柄となる。

日本の秋は最も美しい季節であるとし、月見のセッティングを「凛然とした男性的な趣」と評している。そして俳句の話を始める。「わずか十七字の小詩でありながら、日本人の心には無限の連想を喚びおこすのである」として、其角の一句を引用する。

「名月や　畳のうえに　松のかげ」（訳者の手を経ているので字句について表記の儘とする）

タウトは自分で独訳を試みて、

「（独語八語略）ぐらいにしか言えない。……いささかも感傷的な陰影をふくんでいない。……日本的感情の枠を表現している。最小の芸術的手段を用いて、しかも最大の心的、精神的発想を表現する最も完成された芸術様式が即ち俳句である。実に俳句は、目前の景物をやすやすと即叙しながら、全体として円満具足した結晶物である、それだから日本の芸術を、従ってまた日本の建築を闡明する鍵だと言ってよい。」

筆者にとり興味のあるのは当然最後のフレーズである。続いてタウトは日本建築のなにもかもが俳句であると言い、茶亭の縁台、滝見の茶屋、海水浴場の休み処、神社、畢竟日本家屋も俳句であると言う。さすがに全く賛同とはいかないが、要はタウトから見て何か精神性を感じる小詩と同じように、又は日本人の単純化趣味の、余分なものを付け加えない精神が根底にあると言いたいのではないか。つまりこの深さレベルでタウトは日本を理解し始めていたということであろう。「清楚」がタウトの趣味、と言えば過ぎるだろうか。

其角の句を出してくるのは『奥の細道』を読んだ結果であろうし、芭蕉の精神に魅かれたらしく、〝自分の奥の細道〟と称して芭蕉とは逆回りに越後から奥羽への旅を試み日本建築、風俗、民俗学的探訪を行っている。此処に書かれたかなりの根拠をこの旅からも得ているのではないだろうか。日本家屋が雪に対応したものであることを言っているのもその表れであろう。

タウトの小堀遠州への没入は相当なもので、この項でも日本庭園の雪景色から、日本建築と日本庭園の対比論などのキーフレーズを残している。

「喧伝されている日本庭園の本質なるものはなんであろうか」

と、次の見解を出す。（桂離宮は小堀遠州の作という誤解も前提にして）長くなるが、

「小堀遠州の築庭は、彼の建築とはまったく反対の原理に基づいている。建築では、直線と直線から生じる釣合とが自然であり、また最もすぐれた様式であるにも拘らず、庭園ではこれこそ最も不自然な形式なのである。**彼は庭園を、いわば有機的な生物の集合体と見なした、**それだからかかる生物を切断し毀損して（例えば岩石を裁断して）、家屋にのみ必須な整然とした形をこれに与えることは、彼にとっては至極の不合理であった。樹木、叢林、池水、岩、苔等は、それぞれ独自の生命を具えている、そしてこれらのものが本来の相のままで家屋に近接すると、ここに初めて家屋と庭園との見事な調和が生じ、家屋もまたよくその本来の生命を表現するのである。ところが庭園自体の構成は、その生命の表現形式を自然のうちに見出すのである、それだからこれらの構成要素に、建築に由来する諸形式を強要するのは、しょせん作為的であり非芸術的であって、その本質からの乖離にほかならない。……」

これに続く庭の描写は前出、タウトの『画帳桂離宮』を土台としており、タウトがこの記述に辿り着いているここそ、タウトが日本を、日本文化・精神を理解する入口に至っている証拠ではなかろうか。

桂離宮が遠州の作であるとのタウトの誤解については、近くにいた有識者、建築家達が最後まで注意しなかったのも不思議だが、遠州が八条宮と同時代で交際もあった事実、桂の微細な部分（家具の部品や石橋）の実質的制作者への遠州の指導的関わりは在り得た（所謂遠州好み）ので、先にタウトの遠州への傾倒があって、遠州が桂の作者と言いつのったのかもしれないという推論もあり得ないか。タウトの指摘と

は次元を異にするが、作庭における遠州の直線デザインの採用までは知り得なかったかもしれない。

ただここで、筆者は一つの仮説を抱いている。

桂離宮造営の意思を持ち実行した八条の宮父子は天皇の一族であり、しかるべきルートの財政を持ち得ていただろうから、施主としてのニーズは提示したであろう。しかし決して指図を自らアウトプット出来ていないはずである。これを代行したのは匠達であろう。

その匠・技術者に影響を与え続けたのは小堀遠州に違いないから、この建物庭園一体の設計者は実質的に（八条の宮と親交のあった）小堀遠州である、とタウトは信じ込んだのではなかろうか。

タウトの観察した日本の建築生産システムの、欧州と異なる異常さ、大工が建築主の意図を汲んで建物を立ち上がらせてしまう、建築家という職能の不在を知ったタウトが桂離宮は明らかに小堀遠州の作品と言い切って良いのだと確信していたのではなかろうか。

そして、周囲から作者は小堀遠州であるという証拠の歴史的記述は存在しないと告げられても、（遠州が名を記すことを遠慮したかもしれないとまで想像して）実質的には遠州なのだからそう言うべきであるとの信念の表出の意味で遠州作と言い続けたのかもしれない。

タウト滞日中の二十世紀にして、日本では建築家という存在の不明性が継続している。

確かに仏像作家、絵画作成者の名は明確であっても、寺社仏閣の設計者が明確に名を記され喧伝されることは無いことで歴史は重ねられて来た。建立者又は発願者としての聖徳太子（法隆寺）や東大寺再建勧進の重源等が名を残してもである。話柄として、関連して面白いのは、東大寺大仏殿再建時には、既に安定的に日本の様式化していた寺院建築に、新たに中国の構築様式の追加がされたということであろうか。

変わったのは西欧近代建築デザインが輸入され出した維新以後、（辰野金吾等御用建築家達）設計者の表示という価値観も共に輸入されたということなのであろうか。

さて、タウトの記述における、

「彼（小堀遠州）**は庭園を、いわば有機的な生物の集合体と見なした**」に続き、

「（**孤放菴はじめ日本家屋の縁の存在により**）**庭そのものが家の中に入ってくるような印象**」

「**自己は宇宙と一体であるという瞑想的気分と契合するところの思想を庭園に結合したのである。**」

などは日本建築に固有の特性・真髄に達する表現と言える。

これらの重要にして肝心な建築論が道草の様に語られたのち、秋田など東北裏日本における冬の風俗に見る美しい光景を讃えながら、タウトはこの項を終えている。

Ｖ　農民と漁民

最初の項「対照」は東西の生活様式の〝対照〟であったとし、次のように総括している。

「日本の家屋と生活は、欧米とは全く類を異にするものだからである。それはこの国の風土と自然から生じた当然の帰結であり、日本民族はこの自然を虚心に受け入れたばかりでなく、またこれと調和するすべを心得ていたのである。およそ自然らしさは、日本民族の最も顕著な特性の一つである。」

この時点までの日本は人口のほぼ半分が農魚民であり、農漁村に棲む人という見方をすれば八割が農民

と言えないかとし、日本精神は農民にありとする。農家の形状的在り方から葬儀・埋葬の形式や鯉幟の景観まで、ひいては『古事記』の内容に至る。

「観光宣伝に書きたてられているものばかりが真の日本ではない。農民こそ日本なのである。……農民に宿る日本の精神は、……都市の文化に浸透し、今なお浸透している。……この精神が日本における最高の古典的文化を創造したのである。」

日本農家はヨーロッパの平原農家、オーストリア、バルカンの農家、ひいては独・シュバルツバルトの農家と著しく相似しているという。タウトにおける伊勢神宮への憧れ・敬いは日本農業・農民への寄り添いに繋がり、建築家たるタウトは次のように言い切る。

「伝統は、言葉をもって話すのではない、建築物を通して語るのである。」

「日本の農家の有機的構造が、農民自身の生活と仕事から生じたるものであることは言をまたない。」

日本農家の情景としての「炉」「竈」「井戸」「土間」「庭」「門」を語り、尽きない。

農民の中の文化の一例としてはシンボリックに芭蕉『奥の細道』の尾花沢の清風（鈴木清風・商人にして俳人）を挙げ、又、聊かユーモラスであるのは、伊勢、桂に次いでタウトが賞賛する白川郷が、平家落人により営まれたと平家に贔屓して書く。

「高い文化を持っていた平家は粗暴な荒武者源氏に敗北し、残党がこの山間に逃れひそかに隠れ住んだと伝えられる。」

猛威を揮う台風、地震、津波のような自然の暴力に耐えて、漁民がルンペン・プロレタリア化せずに、淳良な慣習を失わずにいるのは実に驚嘆に値する、漁民の生活はこの上なく質素で貧しいのに、いささかのみじめさも見られないと言う。

このあたりからタウトは統計的にも論を進め、巻末の海流、風、気象データは台風の被害まで、人口、東京の予算、土地面積、生計費までを論拠にしているようである。

筆者の見るタウトが芸術家より科学者としての側面も見せ、建築家としてよりも環境プランナー、都市計画家としての特質を覗かせていると思う。

Ⅵ　諸神と半神達

表題は西欧的で解り難いが、テーマは「伊勢神宮」である。

「伊勢神宮こそ、全世界で最も偉大な独創的建築である。」

パルテノンと双璧の建築遺産、芸術的到達点と讃えながら、一方が時間の経過を背負いながらあるのに対し、全く同じ建築が二十年ごとに新たにされつつ引き継がれていることの驚嘆的事実に眼を瞠って語る。何度も語るのである。

他に取り立てて語るのは「禅」である。

「日本文化のいかもの化を救った偉大な精神的思潮である。」

中国からの仏教、寺院建築、神道、神社建築の混淆がもたらすものの中で、武力、武士の表象であるもの、権威を誇示する表現の過大なるもの、所謂「ごてごて」「ごちゃごちゃ」観・感を遠ざけ、清楚、清潔、簡素に通ずるものに美を感じるのがタウトであろう。

その中での禅はタウトの精神に近い、仏教の一部としての異質性を有していた。

「日本が虚心坦懐に禅の思想を受け入れ、独自の仕方で消化摂取したことは、まことに賞賛に値する業績であった。」

というのがタウトの認識であるが、銀閣に対する思いに於いて聊かの矛盾も孕んでいた。

Ⅶ　庶民

タウト流茶室の定義。

「スケッチと同じく即興の所産であり……瞬間的な直感を表現したものにほかならず、「建築された叙情詩」と称して差し支えない。」

そしてこの庶民という表題で括られた文章でタウトは日本論の本質的な部分を論ずる。

「そこに成就されているところのものは、建築芸術の本質から云うと、もう建築ではないのである。茶室はけっきょく、「建築ではない建築」という「自己矛盾」が芸術作品になったものであり、一切の限量を超出した禅哲学を証明するものにほかならない。無辺際な自然のなかのささやかな仮の宿、人生の無常、極度に簡潔なものによる知足、かかる諸事に対する愛とそこから生じる清閑な心境―つまりこのような理念が「建築」されたのである。」

建築という語彙に関わる部分のみを引用したが、滞日中の日記を起点としてタウトは日本について多くを思索したことが残されている。茶道による堕落、天皇趣味、美学的遊戯、建築家の不在、日本建築モデュール（への冷淡な目）、一般的欧州人の日本観等々。

Ⅷ　大工

日本建築の代表的素材、杉、檜、松、竹、藁、紙を論じ、日本建築のシステムを現代的規格化のストックや工場生産、機械化目的ではなく、手工を排除しないものであるとして分析している。勿論、大工の技術、モデュールとしての内法、畳に関する議論も含まれ、次の一行は象徴的であり、且つ納得出来る。「日本家屋は、ヨーロッパ風の静力学的な考え方から言えば、厚紙細工さながらである。」

この節で五重塔の構造に付いても言及しているが核心には迫れず不足があるが致し方なかろう。滞在がさらに落ち着いた日々であったならと思う。さらに日本建築と日本文化、日本人の精神文化に肉迫出来たのではないか。筆者が建築を専門とするだけにこの節はさらに続けるべき考察研究の土台になると感じるがこれ以上は此処では措くこととする。

Ⅸ　隣人

この節の表題を「隣人」としたことの意味は深長である。タウトは明らかに意味を限定出来る文言を残していない、と読んだ。

日本の家屋、集落、村落の景観から始め、日本庭園との関連を言いながら、

「有機的と見なされるような全体においては、個々の構成要素はそれぞれ独立の存在でありながらしかも互いに必然的な連環を保つ。」

「いずれも自然的条件と調和している。……抽象的な線から成る観念的定型なるものは、日本にはまったく存在しない。実際、バロック様式にいたっては、自然的前提に従うどころか、却ってこれを自分に隷属させているのである。ところが日本では、稲田の畔にしろ、山地では谷や山の曲線に随順し、平野では直線である。神社は、概ね村はずれのこんもりした木立の中にあり、また森や山の奥まったところにもある。村や町を俯瞰する要地に教会を建立して、建築物の宗教的意義を強調しようとするような考えは、およそ日本には無縁である。」

そして我々建築家にとっては意味深長な意見。

建築上の軸というのは建築家の脳裏にのみ存在する。ヨーロッパにおいてこのような抽象的な線を強要したのはそもそも古代ローマであり、古代ギリシャの野蛮化であると言う。

この論は、シンメトリーを離れようとするタウトの意匠感、好みに通じるもので、非相称は、日本の大きな神社などに用いられている心憎い芸術的手段であるとする。日本にはヨーロッパで発達した定型としての都市計画原理は認められないとする。

翻って、日本において現れる軸線と言う概念は西洋化、特に戦後日本建築界に現れた輸入品であったといえる。これまで我々が持たなかった軸線の感性の新鮮さが刺激的だったのかもしれない。論理的には都市計画技術上の解り易いテクニックであったのであろう。

鮮明な記憶の一つが丹下健三による広島原爆ドーム記念広場である。丹下はその後の海上都市計画においても非対称ではあるが軸線を中心とした案を出し続けた。この時代、世界中でこの考えは流行していたのではないか。これは日本における古代に存在したかもしれない二点を結ぶ心理的象徴性とは関係しないであろう。

地震と言う自然現象に対応する日本人の自然観の不利を指摘してもいる。日本の街の在り方（簡単には訪ねる人の住所を辿れない）、災害への無思慮を非難する。

又、城郭によって囲まれた西欧の都市、城の周りに纏わりつく日本の都市、有機体としての都市の住民の視点がない日本には「言葉の厳密な意味での」文明（civilization）は発達しなかった、市民（civis）に関連する概念だからと言う。

何かしら聞いたような議論である、発信源がタウトであったとも即断出来ないが。

X　網の糸

網の糸とは日本のシステム全体を象徴的に表現したものである、冒頭にそう言う。

人肥をかけた野菜を食することを象徴的に論じ、医療、自然災害から治水、建築、都市計画、消防、内務省の役割まで統計資料をも引き出し、ついには景観のなかの広告の美観まで。

今日的日本の問題までをこの時点で論じている。

Ⅺ　転回点

「転回点」の語は、桂離宮の庭の、右に離宮、左に松琴亭を観る地点に与えられている。

（この転回点についての記述は次節に書かれている）

この節は工夫され、架空の鈴木氏との対話形式をとったタウトの作品・虚構であるらしい。

山本七平に通ずる。それとなくエリカのセンスを紹介したりしている。

「日本家屋の縁側は実にすぐれた工夫であり、これを現代化したものはまだどこにもない。」

と言いながら、日本にはジードルングらしいジードルングは皆無であると言い、日本における建築家の地位の低さを嘆いたりする。英国における「王立英国建築家協会」の規定する建築家の権利義務と対照させる。

「日本では、精神的な仕事は金銭上の報酬を受くべき性質のものではないというのが一般の通念であることを知った。」

富岡鉄斎はセザンヌであり、浦上玉堂がゴッホであるとし、

「円満具足した芸術は国境を知らない。」と結ぶ。

Ⅻ　永遠なるもの

「画帳」と言う作品ではなく文章で書かれた「桂離宮論」である。

内容は他の桂離宮への言及と重複するので省略するが、この著作がフィクション仕立てであることを最後に記述している。

そして最後の最後に、感動的な記述を添えて終わる。

「私達は日本で実に多くの美しいものを見た。しかしこの国の近代的な発展ぶりや、また近代的な力の赴く方向を考えると、日本が何か恐ろしい禍に脅かされているような気がしてならない。私達は日本人をこの上もなく熱愛していればこそ、ますます痛切にこのことを感じないわけにはいかなかった。しかし私達がこの国で接した人達の高雅な趣味、温かい思い遣り、厚い人情、また実に立派な態度から受けた印象から推して、この脅威的な禍もさほど重大に考える必要なあるまい、と思うようになった。」

ICH LIEBE DIE JAPANISCHE KULTUR 24, 8, 34 BRUNO TAUT

最後の頁（私は日本文化を愛する）は、日記の一九三四年八月二十四日にも同様に記されているものがオリジナルであろう。後に少林山により石碑に刻まれ洗心亭そばに建てられた。

〝訳者あとがき〟は一九八〇年十二月付け、ベルリンの壁崩壊前のこの六月に〝タウト生誕百年記念展覧会〟が西ベルリンで催されたと告げる。

5-2-7　日本―タウトの日記（一九三四年）／ブルーノ・タウト、篠田英雄訳・岩波書店

タウトが日本に滞在した約三年半の内の（一九三四年）一年分の日記である。

タウトがトルコに客死して後、エリカがタウトのデスマスクとこの日記を携えて来日したという。タウト滞日は一九三三年五月三日の入国から一九三六年十月十五日の離日まで。滞日中の全著作を明確に出来ていないし、どこまでが翻訳なり出版されたかも筆者自身は確然とは把握していないが、この日記はエリカによりもたらされたことが明確である。

出版された日記はこの外に二篇、（一九三三年）分、（一九三五年～一九三六年離日まで）分で、この時点で筆者が手にすることが出来たのがこの一年間分である。日記であるからタウトも読まれることがない前提で書いているはずであると思っていたのだがそうでもなく、出版されることも意識されていたとは、研究者の報告にある。前後の分も読んでみたかった。

しかし、筆者の主題の中でタウトを論ずる為には十分な気もするし、多数の方々の著作から他の日記二冊の情報も得ることが出来るのである。

しかしながらやはり気になる。タウト関連資料の内の一つの塊は良き庇護者であった岩波書店に在り、それは現在、早稲田大学図書館に寄託保存されていることが判り、これを追った。

令和元年（平成は四月三十日まで）五月八日同大学中央図書館で（一九三三年）分、（一九三五～三六年離日まで）分に目を通すことが出来た。

読んでみると当然のことだが、心の赴くままに記されていることが覗われる。ドイツ語の原稿は残っているであろうが、翻訳者は忠実に翻訳したであろうか。そのことは措くとして、

他の著作とは異なる正直なタウトの気持ちが現れていて興味深い。タウトが読まれることを意識していたことも割り引いて、筆者としての、日記から解るタウトの建築家像を纏めてみると、

1：政治的に平和主義者であり、真面目にして正直な人物である。
2：西欧人としては少数派の、日本人に近い芸術的文人的心情の持ち主であった。
3：率直に好悪の判断を表明する人で、観念が勝る傾向があり正義派である。
4：優れた文化評論家にして、ドイツ人であり日本を旅した人であった。
5：建築家なれど、建築デザイナーというよりも環境計画プランナーである。

というのが、ありふれた浅い部分での印象と言えようか。〝浅い〟と敢えて言うのは、思想家乃至批評文学者的にタウトを分析した論もあり、この領域になると正直、筆者には隔靴掻痒の感を覚えるからである。（この足らない部分を長谷川章著『ブルーノ・タウト研究』は埋めてくれていることは後に判る）

まず先に、（一九三三年）分、（一九三五年〜一九三六年離日まで）分について、気になる箇所のみ拾う。

◉一九三三年分

・冒頭に訳者・篠田英雄による年譜入りのタウト紹介がある。

見落としもあろうが、他の著書に著わされた初年の見聞以外に目立つ箇所は無い。

だが一カ所について、筆者の論点から外せないコメントがある。

十一月四日の項に（田中辰明博士も著作の「ブルーノ・タウトと富士山」の項で引用）次の文章がある。

「……神々の山だ。ここに日本、神道及びその文化の起源がある。世界で最も純粋なこの山の姿は天と地をつなぐものである。」

この文章の中のキーワード、「富士山、日本、神道及びその文化の起源」から、タウトが日本文化の核心に迫り得た或るレベルを感じとれる。

◉一九三五年～一九三六年離日まで分

・11月4日
ドゥデュルデュイ（仏雑誌）のコルビジェのインテリア作品写真への苦言に関連して、ペレ、ガルニエ、ライト、ワグナー、べーレンス、ベルラーへ等建築家名が出ている。

・4月16日
日向邸に「地下1階に居間と社交室を」の設計依頼が来た顚末について、ミラテス（銀座のタウト工芸作品を展示してあった店の名）のタウト作品・スタンドを日向氏が見たことがキッカケだったとしている。

・5月15日
「JAPAN」の715Pに記された旅の内、（16日から29日間での仙台～東京間移動の為）下村邸に前泊した。

・10月8日
少林山退去、万歳で送られる。

・10月11日
山本有三に会う。

・10月12日

「日本文化私観」五十部にサイン。
動き出した列車の中で「日本文化万歳！」
・10月14日
詩仙堂、曼珠院へ。遠州褒め。
・10月15日
京都～下関、関釜連絡船へ。

◉一九三四年分

タウトは、一九三四年一月二十三日、滞日八ヶ月にして次のように記した。

「この国を去ろうとする念が頻りである。」

米国行きを断念せざるを得ず、しかしなお二年半を日本に留まり、トルコ大統領の招に応じ日本を去った。この心情の中でなお日本の魅力をも正直に記述し続けた。

日記により、タウトに対応した日本人の有様が手に取るように伝わる。これは当時（昭和八年～十一年）、西欧人の観た日本人と日本社会であり、鏡に映る我々日本人像を見るごとき感覚を覚える。

タウトの残した著作をどの順序で辿るかを直感的に決めてスタートしたのだが、順序の基準は「タウトが本当に日本を理解したかを探れること」であった。このことの齎した正解と誤りは表裏をなすのだが、筆者の日的を果たす為に読むべきの第一番は『画帳桂離宮』だったのである。但しタウトへの最初の疑問を発したのは、日向別邸のペンダント照明器具であり、最初に手にした『建築・芸術・社会』だったことはそもそも前提である。

タウトの思考の軌跡は〝日記〟から始まっていると思われる。只一点を除いて。

その一点が『画帳桂離宮』に現れた桂離宮を観ての興奮ではなかったか。その興奮は日本上陸二日目の一九三三年五月四日から続き、一九三四年五月七日の再訪まで、そしてその再訪の日に〝画帳〟制作を思い立つのである。

タウトの読書と著作作成に関するデータの一部が日記に記されているので、他の著作と合わせて整理してみると左記の如くであるが、タウトの若き日（39歳頃）の活躍については長谷川章著『ブルーノ・タウト研究』（p.192〝表現主義の時代〟）が詳しく報じており、タウトが最初に建築への主張を述べた『廻文』から挙げなければならない。（内容について同著を参照されたい）

・『ガラスの鎖』　1919・11・24〜（手紙形式廻文）
・「アルプス建築」　1920（脚注であり〝画帳〟に並ぶコンセプトプレゼとして挙げる）
・「画帳」　制作発想日　1934・5・7（月）洗心亭入居（8・1）以前
・『画帳』　着手日　1934・5・8（火）仮題「Gedanken uber Katsura」
　完了日　1934・5・9（水）邦訳仮題「桂のアルバム」「桂離宮の回想」
・『ニッポン』出版　1934・6・1（金）明治書房・平井均訳・岸田日出刀序文
・「住宅建築―ジードルング建築―都市計画」（東京帝大講演原稿）1934・8・18
・「日本の新建築」（仏・ドゥデュルデュイ1935・4月号原稿）1934・8・28

・『徒然草』理解　1934・8・28（ドナルド・キーンの師・サンソム卿が翻訳したものと考えられる）
・『方丈記』読む　1934・9・1（ディケンズ英訳本）
・『奥の細道』読む　1934・9・14
・『源氏物語』読む　1934・9・17（一部分）
・「床の間とその裏側」スケッチ　1934・10・14
・『建築芸術論』着手　1934・10・14
（「建築とは何か」の長谷川堯解説では1935・11・30起稿、1936・1・25脱稿）
・『日本の芸術』発想　1934・11・21起稿　12・14『日本文化私観』の原題
・『建築とは何か』の原案「建築に関する省察」1935・12・3着手
（長谷川堯解説では1935・11・30起稿、1936・1・25脱稿）
・『すぐれた建築はどうしてできるか』（同1936・3・5起稿、1936・3・12脱稿）
・『日本文化私観』1936・10月出版・明治書房・森儁郎訳
・『タウト建築芸術論』1936・12・18　第1章、同年8月27日完成（トルコでの最終稿解説）
・『建築・芸術・社会』（「建築に関する省察」が原稿）日本語訳1948年、トルコ語訳1939年
となるが、
つまり（1）「画帳」以下（2）「日本美の再発見」、（3）「日本文化私観」、（4）及び（5）「ニッポン」、（6）「日本の家屋と生活」で生じた疑問や不理解は（7）の「タウトの日記」を読むことで解消する順序

となった。これは時間的不経済であるという不利な面と同時にタウトを探る手順としては正解に近かった。
先んじて読んだ文章の中で理解出来ない個所、筆者の誤解により反論したくなるタウトの意見に対し、後に読んだものにより疑問が氷解したり、誤解が解けたりすることにより印象は強くなり筆者のタウトへの理解度が深まったかもしれないのである。
果たして結果としてタウトの日本理解の深さ・レベルの程度に迫れたかもしれない。大タウトに対して尊大且つ夜郎自大のきらいはあるが八十年を隔て、歴史の結果を踏まえて所謂ディレッタントの手慰みである。
通読し気になる部分九十四カ所から幾つかを日付順に視て、筆者の考えを付してみたい。

一月四日（木）京都・建築論

彫金工房や漆工房を訪ねての感想から、日本、ドイツ、ロシア、イタリア等、世界的広がりで芸術・建築の状況を批評しているが、もう一つ釈然としない。文字だけを追うと、

「(30年前故国にあって）当時私は熱心に自然にすがった、その時私は日本を手本にして、この国に普遍妥当性を求めたのである」

「浮薄極まる奇術的な仕事は、コルビジェを先頭として酩酊状態を現出し」

「いったい我々の求めてやまぬような建築的時代が到来するのであろうか」

「これらの諸国の間に、建築に関して、これからどんなつながりが生ずるかは注目すべき事柄だ」

などの記述は建築というものの目的が芸術に偏して語られているようでもあり、建築家と建築と言う

社会の要求へのスタンスが異なるようにもとれるし、ジャポニズムから入った芸術としての建築を考え、遠い国日本の建築を理解していなかったともとれる。
「個人的創造力を通して『独創性』を求める」「集合主義に堕した」などのキーワードからは、やはり「アルプス建築」など表現主義的傾向が裏付けられるし、ジードルング群を設計し、都市計画者としての傾向にすぐれたタウトのイメージが分解してしまう。

一月七日（日）京都・新聞情報による日本事情
「日本の国粋主義は畢竟するにヒューマニズムにほかならない」
「（大阪毎日新聞の社説）こういう言説は、恐らくやがて来るべき八紘一宇的な思想の最初の前触れであろう」

一月八日（月）京都・タウトのデザイン的価値観／神道と仏教の造形的関係
「社殿も石段も鳥居も、それ自体としてはいずれも厳密であるが、軸に従って並べてあるのではない」
「仏教による神道の堕落」（源初的日本文化と輸入仏教文化への評価）

一月十日（水）京都・中国文化と日本文化／茶室への評価
「日本にとって中国は芸術上の隣人にすぎない、そして日本はこの隣人から清新な糧を得たに過ぎないのだ」
「茶室はいわば建築された純粋無雑の抒情詩であり、どのような細部でもそれぞれ意味を持ちまた全体の調子を整えているのである」

……日本人のマスクを笑う、これは近時続いている外国人の眼でもある……

一月十五日（月）京都・美術評論／日本庭園から日本文化論（この日の記述は長い）

「鉄斎は日本のセザンヌ、北斎も広重も顔色を失う」

「日本庭園では同じ要素にせよ異種要素にせよ一線上に配置することを決してしない……特殊な『個性的』構成にもとづいて『自由』なのである。勝手気儘ではなく相牽引し合う『磁力的』な関係……人間の高さが示されている……この心境は日本人のうちに今なお生き続けているのである」

一月十七日（水）京都・小都市計画案の案件が怪しくなる／建築評論界との違和感

「帰るべき時の近づいたことを告げる最初の兆しかも知れぬ……」

一月二十三日（火）京都・前日の鴨川沿い料亭の記述の前置きから唐突に違和感へ

「この国を去ろうとする念が頻りである」

一月二十八日（日）京都・日本人とドイツ人

「日本人とドイツ人との相似の点、—いずれも外来のものを進んで受け容れようとする、またそれに手を加えて利用する才能を持っている。だがまた外来物を、或いは過重視し或いは拒否するという両極端に陥り易い欠点がある。」

一月二十九日（月）京都・日本音楽はバッハに共通点

母国からのちょっとした反応で自分がどう見られているかを察知し少し気に掛けている。

一月三十日（火）京都・和服と日本婦人のプロポーションに共感

一月三十一日（水）京都・「日本料理は一個の芸術だ」
二月一日（木）京都・「日本向きのジードルング」原稿／4月15日「サンデー毎日」掲載
二月八日（木）東京・二日からの書き溜
日本の四季への共感を時々記すが、タウトが日本人に似た感性を共有していたことが察せられ、日本文化への共感の基になっていると思う。とりわけ日本の冬に対して日本の芸術に関係している、と三日に記している。ドイツ、西欧にも冬はあるが日本の冬への、日本人の冬への接し方に「美しい」「何という幸福だ」と讃える。
二月十一日（日）仙台・工芸指導所、原子力
地震を経験してエネルギー問題からA・O・ローレンス（米原子核破壊研究物理学者）、毒ガス開発、戦争の経済学に及ぶ話、山の寺などの日本風光の魅力、畳布団への慣れ。
二月十七日（土）仙台・十二日からの書溜／工芸指導所への見切り、日本人種論
柳宗悦、富本憲吉、浜田庄司等との出会い、河井寛次郎、藤田嗣治作品について。
藤田作品についてはみだらで嫌いであると。
二月二十五日（日）仙台・平泉／中尊寺
二十七日に「建築のダイアモンド」と、案内の僧が拝観料五円を━仏教はカトリックのように気持ちの良くないことをすると。
三月一日（木）仙台・学者達との会食、一時半まで、色紙に書画など

小宮豊隆（独文学）等との宴、芸者とワルツ、フォクストロットを踊ってしまったと。

三月四日（日）仙台・雛祭り

「ペリ総督による日本の開国」読んだとあり、一日のお礼に色紙を六枚書いたとあり、小宮豊隆からの俳句二句を書き留める。（佳い句であり、特に「広々と……」は素晴らしい）

『短夜の水に明け行く別れかな』『広々と道一筋や冬の風』

三月五日（月）仙台・工芸指導所への講演「質の問題」原稿

「材料の正しい選択」「諸材料の正しい取合せ」「材料の正しい処理」「用の充足」の四項目でタウトの意見、緒言における言葉が日本人の陥る心理を批判して面白い。

「（日本には）高い文化的地盤が今日でもなお到る所に存在している……ところが一旦欧米の製品に対すると、日本の人達は実に他愛なく良否の鑑別力を喪失してしまうように見受けられます。」

三月八日（木）東京／東京ではブブノア女史宅（ポーランド生まれ／女流画家）に止宿

・帝国ホテルホールでの箏曲演奏会など

「気候温和な日本などとはまるきりの嘘の皮だ」と東京の寒風と夜の霜の寒さを嘆く。

「建築的には実に嫌らしいホールだ」

タウトのライト嫌いが露呈する言葉である。色々な意味で相反する二人であった。

性格、人格、建築とのスタンス、才能の種類、生きた長さ。

一点だけが共通しており、両人とも日本との関わりを持った世界的建築家であり筆者が対照させてみたかった由縁である。我々は人の相関関係に興味を持つ。

……唐突に我田引水になるが……

俳人金子兜太が筆者の興味を引くことを言っていたようである。そもそもは相馬御風の指摘を金子が引き出していることから始まる。同時代の人生をごく近い場所（越後と信濃）で過ごし、一度も会わなかった歌人、俳人が二人居たと。

「国を隣にして生れ同時代を生きた一茶と良寛、もしこの二人が知り合ったとしたら―そんな空想をし、いつかこの二人を比較してみたいものだと思っている」（御風）

「……しかし、私の推理では、二人はお互いの所在を知っていたと思う」（兜太）

良寛（１７５８〜１８３１）と一茶（１７６３〜１８２７）。お互いにその存在を認識はしていた筈であると。

越後地方にある混同、「焚くほどは風がくれたる落葉かな」（一茶）が「焚くほどは風がもて来る落葉かな」の良寛作として伝承されていったことなどを挙げ、兜太は素晴らしい一茶論考をする。「旅人や野にさして行く流れ苗」に纏わる考察が特に良い。そしてこの一茶の句自体がとても素晴らしい。農が出来なかった一茶の負ったコンプレックス、父の遺言を盾に法的に弟の田畑を引っ剝がした一茶、しかし農による糧に対する尊敬の残存をこれほど端的に表した句の見事さ……。

もうこの辺で筆者は御風の好奇心に戻らざるを得ない。

ライトはタウトを知っていたであろうが興味など示していない。タウトは充分にライトを知りながら反感と嫉妬にまみれてライトを観ていたのではないか。

三月二十二日（木）東京・函館の大火

木造家屋群と火災と都市計画、給料・原稿料の安さ、洋服の学生の裸足の下駄、不快な人間関係等。

三月三十日（金）東京・東京朝日新聞・斎藤寅郎、ハーンの『怪談』を読む

日本家屋に鍵の無いこと。

三月三十一日（土）東京・世界の現代建築

建築家・蔵田周忠氏を訪ね各国建築雑誌から世界の建築情報を得ている。英国へ亡命・帰化したメンデルゾーンの活動を確認している。

四月六日（金）東京・銀座の醜態

「銀座という街でアメリカを相手に売淫行為をしているのだ、何もかも支離滅裂である」

「建築的に見ると、銀座はまるで大きな掃溜だ」

四月七日（土）東京・日本国日本人論、都市計画論、防災論など

「蟻の国／日本、勤勉で器用で寡黙な国民……日本人は好戦的だと言われる」

「日本の若い世代の人達が一番恐れているのは、『白人』から二等国民視されることである。

……文明の点で自分達が外国に立ち遅れているという自卑の念がある。表面には殆ど現さないが、矜持を傷つけられたという執拗な感情が心奥に潜み、それが或いは対抗意識となり、或いはこの狭すぎる国土からの脱出となり、或いはまた『仕方がない』という諦めにもなるのである。」

田園調布計画は実にひどい、建築も支離滅裂だ、日本では建築家という職業はこれから作り上げられなければならず、建築家の地位ときたらお話にならないほどみじめだ。とし、吉田鐵郎設計の中央郵便局を評価している。（建築より機能処理に対してだった―吉岡康浩氏―という見方もある）

四月十五日（日）京都・日本人種論、自著『都市の解体』（1921年）の話

小堀遠州の掛軸を観て、「桜花は犠牲的な死の象徴でありまた潔さを意味しているのだ」

日本人はユダヤ系メキシコ人だとする説に絡んでエイゼンシュテインの映画「メキシコの嵐」（1931年）の話、神道の色の話。

卍の話、「内に運動と発展とを蔵した静平な相（すがた）を象徴するものだ、意味するのは節度と慎慮とであり『シュトルム・ウント・ドラング』や行動ではない。」

遠州が絡むとタウトの話は聊か論理的ではなくなるような気がする。研究を要する。

四月十七日（火）京都・平等院他

四月十八日（水）京都・シーボルト著『ニッポン』を見る。

四月二十二日（日）京都・エドワード・モース著『日本の家とその環境』を読む、観能

四月二十四日（火）京都・明治維新論、政治と芸術論

五月五日（土）京都・大徳寺／孤篷庵

五月七日（月）京都・桂離宮

五月八日（火）京都・『桂のアルバム』の着手

訳者の注（一）

『桂のアルバム』は本来《Gedanken über Katsura》という題名であるが『桂離宮の回想』と訳しておいた。

とある。しかし、二〇〇四年岩波書店発行の『画帖桂離宮の解説』につながる経緯は不明であり、本来ブルーノ・タウトのドイツ語原題のまま解読されるべきであると思う。今後の作業としておきたい。

五月九日（水）京都・修学院離宮、『桂のアルバム』

五月十日（木）京都・宮田兵三氏との関係・『桂のアルバム』の価値について

『桂のアルバム』の価値から芸術の価値を語る精神世界に居る幸せを故国の弟マクスに語り掛ける。

「若し日本が現在のドイツと思想を同じくするようになったら、一体どうなるだろう、―やはり大砲その他の兵器が氾濫する国になり果てるに違いない。」

五月十一日（金）京都・西芳寺、ヴォーリス夫妻

五月十九日（土）東京・ドイツ建築、ドイツへの祖国愛

五月二十五日（金）東京・柳宗悦、バーナード・リーチ

五月二十六日（土）東京・観能

「能は『絶対』芸術」と言い、様式を理解し、高い鑑賞レベルを示す。タウトはたしかに俳句をも理解し得ていたであろうことを裏付ける。そう思わせる記述がある。

「日本は凡そ文化の故郷である、世界のどこにも日本のような文化を持つ国はない。文化は、日本では生ける存在である。到る所にアメリカニズムが氾濫しているにも拘らず、この国はやがて一つの新しい形を産み出すであろう。それは何時のことだろうか、――いや、時期は問題でない。日本はこのことを成就するに適当な人々をいつかは見出すに違いないのだ、私はこのことを堅く信じて疑わない。」

五月二十七日（土）東京・大工、日本人の器用さと戦争の関係、戦争への衝動のうずき

六月二日（土）東京・日本社会・政治の雰囲気

『皇道』運動の是非、一致団結の世論形成と『常識《コモンセンス》』の関係。

六月六日（水）東京・東郷元帥国葬、映画「にんじん」、レーモンド事務所

六月十五日（金）東京・建築家山口蚊象（グロピウス事務所在籍歴）作品展

「とにかくコルビジェ模倣は、日本では到底永続きするものではない」

坂倉準三、前川國男等のコルビジェ傾倒、戦後の丹下健三、吉阪隆正への流れは少なくともタウトの予断に反していた。タウトの言う「集団主義」が優勢となり、個人の「独創」より「理論」が勝り、影響力を持ったのであろう。この意味でもタウトはより普遍性を持ち得なかった。

七月四日（水）東京・政治と芸術

七月六日（金）東京・チンドン屋

七月十日（火）東京・建築家の社会的地位
七月十四日（土）東京・東京帝大での講演で起きたこと
七月十七日（火）東京・東京帝大での講演第6回最終回／都市計画
七月二十四日（火）東京・文楽／人形浄瑠璃
「私も自分では自由であると信じながら、実際には何をしているのだろうか、やはり何者かに『遣われて』いるのではあるまいか」（意味深長な言葉である――筆者）
七月二十六日（木）東京・ヨーロッパの現状
「日本にゐてヨーロッパを眺めると、まるで火薬樽さながらだ」
七月二十八日（土）東京・日本の現代建築、コルビジェ批判、建築家の報酬
七月二十九日（日）東京・赤坂離宮
「コルビジェ、グロピウス、ミース、どれも日本独自の建築にはなり得ない」
中央郵便局だけは佳いとするタウトに説得力の弱さを感じる。
八月一日（水）東京から高崎へ・少林山／洗心亭入居
八月五日（日）少林山／洗心亭・平面図
八月二十五日（土）少林山／洗心亭・芸術論から故国ドイツへの愛国者タウトの想い
「左右相称（シンメトリー）は、可能な芸術様式のうちのほんの一例に過ぎないのではあるまいか。
……これを初めて『芸術的』形式に『高めた』のは軍国的なローマの思い上がりではなかったか、……

ギリシャ人は日本人と同じく、事物の具体的な関係に重きを置き、非相称を最も高雅な芸術的効果を上げる手段と見なした……」

八月二十八日（火）少林山／洗心亭・仏誌『現代建築』１９３５・４月号原稿、『徒然草』

八月三十一日（金）少林山／洗心亭・政治と芸術

「ソ連他の国で政治が芸術の発達を阻害するのは資本主義諸国におけるよりも甚だしいものがある。政治は芸術家から手を引け！」

タウトがソ連に渡りながら上手くゆかず早々に帰国した事情を察することが出来る。

九月一日（土）少林山／洗心亭・『方丈記』

「侘び」「寂び」「味」「渋い」などについて、新聞記事からとある。

九月十四日（金）少林山／洗心亭・『奥の細道』

「日光の条で、しきりに徳川将軍を謳歌しているのは不思議に思われた……芭蕉はまた日光の建築に

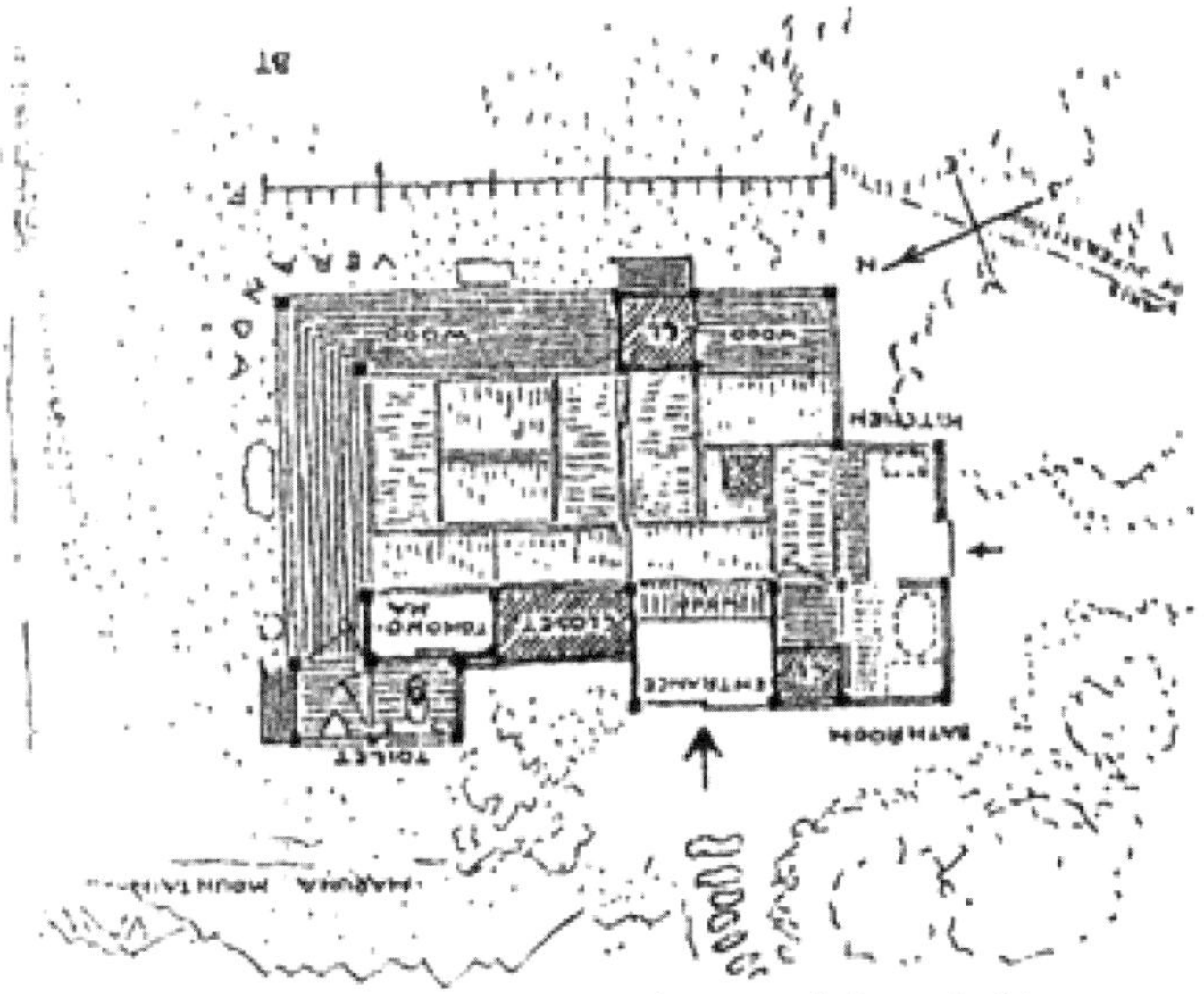

T／28　タウトスケッチ・洗心亭平面（田中辰明著書から転載）

ついては一言も触れていない。」

果たせるかな平泉などでの合致に反し、日光に対する自分の意見との違いを訝っているのだが、タウトにはこのレベルでの理解の浅さはやむを得ない。たしかに芭蕉が陽明門に対し「侘び」「寂び」を感じるはずもないのだが、逆に芭蕉の心への推量も始められて面白い。「あらたふと青葉若葉の日の光」で東照宮や陽明門への言及を避け「日の光」であしらってしまった芭蕉の工夫に思いを致さなければならないし、そのようにした社会的背景の強弱を武士上がりの芭蕉への推察まではタウトに出来るはずがなかった。

しかし、俳句は簡潔厳格な様式により極めて多面的な連想を喚起すると言い、タウトは充分に俳句を楽しみ始めている。

「夏草やつはものどもの夢のあと」「物書いて扇ひきさく名残かな」を書き出し、「夏草や」には独訳三行をつけ、自分の好きな独詩人シェーアバルトの詩に匹敵すると言っている。

九月十七日（月）少林山／洗心亭・『源氏物語』

九月二十三日（日）少林山／洗心亭・其角の句

「名月や畳の上に松の影」を独訳

九月二十五日（火）東京・吉田鐵郎と岸田日出刀に会う

十月十四日（日）少林山／洗心亭・「床の間とその裏側」のスケッチ。この図はタウトが「いかもの」と「ほんもの」（タウトの美の基準にあうもの）が背を接して存在し、峻別されるべきことを説くとき盛んに使われることになる。
十月十八日（木）少林山／洗心亭・カント、日本の絵画『建築芸術論』（1938・トルコ）（1945・日本／篠田英雄訳・岩波書店）の原稿着手
十月二十四日（水）少林山／洗心亭・日本人の自然観、英訳『方丈記』を独訳。完
「日本で見る月は、ヨーロッパの月とは別個の性格を持っている」
「自然主義は、後からこの国に伝来したいわば輸入品である」
「雨の日の傘の美しさはまた格別だ、竹の骨に半透明の油紙を張った傘を拡げると、油紙を透す明るい光が陽光の幻想を与える」
「日本家屋の座敷から、雨の降りそそぐ庭を眺めていると、天気の『悪』いことなどをすっかり忘れて、この美しい雨景を喜ぶのである」
これらのタウトの文章は明らかに日本人の心情を理解しているものと思われる。
十月二十六日（金）東京・日本人の美術観のうち刀剣
一方、鍔や柄を外し抜身の刀剣に極度の違和感の反応を示す。

T/29　タウトスケッチ・床〜厠の位置関係
（田中辰明著書から転載）

「奇妙な芸術的サディズムである」と。

十月三十一日（水）東京・学生達との話、老子

「精確な体系に重きを置く西洋思想は、直感を旨とするアジア的思想と、なかなか折り合えないのである。」

十一月二十三日（金）少林山／洗心亭・老子

十二月十四日（金）少林山／洗心亭・『日本の芸術』起稿（訳注／１９３６年、森儁郎訳『日本文化私観』となる）

十二月二十七日（木）少林山／洗心亭・柳宗悦、バーナード・リーチ来訪宿泊

二人とはかなり心を許せる想いの疎通が出来たらしい。

5－2－8　建築とは何か／ブルーノ・タウト、篠田英雄訳・鹿島出版会

まず目次を紹介すると以下のようになっており、心なしか目次が詩にみえる。

建築に関する省察

建築とは何か

建築と社会

釣合い

釣合、均整
技術
構造
機能
質
すぐれた建築はどうしてできるか
技術
構造
機能
解説／長谷川堯（注・この項及び次項で「長谷川」は評論家・長谷川堯を意味する）

まず冒頭、頁上部にある脚注に
「少林山　三五・一一・三〇」（タウトが執筆日を記入せるもの、一九三五年十一月三十日を意味する。全体で一五日あり、以下これに準ずる）
とあり、執筆したであろう日付が二十カ所ある（訳者の「全体で一五日」は誤り）。最初が三五・一一・三〇であり、最後が三六・一・二五である。又、「すぐれた……」の頭には、「この原稿は、一九三六年三月五〜一二日に書かれた」とある。この項については他に日記上のタウトの日付も、言及も無いという。

さらに最後には編集部注と思われる一九三五年十二月三日から一九三六年一月二十五日の間の十日について、関連あるタウトの心境がピックアップされている。これは解説者が望んで追記されたものと思われる。

長谷川堯による解説は筆者の疑問と追跡への一つの解答、いや解答の仕方を示している。

タウトへの大きな二つの疑問、一つはあの日向別邸のペンダント照明、一つは「釣合（プロポーション）」という言葉であった。この著作でタウトは己の「釣合」を説明しようとしているのだが、どうしても明確にはつかめない言葉であり、長谷川も最終的には明確ならざるものとして論を終えている。そしてタウトの観念論はカント哲学にオーバーラップしている節があり、そのことが結局タウトの、世界の建築界への影響力を弱めてしまったのではないだろうか。

長谷川の如き好意的受容精神はタウトを観、読む他の建築家にはなかろう。建築家の受ける評価は作品のみであるという通念が存在しまいか。

長谷川の解説はタウトの生涯を解り易く区切って見せる。
（一）学習・徒弟の時代（師はテオドール・フィッシャー）～１９０８
（二）表現派としての時代（アルプス建築、彩色建築まで）１９０９～１９２４
（三）住居建築の時代（ジードルング・住居他建築）１９２５～１９３２
（四）放浪の時代（ソ連・日本・トルコ）１９３２～１９３８

高橋英夫は文学者の立場から日本での時代をシンボリックに採り上げタウトを隠遁者と言った。これは文芸評論家から見えたタウトであり、全生涯を見ればやはり建築家である。

但し、観念論の克った建築家であり、実務上は都市プランナー、環境デザイナーであり、文化評論家としての言論活動に優れた文化人であった。

長谷川は自らを「建築史や建築評論を仕事とする」とし、文筆家としての優れて解り易い論を展開する。『ブルーノタウトの回想』（浦野芳雄－農業者・俳人－著）から引用して、タウトの「釣合」論を哲学の領域にあると解説する。象徴的な場面、月夜の散策を共にした人からの、

「淋しくはありませんか」

の問いに対し、

「何の」（この時はエリカの発言）

と強く応えたのはタウト自身のものでもあり、タウトは日本人のように「自然」の中にあるのではなく、思考の中で「自然」と対峙し、切羽詰まった哲学をしているので「淋しくなんかない」という意味の「何の」であったとする。（この論の周辺を長谷川の想いの通りに伝えることは出来ないが）タウトの「釣合」も彼自身さえ確然とは説明出来ず、展開する論もまだまだ「釣合」の周りを泳いでいるとタウト自身が感じていたのではないかともとれる解説になっている。とすれば、筆者がこれほどやきもきして「釣合」をまさぐって来たのも故無しとしないと納得出来るのである。

ところでこの著書の中で特に筆者の興味の対象になるものが四つある。

①シンメトリー
②「型」の話
③桂離宮への総合評価
④「空間」へのコメント

①シンメトリー

対称形のことである。建築及び都市計画にあってはこれに軸又は軸線という観念が関係してくる。このテーマは筆者が建築設計に関わり出して常に頭にある問題であった。

造形一般と対称形の心理について研究されている分野があるのかを、人に聴いてもはかばかしくない。単刀直入に、軸を持つ対称形の建築（建物群により形成される都市的広がりをも含む）は人にどのような心理を呼び起こすのかということである。

直観的に、建築が人に「威厳」「威圧」「畏れ」「敬虔」等の感情を呼び起こす現象である。

タウトはデザインとして採用してはいるが好もしいものとは思わなかった。

筆者も同じである。採用する程度の問題だが西欧人はシンメトリー派、日本人は非シンメトリー派と言える。対称形を崩す日本文化にタウトは好感を持った。これが彼の「釣合」の一部を形成していた。

②「型」の話

タウトはこの書の中で「型」について語っている。

タウトの論を全て引用したりコメントしないが本書p.62、釣合、均整を語る中で、デザインの原型のような意味で語っている。筆者が興味を持ったのは一九六〇年代菊竹清訓が「か」「かた」「かたち」論を展開したことがあり、その発想源はタウトにあったかもしれないと連想したからにすぎない。

菊竹の論は武谷三男（理論物理学者）の論や川添登（建築評論家）が関与して創られたものであると、これも小林良雄氏（「地域建築空間研究所」主宰、芦原建築設計研究所時代の担当作品は佐原市にある国立歴史民俗博物館、武蔵野美術大学本館、横浜市女性フォーラム等）から教えられた。

③桂離宮への総合評価

「すぐれた建築はどうしてできるか」の中、「機能」を採り上げた論の中でタウトは桂離宮全体を総合的に評価している。

筆者には当初から疑念があった。

タウトの桂離宮礼賛が最初世間一般に聞こえてきたのは建築としての離宮の形態とそのデザインシステムであったような気がしていた。桂離宮の庭園（つまり日本の庭）を感動・評価の対象としていなければタウトの日本礼賛は「にせもの」だとさえ思っていた。従って『画帳』による日本文化の象徴的造形物「日本庭園」への理解が本物であるか否かを確かめねばならないのが筆者の中での問題であった。後者は筆者のごく個人的なテーマであったのだがタウトを突き詰める中で解消していった。

従って、この項でタウトが自身の観念（ドイツ・ロマン派的）ではあるが「釣合」の究極の姿としての桂離宮の位置付けをしていたことを知り、筆者のあさはかな疑念は、恥ずかしさに至ったのである。

タウトは我々以上に桂離宮を総合的に優れた建築として評価したのである。むしろ我々日本人に桂理解へのバリヤーがあった。なにしろ離宮は八条の宮という貴族の建物であり一般の機能的建築からかけ離れた存在であったのである。

京都に生まれ育った文明批評家・梅棹忠夫さえ、天皇家にまつわる貴族の別邸は隔離された存在であった、長ずるまで桂離宮を知らなかったと言っている。多くの日本人が歴史的芸術作品として、肯定するにしろ否定的に見るにしろ桂離宮を評価する機会さえ与えられない時代を過ごしたのである。タウトはフラットに貴族の生活としての機能を前提としてこの離宮を評価した。

兎に角、全てのタウトの著作の中でこの書が一番解り易く、長谷川の解説が最もタウトに迫り得ているのである。

④「空間」へのコメント（p.20）

「自然はまた空間でもある。ところで空間は、建築の処理すべき対象であり、しかも建築にとってきわめて重要な要素であるところから、われわれは建築を空間芸術と称してきた。また建築は、自然と同じく〈外観〉をもつものである、これがなかったら建築的空間はあり得ない。それだから外観は、建築にとってもまた自然にとっても、本質的な要素である。」

「空間は建築の処理すべき対象」は「ライトの空間芸術」と同趣旨を言いながらすれ違ってしまっている。ライトが内外の空間を一体としてデザインすることに終始してきたことに比すれば、タウトの対象とした空間は自然をも含む存在としての認識であったのではないか。ライトはもっぱら己の建築空間をデザインし作品として残し、タウトは「釣合」論にもつれ込み己の考えを不透明なものにしてしまった。**すれ違いながら「空間芸術としての建築」を共に意識していた。**

5-2-9　タウト建築芸術論／ブルーノ・タウト、篠田英雄訳・岩波書店

目次を示す。

一見して判ると思うが、構成は『建築とは何か』が基本になっている。章立てをし、大幅に図版を添えて整えている。エリカは序文で「夫ブルーノは、一九三五〜三六年に少林山で『建築論考』を著しました……『論考』を元に一九三七年イスタンブールで本書を脱稿しました。」と言っている。序文の日付は一九四〇年二月十二日、東京にて、である。さらにタウトが如何に訳者篠田英雄を敬愛し大変信頼していたかを付言している。

訳者の後記日付は昭和二十二（一九四七）年六月、印刷された紙は粗末なものでこの時代を如実に反映している。訳者はこの書が『建築とは何か』『すぐれた建築はどうしてできるか』を踏まえて書かれたとし、原案が出来た期日を記しているが、長谷川堯が記したものと同一であり、長谷川がこの後記から引用したことが判る。

篠田は後記に言う。

タウトの本書に対する書名は「建築的思想」又は「建築論」であったが、訳者がこの書名「建築芸術論」にしたと。タウトの意思、言いたかったことを伝えるにはこの方が良いとしたと。

筆者は此処に大きな誤りが起こってしまったと考える。訳者は建築を理解していない。

このことは、タウトが訳者・篠田を如何に信頼していたかとは関係せず（今、二〇一八年八月十五日正午、黙禱）篠田の訳が適切ではないことを処々に感じる。訳者もそのことを感じておりエリカにも伝えたが、タウトの篠田への信頼を優先すべきで解らないことは吉田鐵郎に訊ねて補って下さいというエリカの言に従ったという。残念なのは、篠田ほどの文学者であり且つ設計を識る建築家である人間が訳すべきだったと思うことである。しかしそれではさらに混迷を来したかとも思う。そのようにタウトの論は難解である。特に「釣合」について。

あらためて長谷川の意見を貴重に思う。

この著作の原稿はタウトの口述をエリカが清記して成ったと云い、タウトの論理は原初の「建築に関する省察」から不変であると考えられる。訳者もこの書がタウトの主著であるとしている。

エリカは一九三九年十月に再来日、岩波茂雄の厚情を受け約一年を日本で過ごし上海へ去り、後第二次大戦後の東独へ帰国したという。明らかにエリカはソ連でのなにがしかの活動が認められており東独へ向かったのであろう。このエリカへの米国入国ビザが下りなかったことがタウトのアメリカ行きを阻んだことは明らかであり、タウトの最後の地を決定してしまった。タウトの健康を別にしても。

この書で触れておきたいことがもう一つある。

議論の殆どは不変であるとしても資料として充実された七十八の図版の中に貴重な一つを見ることが出来る。第二〇図の「ケマル・パシャ大葬場図（タウト作）」である。

これまでに田中辰明博士のツアーに加わりイスタンブールでタウトの墓に詣で、ミマール・シナン大学でタウトの図面を拝見したことは書いた。トルコでのタウトを語ってくれた教授とのやり取りについても。

短いやり取りの対象になったのはアタチュルク大統領の国葬の為にタウトが設計した装置であった。その時目にした図面をはっきりとは覚えていないのだが、この第二〇図であった可能性が高い。高々としたモニュメントのせいである。

この図にはパースペクティブな立面と共に平面図も載っている。高々としたものは四本の柱であるが、その柱とその中心の蔡壇の後背を包むように雁行する壁が配置されている。

これを見るとあの時の印象、「ドイツ的」はむしろ弱まっており、壁の雁行配置に桂を感じてしまうのである。トルコに渡ってからの出版であるこの書にこの図版が入ることは自然である。筆者が目にした図面とこの図が同じである必然性はないのだが。

5-2-10　建築・芸術・社会／ブルーノ・タウト、篠田英雄訳・春秋社

筆者がこの著作に初めて接したのは二〇一二年五月のことであり、通読了十月十二日となっている。田中博士から同年五月七日付で、タウト理解のために贈与されたものでありながら、タウトへの疑問の淵に深く引きずり込まれてしまった。兎に角読み難かった。他国語の文章が、下手な訳により何の感興も呼ばないことは小説に限らず残念なことだとの感想であった。

「建築は釣合の芸術である」はタウトの感性と論理への大疑問の発端となり、日向別邸のペンダント照明器具の拙いデザインと共に、「タウトは本当に日本を理解したのか」への出発点へ筆者の首を引きずることになった。後に書名に成る経緯として判ることになった『日本美の再発見』という文言への疑問と共に、筆者を「比較文化論」へと導いたのであるから「結果良し」である。

本書の構成は、

口絵写真14点

第一章　建築とは何か
第二章　建築と社会
第三章　釣合
第四章　技術
第五章　構造
第六章　機能
第七章　質
　訳者後記

であり、前著の第七章が第二章へ表題を替えて入れ替わっただけである。

細かく対照すれば文章はブラッシュアップされているかもしれないが、資料としての図版や写真の内容を改め再構成されているだけである。

筆者は最初に本書に取り組んだ訳であり、筆者にとっては最も難解なものに予備知識なく入ってしまったのである。

結論として、筆者にとってタウトの論ずる最終著作は『建築とは何か』である。

「釣合」と「キッチュ＝いかもの」に振り回された工程を此処で終わりにしたい。

筆者の突き詰めたいものは「日本文化の核心をなす独自性とは如何なるものか」であり、そこへ辿り着くための仲介者としての「ライト&タウト」である。

5―2―11　日本の建築／ブルーノ・タウト、吉田鐵郎訳・育生社

5―2―12　日本の居住文化／ブルーノ・タウト、吉田鐵郎訳・育生社

これら二著書は昭和二十一年及び同二十三年に発行されたもので、これまでのタウト著作からの文章を書名に会わせて編集したと言えるのではないか。

ただ、これまでと異なり訳者が吉田鐵郎であり、建築家によるものであるから篠田訳より幾分解り易いのかもしれない。両者の差を点検するよりも、これまでのものの繰り返しになる可能性が大きく、解説を要しないと思われるが、一応目次のみ紹介しておく。

◉日本の建築――目次

◉日本の居住文化――目次

5－2－13　建築と芸術／ブルーノ・タウト、吉田鐵郎訳・雄鶏社

この書は昭和二十七年出版だが前二著と同類である。ただ項目内容によっては再確認出来る記事があるので拾ってみる。

目次順に

・どうすればよい建築が生れるか／1936年3月12日の稿

設計手法論としてのキーワードは「建築様式」「アヴァンギャルド」「ソ連での経験」等だが、「かように建築は比例の芸術である」「比例とは、部分と全体の優れた関係＝〝芸術〟である。勿論、尺度の分割をも意味する」や、「本質的比例とは外形が技術・構造・機能に対して示す均斉にある」を再録し、気候、構造、機能との関係を論じ、「技術・構造・機能のみの満足で建築は出来ない〝芸術〟が加味されねば」とする。

タウトは一九三〇年、ベルリン・シャルロッテンベルグ工科大学教授では住宅とジードルングの講座を持っていたとする。

・現代建築における彫刻と絵画／1933年8月24日、葉山の稿

・モスクワの印象／1929年2月2日、ベルリンの稿

・日本への旅

スイスを経てフランスへ／地中海を航して／ギリシャとトルコを旅して／黒海を経てロシアへ／シ

ベリアを横断して、が節として挙げられているが、冒頭の「スイスを経てフランスへ」で脱独の有様を伝えている。拾ってみると、

○日本と米国での講演に備えて準備をしたこと
○リーゼル（娘の友人と思われる―ナチス幹部の娘と思われる）の確かな情報
○旅に出る必要性（亡命のこと）
○ロカール・アンツイカー紙の誹謗が威嚇的であると言うコメント
○「ことに私はソ連で仕事をしたことでマークされていた」（他の多くの建築家達もソ連で仕事をしていたが、ソ連と折り合いの悪かったタウトが特にそう感じたのは、この時から既にエリカの存在が関係していないか）
○エリカは補充の手荷物準備のため一度ベルリンへ戻ったこと
○旅の途中の亡命者の心には街々の人々の割とのんびりした動きと対照的にハーケンクロイツ旗が殊に目に付いたことを述べている
○その他記述中のキーワード「ザルヴィスベルクの自邸―L形プラン」「パリ大学都市――サルドウ作の日本館」「ギーディオン」「コルビジェ」「グロピウス―べーレンスの弟子、バウハウスからハーバード大」「ブロイヤー」

・建築と色彩

タウトはゲハーグの嘱託技師、ツエーレンドルフ・ジードルングの愛称を「オンクルトムズ・ヒュッ

テ」と紹介し建築の色彩について言及
・建築写真
1933年9月8日付け、アサヒカメラ誌の為の原稿で総論として良くない。建築家のパース（完成予想図）が幻惑的目的のために描かれると言い、半ば当たっている。
・トルコ国会議事堂の懸賞設計募集と私の草案
満足に対応出来なかった言訳
・建築に志す若き人のために（講演）
1938年6月4日、トルコでのもの
・訳者あとがき
吉田鐵郎による当たり障りのないもの

5－2－14　JAPAN（独語原文）／ブルーノ・タウト

タウト自筆のカーボンコピーであり、「英雄蔵書」の朱印あり。文章途中にお構いなくポンチ絵が描かれてい、右肩の頁数は640から始まり758で終わっている。一九三五年四月二十一日開始。目に付いたのは715頁の日本地図略図の中に書き込まれたタウトの「奥の細道」の経路である。
KICTO を発し、TAKAYAMA → TOYAMA → NIIGATA → SADO → NIIGATA → AKITA → HIROSAKI → AOMORI → ASAMUSI → MATSUSIMA → TOKIO とある。

6　タウトの総括

一建築家の見方

タウトは本当に日本を理解したか、理解出来た。というような次元よりタウトは日本文化を深く知ることにより、又、日本という当時の混沌とした文化の坩堝を見ながら己の建築観を急転させていった。切っ掛けとしての日本文化を理解出来る知性と感性をそもそも持っていたのだと筆者は思う。タウトの心の核心に「桂離宮」と「伊勢神宮」が残った。

この二つがタウトの「釣合」を完成させてくれた具体例だったのである。

筆者がタウトを少し深く知ろう思った端緒の一著書と、タウトを分解、解剖するように追跡し、建築思想家として位置付けてみてくれた著書、三書がある。そして一つの評論。

この五著作を語り私見を述べることがタウトの総括になると思う。（〝総括〟は客観的全体像という意味である）

著書・評論のうち、最後に出会った「ブルーノ・タウト研究／長谷川章、㈱ブリュッケ」について文中、様々に引用してきている。貴重なタウト論であり、筆者の知り得なかったタウトの部分を詳細に伝えてくれる良書である。重要資料であり最新最強のタウト本である。

○ブルーノ・タウトと現代／土肥美夫他共著、生松敬三 - 土肥美夫訳・岩波書店

＊最初に正確を期するために紹介すると、この書は五人の関係者により成り立っており、土肥美夫とJ・ポーゼナー、F・ボレリ、K・ハルトマンと訳者としての土肥美夫及び生松敬三であり、編者が土肥美夫である。第一刷が1981年3月30日である。

滞日中のタウトとの縁により岩波書店が一連のタウトものの一環として纏めたのであろうが、当時の東・西独で開催されたタウト生誕百年記念の催しに際し作られたカタログへの寄稿を纏めたもので、二部構成が分り易く要を得ている。

Ⅰ：タウト再評価のために／土肥美夫

「訪日以前のタウトの日本像」と「アルプス建築としての画帳桂離宮」の二項、「（タウトが見出した）空白の空間という観点は、例えば壁構造のない日本住宅は建築とは言えないとするコルビジェや木割りをプレハブ的な機能主義と結びつけるグロピウスなどの日本古建築に対する諸見解と本質的に異なり、タウトの建築観を特徴付けると共に、……」これはタウトが自然観を通して建築理念を変転させていった論で、共感出来る。

Ⅱ：ブルーノ・タウト評伝／F・ボレリ、K・ハルトマン・生松敬三訳

「幻想的美学者から美的社会（理想）主義者へ」の副題が示すとおり、独時代のタウトの変転と作品について詳細な評価をしており、詩人シェーアバルトとの関係をはじめタウトの毀誉褒貶を追い、分り易い。

理念的な作品として1914年の「ガラスの家」、1915年の「鉄のモニュメント」に加え、1910年の「トレーガー・ヘフェアカウフス・コントール」（展示パビリオン）を挙げ、

ジードルング作品では、「プリッツ（馬蹄形）」、「オンクルトムズ」に加え「ファルケンベルク」の田園都市を挙げ、色彩建築との関連も含め詳細な解説を加えている。

又後段の「7実地に働く幻想家」では、タウトのジードルング建設実績を中心に、タウトの思考方法、設計作業過程の在り方、究極に追求したテーマまでを類推し述べている。

これらの内容について弟ハインリッヒ・タウトの反論までを紹介して興味を引く。

「実地に働く幻想家」という表題がタウトの実像を言い得て居ると思う。

寄稿者のJ・ポーゼナーは元西ベルリン美術大学教授、F・ボレリ（仏）、K・ハルトマン（独）は共に建築史家と紹介されている。一読をお勧めします。

筆者のテーマは、このような属性を背負ったタウトが接した日本文化の輪郭をおぼろげながらスケッチすることであったので、次の二著書と共に多大な効用をもたらしてくれた。

○ブルーノ・タウトと建築・芸術・社会／田中辰明・東海大学出版会

田中博士は建築設備工学の研究者としてベルリン留学中にタウトに関心を抱き、タウトの歴史、活動と作品の追跡調査を始めたようだ。足で聴き写真に収めたデータはこれまでに無かった纏まったタウト資料であり、母国での建築家としてのタウト最盛期を追うことの出来る貴重な情報である。ドイツにおけるタウトの活動の殆どはこれにより知ることが出来ると考えて差し支えあるまいと思うし、筆者がタウトを探る基本データの半分はこの著作による。そもそも筆者がタウトを再発見する旅に出てしまった端緒も氏の著作による。

　筆者が加えたかったのは筆者自身のタウトの心への洞察だけである。

　タウトの心への想像を膨らませてくれる資料を只一つに極限するなら次の問い掛け、

「君は建築家になりたいのか、それとも画家になりたいのか?」

である。タウトが最初に勤務した設計事務所の師がタウトに投げかけたものらしい。

　そもその出典は、こんなことがあったと語るタウト自身の回想とするのが自然であり、こう聴かれる位自分も絵に対する希望と自信を持っていたのだとしたいところだが、筆者はあえて師の戸惑いを夢想してしまう。タウトの師がタウトの描く図面やスケッチに実用の美学である建築の要求から乖離しているタウトのセンスを訝ったのではないか、とする妄想である。

　建築家が理念を語る時、頭に沸いた概念のダイヤグラムから形への経過を辿る。勿論、現場に立って直感的に描くイメージへの欲求を後付で理念化することもあるのだが。

　建築家の技量が建築物の求める機能への具象化を果たすのだが、理念から具体への転換力が未熟であれば混乱が現れる。真似事の「いかもの」とは異なる未熟という「いかもの」の出現である。

　反対に画家は、抽象画の場合だが、眼から入った具象を抽象へ昇華させてゆく。

　タウトは本当に絵が上手かったようである。次に参照する高橋英夫が著書『ブルーノ・タウト』に掲げているタウトの風景画は、モノクロでありながら写実力の優れていることを示している。そのようなタウトが建築家への道に入った時既に、後の「アルプス建築」への姿を図らずも体現していたのではないかと想像するのに無理があるであろうか。

いや、当っている。長谷川章氏の『ブルーノ・タウト研究』がそれを裏付けてくれている。鉄鋼会館やガラスの家を経てのことであるがやはりタウトは理念の克った作家であったのではないか。この傾向のある建築家は次の展開で全くの機能主義、機械的な機能追求へ向かって行きはしないか。この中間での表現力、実現力で建築家の技量が発揮されるし、この実現力が建築家の作品を決定付ける。その過程での技量の発現方法の一つとして表面的な技術で済む「色彩というテーマ」も現れてくる。

つまりタウトの「色彩の建築」主張である。これにはタウトの絵の才能の裏付けも寄与する。

来日し、桂離宮、伊勢を見てタウトの頭の中から色彩建築は消えてゆき、アニミズム建築への傾倒が生まれたのではないだろうか。ひょっとして回帰したのかもしれないのだが。

その時既にタウトはトルコにあり、己の主義を主張するどころか仕事に追われ、心身も終わりを迎えていたのである。

ちなみに田中博士はタウトの「釣合」を「調和」と解釈していると読める。

○ブルーノ・タウト／高橋英夫・講談社学術文庫（1995年）
先んじて発行された『ブルーノ・タウト』（高橋英夫・新潮社1991年）の同著者による拡充版であり、一切無かった有効な写真等を織り込んで充実させた改訂版に等しい。

広範な活動領域を持つ文学芸術評論家として高名な著者は「原本あとがき」に記している。「疾走するモーツアルト」で音楽を、『ミクロコスモス―松尾芭蕉に向かって』で隠棲者芭蕉を書き、その隠棲という延長上にタウトを観て建築家を書きたくなったと。

少林山乃至日本での三年半の建築家タウトは隠者であったという見方である。

芭蕉からの連想の入り口に歌仙「市中はの巻」の「草庵に暫く居ては打ちやぶり（芭蕉）／いのち嬉しき撰集のさた（去来）」があると言うから面白い。

「隠者は「隠」のあと再び出立してゆくのである。「隠」からの出立というだけに止まらず、開閉の反転を含んだ行動は、人間の生き方のかたちとして普遍的なのではないか。」

という見方は「建築」を超えて人間の為すことを眺め、人間の営為の結果としての文化を考える有効な視点であると思った。

前述したようにタウトの才は、いわゆる最上の建築家としてのものではなく、評論家、思想家としての方に傾いていたのではないかと思う。

これまで辿ってきたようにタウトが生まれた時、その場所はドイツという国の中であり、ドイツという国は、ローマ時代のゲルマン人の住む地域から神聖ローマ帝国を経てプロシャとなり、マルチン・ルターの反カトリック革命によって盛んになった教育文化により人民の教育レベルの高まった中で知的レベルの高潮した状態にあった。教育によって高められた知的レベルの中では宗教心と相まって自然への憧憬も芽生えていたであろう。

さらに繊細な人間として生を受けたタウトが自然の法則を尊び思想化していたとすれば、日本文化への反応力を具えていたと言ってよいであろう。

ルターの果たした歴史的役割はかくも波及効果の絶大なものであった。

ルターが反カソリックの「95か条の論題」を張り出したというウィッテンベルク城教会を訪れたことがあるが、やや東部とはいえ全ドイツの中でほぼ中央にある都市であったことにより、ルターの行動が全方位へ伝播し得たのではないかと、その訪問時に感じた。

余談になるがルターの匿われたという城は山岳の頂上に築かれた、日本でいう難攻不落の山城である。早朝の訪問は清々しい空気の中で清浄感に包まれていた。

ラテン語から、多くの異なるドイツ語を集約した言語で聖書を翻訳したルターの業績は活版印刷技術の効果を絶大に発揮してドイツの教育普及に貢献したと言われる。印刷技術という文明の発達が絶妙に効果を発揮し得たタイミングであった。

一五一七年の「95か条の論題」から一八八〇年・タウトの生年まで363年間、ほぼ江戸時代に相当する。正に日本文化の成熟期に重ね合せることが出来る。

現在のバルト三国を含め、タウトの生地ケーニヒスベルクは東プロイセンに在り、嘗てドイツ騎士団の開発したエリアである。第一次、第二次大戦からベルリンの壁崩壊を経てもポーランドの先にある土地はドイツに還ることなくロシアの飛び地として残った。

タウトの生まれたこの地は哲学者カント他思索に優れた人々の生地でもあり、タウトがこの哲学者の見えない力に導かれていたとは信じてみたくなる因縁でもある。

これまで辿ってきたタウトの歴史の中でのあまりにも劇的な桂離宮との出会いはタウトの言う転換点より、さらにタウト自身に大きな転換を齎したのである。

日本上陸の翌日に案内された桂離宮に反応したタウトの感性はそれまでに培われたものでありもともとタウト自身が具えていたものでもあった。著作に記した日本礼賛と日本批判の数々はドイツ人の中の少数派のものでありながら我々にとって貴重な遺産である。

○ブルーノ・タウト研究／長谷川章、㈱ブリュッケ
傍題は「ロマン主義から表現主義へ」であり、タウトを大きく把握するなら正にこのフレーズになるだろう。
著作は四部構成で、氏の四本の論文が基になっている。各部表題がタウトをざっくりと把握する意味を持つ。
第Ⅰ部「大ジードルンク・ブリッツ」―スラブ民族主義と環状共同体
第Ⅱ部「画帳桂離宮」―ドイツロマン主義と美的共同体
第Ⅲ部「日向別邸」―日本近代工芸とドイツ民族主義
第Ⅳ部「アルプス建築」―ドイツ神秘主義と山岳共同体
「はじめに」と「おわりに」がⅣ部を挟み込み、全体としてタウト論を構成している。

これら全体が筆者の知り得なかったタウトの部分を補い、タウトの全貌を明らかにしてくれるのだが、タウトへの疑問から出発した筆者は、タウトを氏の反対側から見ようとしていると言えるかもしれない。氏のピックアップしたタウトの手紙（1919／12／13）からの一文は『芸術こそが……「宇宙生命(weldleben)」となる』であり、氏の結言らしき「世界平和を訴えるタウトの結論は『偉大なる虚無』であった」は筆者の世界の外側に在るタウト総括なのだろうか。

○日本文化史5——桃山時代／会田雄次、筑摩書房

会田雄次が書いた四頁のコピーが事々しく岩波書店に保存されていた意味を察する。この資料も二〇一九年（令和元年）五月に早大図書館（岩波書店寄託資料）で読むことが出来たもので、この一文の語ることが岩波の立ち位置だったからかもしれない。

この会田のタウト評を以て最初の世論が形成されたように取れる。そしてこの論に関係する部分が筆者の論に大きく作用する。

1）「日本美の再発見」ではなく「日本美の発見」で良かったのでは、と言う疑問。「再」に訳者篠田の日本人としての拘り（忖度）が出てしまった、のではないか。

2）タウトの「蘇鉄」への疑問に対する解答

3）市松模様に対する反応への解釈

まず、会田の文章から拾ってみる。

「明治・大正・昭和の初期を通じ……（多くの人が桂を鑑賞できたが——梅棹忠夫の意見とは逆）……誰がタウトの如く、情熱と明快な論理を以て、感激の涙を以てその美を説いただろう。

桂離宮の発見者は日本人ではなく、外国人の、そしてユダヤ人（会田もそう信じていたが当時の誤解であった）の建築家のこのタウトだといっても決して極言ではないだろう。彼の発見以後である、桂離宮が美の典型として日本人の心に君臨し始めるのは。

ちょうど日本の古美術の発見者がフェノロサであったように。」

「浦上玉堂、竹田、白隠の絵や能などの演芸に喜び、茶室、仏像、歌舞伎を夾雑物の多い『げてもの』『にせもの』と考え共感しなかった」

桂離宮の外腰掛け前の蘇鉄に関連して、

「……全てに心を広げ、全てを吸収しようとする日本人の精神も、このかたくなまでに純粋なものを求める北国の農民精神とは無縁だったようである」

と論ずるが「全てを吸収しようとする日本人の精神」までは筆者と同意見であるが、さらに深く論じ、

「ここにタウトが到底理解し得なかったもう一つの日本がある、それは一種の非合理の精神である」

と言うが「（日本人の尊ぶ）一種の非合理の精神」を体感出来る。

又、ヴェルサイユを引き合いに出しての次の論、

「ヨーロッパ人は人工的世界に安住し、日本人は自然に囲まれるとき安心する」

「日本の自然主義は自然の畸形化である。ある意味では極端に反自然とも言える。——桂の竹林の演出

などは茶人主義の欠点━盆栽のそれである」

「日本人はこの上なく豊かでやさしい世界と、火と水の荒れ狂う絶えざる交代の中に生きてきた」

「日本人は西欧の『醜』ではなく、抽象化された『不規則性』そのものを表現する」

「（日本人は）鑑賞者であり作者（たらんとするのに対し）、（西欧人は）主体（作者）と客体（見る側）の峻別を前提とする」

この中で、「ある意味では極端に反自然」「（日本人は）抽象化された『不規則性』そのものを表現する」等はこれまでの筆者私見と通じる。

（西欧人にとっての）「非合理の精神」は「不規則性」に通じ、具象の世界では正に「アンシンメトリー」ということになる。

勿論、これらの論の中で筆者に最も響いてくるのは、1）であり、桂離宮を中心に考えるなら、著作名「日本美の再発見」は「日本美の発見」とすべきだったのである。

或る少年が野原か畑で奇妙な形の石を拾ったとする。周囲の大人は見過ごしても、好奇心と美しい物に敏感である少年が博物館や図書館へ行き調べてみたら、この石は古代の什器の破片だったとする。これが前例のない古代遺跡発見への足掛りとなったとすればその発見者はこの少年ということになる。

タウトはこの少年だったとは言えまいか。それほどこれまでの日本人には自らを省みる美意識が欠如していたのかもしれない。

二〇一九年五月十二日、日本経済新聞「美の粋」欄、岡松卓也氏は「伝統文化の最奥部、息づく日本的なもの」で後水尾天皇の修学院離宮をとりあげて、江戸中期の公家・近衛家熙《いえひろ》の修学院への賛辞を紹介している。

桂離宮ではないが、先人の美意識を称える好例であり、以降、皇室近辺の財産として公開されなかった歴史があるとは言え日本文化への意識の欠如が長く絶えていた証左の好例ではないか。桂離宮にとり、修学院離宮を評価した近衛家熙のような存在さえも無かったのであれば……タウトが〝発見〟した、と言って差し支えない。

タウトは〝発見〟したのであり、訳者が命名した「日本美の再発見」は著作が公開されて後多くの日本人が漠然と抱いたしまった、うっすらとした反感の火だねを作ってしまったことになる。

少なくとも（会田の言うように）「情熱と明快な論理を以て」桂を評価した日本人はいなかったのである。

忘れずにおきたいことがもう一つ、会田は「タウトは市松模様に感動した」としているが、筆者の読んだ限りタウトは市松模様の襖に対し、最後はともかく初めに違和感を持った、蘇鉄と同様に。

これらの諸事（美におけるバランスへの感受性の、西欧人と日本人の間にある差）に加え、ライトが日本建築の空間に西欧文化に無かったものを嗅ぎ取り、斬新な心としてデザインに生かしていった経緯をも含めて、彼我の文化比較そのものではなかろうか。

＊

二〇一九年の梅雨は長く寒かった。「煌びやかさ」の代名詞たる陽明門は、黒、金、白のみと思われるほどに細雨の中に沈んでいた。これはもう「侘び」の世界ではないのか。

タウトの言う「いかもの」は当たらない。

建築物としての陽明門は陽の光の中にあって桂離宮の宮殿に比し明らかに絢爛豪華。

日本人の意見の七割が桂の「わびさび」の方に日本文化の粋を見るのは明らかなのだが、身体中彫物を施したが如き黒、金、白に朱と緑をも加えた陽明門と一群の建築物が深い墨色の森の中に沈んでいる「落ち着きと侘しさ」にも何か、がある。

この雰囲気を演出しているのは日本の自然つまり気候であり人工物ではない。

タウトも日本の多湿を理解したであろうが、「梅雨」を理解しなかったのではないか。

陵墓という建造物に、権力者は政治的ケレン味を存分に表現する。

国家の最高権威者が持つ失意を紛らわすための趣味として造営する離宮造形。

いずれをも包み込んでしまう日本の自然。

タウトにはもっともっと深く日本を考えてほしかった。

其処に到達するほどの時間を持たず、それほどの日本への共感を持ち得なかったタウトである。日本はタウトにとって、やはり通過すべき場所だったのである。

もう一つ、
・高崎美術館工芸展／タウトの作品他（2019年2月訪問）

この企画展の為に、学芸員達により、タウトの設計図に基づき一つの模型が作成された。

錦鯉の泳ぐ池には巌の上に亀が居る、傍らには枝ぶりの佳い松が植えられ、この池を前にして巡る廊下には椅子とテーブル、奥の畳敷き十二畳はあるかと思われる部屋との境には障子、ソファとテーブルが配置されたこの和室には床の間もある。

タウトの寓居・少林山洗心亭はこれより質素でこぢんまりしたものであるが、明らかにこの模型の原型ではある。

設計の仕事の無いタウトは無聊の合間に、あらまほしき我が家の設計をした。

何故か痛ましい気がする。

＊

筆者の学生時代、その師の最終講義を聴いた記憶がある。

その師とは建築家にして教授であった今井兼次である。その最終講義の内容はスペインの建築家アントニオ・ガウディの紹介であった。今井が初めてガウディを我々に引き合わせてくれた建築家であり、日本に初めてガウディの存在を知らしめた。

当然の如く今井の作品にはガウディの模倣に近い影響が見られるのだが、かなりの時間を経て或る時、ＴＶコマーシャルにサグラダファミリアの映像が現われた時、筆者も驚いた。

ガウディの作品にアニミズムを感じる、動物や植物の形を、廃品の欠片を使って構成する魂に、である。

ブルーノ・タウトがガウディを知り得ていたならば如何に対したであろうか。

ケバケバしいデザインと色彩を、日光東照宮陽明門に対するように嫌ったであろうか。

キリスト教旧教と新教の違いはあろうが、ガウディが少し先輩として此の世に在った。

タウトの心にはガウディに通ずるものがあったと思うのだが、建築家として、造形芸術に向き合う者として、ガウディの表現主義的作品に如何に反応したであろうか。もっとも、ガウディは宗教者でもあった。

タウトの反応を幾つか夢想してみるのだが、これといって断ずることが出来ない。

タウトの不可解なる部分がそうさせるのではなかろうか。


タウトと桂離宮の持つ更なる価値について。

原研哉氏（デザイナー）は、その著『日本のデザイン』の中の、「観光―文化の遺伝子」の項で言う。

「(桂離宮は）ローカルな価値とグローバルな価値が交差する場所に置かれた美意識の特異点の様なものだ。その特異性を把握することは、そのまま日本の美意識資源の独自性と可能性を理解することにつながると思うのである。」

そして、石元泰博著・写真集『桂離宮』について言及し、寄稿者の丹下健三とW・グロピウスについて触れ、写真の被写体として美しいものの価値を語り、石元の中に流れるニュー・バウハウスとミース・ファン・デル・ローエに学んだ歴史をも語る。

ワクワクしてくるではないか。これら全てのことの原点にタウトが居たのだとすれば……

惜しみなくタウト讃を称えたい。

第三章　ライトの魅力

1　ライトとの出会い

一九六〇年代前半の始まる頃、六〇年安保の時代と言った方がピンとくるであろうか、筆者の学生時代の下宿代は四畳半二食付4、500円、奨学金は3、000円であったが、5、000円を投じて購入したのが『ライトの遺言』であった。後に訳者の谷川正己・睦子ご夫妻に二〇一一年にお会いすることになる。半世紀を隔ててである。

『谷川正己のライト紀行⑱』（『建築の研究』2008年8月号に掲載）で、谷川先生は『ライトの遺言』の翻訳にまつわることなどを述べておられる。前書、後記や注釈などは一切許されなかったそうである。簡単に言えばライトの表現・文章は難解である。真意をくみ取ることに苦労されたであろう、訳者の翻訳の能力の可能性を差し引いてもである。

ライトは、自分が他の事物や人との関係性を持ったとか、ましてや影響を受けたなどとは一切言わない。自然（Naichare）に学んだとは、間接的に語っている。

ライトはその作品で自身の全てを語ったと言える。

実際には様々な機会に発言したり、「自伝」上・下及び小文を書いて自分の考えを語っていたようであるが、それらを全てに渉って調べ上げることは、現在の筆者には出来ていない。

ライトは他の建築家や建築理論への影響を確かに残している。この事実について建築家・小林良雄氏は「20世紀の建築空間遺産」（『建築とまちづくり』２０１５年9月~２０１７年10月連載）において論じ実証している。一例として、取り壊されてしまったライト設計のラーキン社ビルを挙げている。

「オランダ近代建築の父と呼ばれるH・P・ベラルーへは『主任建築家の仕事は、ファサードの略図を描くことではなく、空間の創造であり、空間の外皮は壁面によって創られる』と述べている。訪米してF・L・ライトの初期の建築を実見し、その建築を高く評価して若い建築家を鼓舞した。……ラーキン社ビル（１９１０年）に感銘し、フラットな煉瓦壁面で構成され、天空光が降り注ぐ事務労働の空間を賞賛した。」とは、一九三〇年のファン・ネレ工場（設計／J・A・ブリンクマン他）を取り上げた「20世紀の建築空間遺産６」の冒頭の一節である。

小林氏がさらに述べるようにラーキン社ビルに源流を観ることが出来る考え方は、ルイス・カーンに至り、「サーヴァントとサーヴドのスペースに分けて建築空間を考える」手法が導きだされた。それを適用した建築の典型はペンシルヴェニア大学のリチャーズ医学研究所であるが、カーンは関係者と打ち合わせすることなく設計したため、完成後、複数の欠陥が指摘された。それを知る故に小林氏は取り上げなかったと述べたが、筆者が訪ねたことのある、同じカーンの設計になるソーク研究所（サンディエゴ郊外）は、この論の改善発展形として存在する。

筆者は現在なお建築計画の作法・原論として共感し、現代建築に欠かせない最新設備を包含する建築物の設計に当っている。

このような計画原論的なテーマもさることながら、日本に於いてはライト風というデザインが現在もなお見られるほどである。

『ライトの遺言』『フランク・ロイド・ライト全集』に見られる作品の図面や写真から受ける印象は筆者を魅了するに充分なもので、完成予想図としての透視図に見る構図や線・色彩を知らず知らずコピーしていたのではないかと思う。今にして思えばその表現の根源に浮世絵があったのである。

奔放な天才建築家・宗教家・詩人がどのように自然の造形に共感したか、ライトの言う有機的建築とはなにかを探り、日本文化との接点を考えてみたい。

2　ライトの生い立ちとタリアセン・イースト

ウェールズ出身の移民一族の三代目としてウィスコンシン州に生まれたライトに流れるウェールズ人の血を人格の特性として考えてしまうのだが、ウェールズ気質というものがあるのであろうか。

ウェールズという地域との結びつきは不明確でありながら、以下のキーワードにもライトの性格を暗示するニュアンスが潜んではいまいか。「ケルト」「ドルイド」「自然」「アニミズム」の中でライトが自らその末裔であると言ったことがあるという「ドルイド」は宗教の一種であるとも、その宗教の司祭をも意味するらしいが、生命と自然のつながりに拘りのある種族をもイメージさせる言葉のようだ。これらのことは「自伝」の訳者樋口清の示唆するものであるが、ライトの強烈な個性を語るとき、ある種の影響力を持つ。キリスト教の一派ユニテリアンとしての背景もあるのだろうか。

ライトという才能が育んだ歴史的作品群中の第一がタリアセン・イーストである。

筆者がライトと出会った初期に直感的に魅かれたのはタリアセン・ウェストである。外観と製図室の内部を写した二枚の写真であったと思う。学生時代であるから一九六〇年代である。二〇一四年にタリアセン・イーストを訪ねて、後悔の念にさいなまれるほどのショックを受けた。こちらの方にこそ凝縮されたライトがあったのである。

一九一一年、欧州への駆落ちから帰国してライトが落ち付いた場所は、ウィスコンシン州スプリング・グリーンの母が所有していた広大な敷地にある、叔母が創り休止状態にあったヒルサイド・ホーム・スクールの施設であった。この施設を再利用し、叔母の教育方針も受け継ぎながら、夫人の励ましも受けてタリアセン・フェローシップと称し、建築家を目指す青年達を教育する学校兼設計事務所を開設した。

此処に、一期から三期にわたる施設群を建設してゆくのだが、ライトは常に手を加え終わることがなかったという。そこはかとなく桂離宮や修学院離宮の在り方に観る日本人の精神を想ってしまう、とは聊か強引であろうか。

イーストの景観の中に立ち、しかるべく配された建物を巡り、ウォールナットの木陰で実の落ちる〝ドスン!〟という音に驚きながら、自動車の出現する前は馬車が通ったであろう道と、草の小道を昇り降りして辿りながら、プレーリー（北米の起伏のある草原）に居ることを忘れ、修学院離宮と詩仙堂を思った。

一つの丘を含む広大な荘園を思わせる敷地へは、案内所を起点とし「沼とカスケード」に至るガイドツアーが設定されている。「農園ハウス」「縁者・使用人用ハウス」等を含む樹木と草原からなる景観を巡りながら、その空気の中に四つのポイントがあった。

◎一つは、「リバービューテラスレストラン」（1954年）（写真W1、W2）
ライトツアー客向けスーベニアショップとレストランを併設したタリアセン案内所である。筆者が参加したツアーのバスがライトデザイン特有のサインを経てこの建物にアプローチした時のワクワク感を忘れられない。アイストップになる標識塔の垂直線に交差するように水平に伸びたフロント庇は独特な低さである。このようなエントランスの在り方は全てのライト建築に共通の手法である。崖に近い斜面の肩に並行に、水平線を強調して建物は在る。

◎二つ、「ロミオとジュリエットの塔」（1896年）（W4）
筆者にとりイーストのシンボルとも見えるこの塔を何故このようにデザインしたのか、命名についてのライトの気持ちはどのようなものであったのか。何故この位置なのか（実は給水塔を内包しているらしい）。タリアセン・フェローシップの前身ヒルサイド・ホーム・スクール時代に親族に依頼されて設計された。

この親族とは叔母達で、一八九七年のライトは独立後四年の活動中、叔母達とすれば活躍を始めていた甥を誇らしくも思い、郵便で設計を依頼したらしい。予算は275ドル、ライト設計の見積りは950ドル。叔母達は予算の三倍を超えるライトのデザインに惚れ込んでしまったらしい。

ライトは給水塔の役目を負う極めて構造的な構築物を、結果として「詩情」溢れる「塔」として提示したことになる。給水塔であるから、この構築物はこの荘園の一番高い丘の上に建つことになった。

この塔はライトのロマンチシズムの表象であると共に、佳いものをデザインすれば顧客は対価を払うという道理をライトに植え付けはしなかったか。その後のライトの設計姿勢は予算を気にせず己の欲するものを形作る方へ傾いたのではなかろうか。後のプライスタワーなどはその典型であろう。独立後盛んに設計した住宅ではそれほどの奔放さは許されなかったはずである。

ライトの若々しい精神が、建築と自然に対するライトのロマンを響かせている。

頂点にあるのは風見の羽根である。横繁の壁面がエッジを効かせて立ち上がる。野草を掻き分けて塔の基壇へ辿り着く。塔の名前の故か三十歳のライトの初々しさをイメージさせる。

◎三つ、**ヒルサイド・ホーム・スクール**（改修前名称）／工房と集会所等（１９３２年）

タリアセン・フェローシップと呼ばれる設計事務所を兼ねた建築学校を設立した（フランク・ロイド・

ライトの建築遺産／岡野眞著）ということで、呼称はこのままとするが建設時のあらましとその後の経過は同著に詳しいので参照されたい。

ライトの空間感性の中にある特徴的なものが、ライトの身長とスケールに関わる感覚とそれ故の主張である。さらに加えるならば独特なモデュールであろう。

一般的に建築家であれば普遍的なものや独自なものを含め、自分のモデュールを持つ。

ライトに特徴的なのは、三角形、亀甲形のモデュールだがこのことに関する論考は省略させて頂く。もう一つがスケール感覚であり、特に縦方向の「低く抑えられる」寸法である。

このことを再確認したのがこの建物の食堂側のサービスエントランスの庇の低さであった。

筆者の170㎝の頭でさえ擦るのではないかと思う庇裏の高さ寸法である。

彼のどの傑作においてもライトはこのディメンションを採用する。ロビー邸、帝国ホテル、自由学園に於いて然りである。主空間へ出るための細工ではないか、とさえ思う。

実際、日本の昔からの（現在ではあまり使われなくなった）内法寸法の基本（五尺五寸ほど＝168㎝）に影響されているのではないかとさえ疑う。ひとえに彼の西欧人にしては低い身長（約173㎝）に関係していると思う。このことは独特の水平方向を強調するデザインに関係してくる。

真っ直ぐなアプローチはスタジオ棟（建築教育工房兼設計事務所）とホール棟（小劇場、レセプションルーム、食堂）を繋ぐ渡り廊下の下へ向かい、エントランスはレセプションルームへ、そこから吹き抜けを通してフウンジを見下ろすことが出来る。空間の繋がりがライトらしい。

当初からそうであるか否かは不明だが、造作、納まりは西欧人のものである。荒い。

◎四つ、**自邸兼迎賓館**（1925年）などで構成される建物群

結婚し、若くして自ら建設した自邸はシカゴに近いオークパークにあり、現在では観光施設ともいえるライトツアーの拠点になっているが、全体として狭く、複雑に改修を繰り返されて、暗いというのが正直な印象であるが、このイーストの住まいは豪奢でたっぷりとして、豊かさを感じさせ、まさしくライトが命名した「輝ける額」という表現が当たる、広大な敷地の中の丘の頂上近くに位置している。ライトが顧客・クライアントを招きパーティを催し晩餐を饗して、話に引き込み説得する舞台でもあったようである。（「輝ける額」はウェールズ語「タリアセン」の訳であり、樋口清は「輝く眉」としている。筆者は前者の「額」の方が適していると思う。）

コの字型に建物にかこまれた、緩やかな勾配を含む中庭が美しい。

遠藤新（ライトの弟子でありライト離日後の諸作品を完成させたと言ってよい）の孫であられる遠藤現氏とお会いすることがあり、ライト解釈上の共感を得た。

氏はＮＰＯ・有機的建築アーカイブ（ＡＯＡ Japan）の理事であり建築家として有機的建築の実践者であるが、ライトの精神的基盤に古き良き民主主義があると語っている。ライトの少年時代の環境・経験から得た自然への共感も、同時にライト建築が日本建築との共通点を持っていたとの観点にも賛意を示されていた。

W/1　タリアセン・イースト(T・I)ツアーゲストハウス

W/2　T・Iゲストハウスレストラン

W/3　T・I本部棟へのアプローチ(左に主棟、右にスクール

W/4　ロミオとジュリエットの塔　遠景

W/5　T・I主棟のホール

W/6　T・I主棟とスクールをつなぐブリッジ廊下

W/7　廊下の欄間に置かれたモニュメント
（ライトの日本での収集品と思われる）

W/8　スクール製図室風景1

W/ 10　使用人ハウス（右に塔）

W/ 9　スクール製図室風景 2

W/ 12　スクールから納屋への道

W/ 13　納屋全景

W/ 14　納屋南面―出雲や東照宮に通ずる立面

W/ 11　タリアセン・イーストに実るヲールナット

W/ 15　T・Iのうねるような田園

W/ 16　輝ける額見上げ—修学院離宮の上御殿

W/ 17　輝ける額・自邸兼ゲストハウス

W/ 18　自邸のたたずまい 1

W/ 19　自邸のたたずまい 2

W/ 20　自邸庭

W/ 21　自邸から見える池—修学院離宮の池

W/ 22　自邸庭の一隅

W/24　T・Iの起伏

W/23　T・Iの景観池も見える

W/25　T・Iの滝

注1：タリアセン・イースト各ポイント位置略図、(右) の数字はツアー順路を示す。

注2：スプリンググリーンの位置（左）のうち、8. ミルヲーキーと9. シカゴ、そしてタリアセン・イースト間を直角に結んだ際のそれぞれの距離は、いずれも約150kmとなる。(写真・地図共、筆者撮影・作成)

スプリンググリーンの位置

6. スプリンググリーン
7. マディソン
8. ミルヲーキー
9. シカゴ
10. セントルイス

タリアセン・イースト略図

1. ゲストハウス
2. スタール
3. ロミオとジュリエットの塔
4. 納屋
5. 自邸

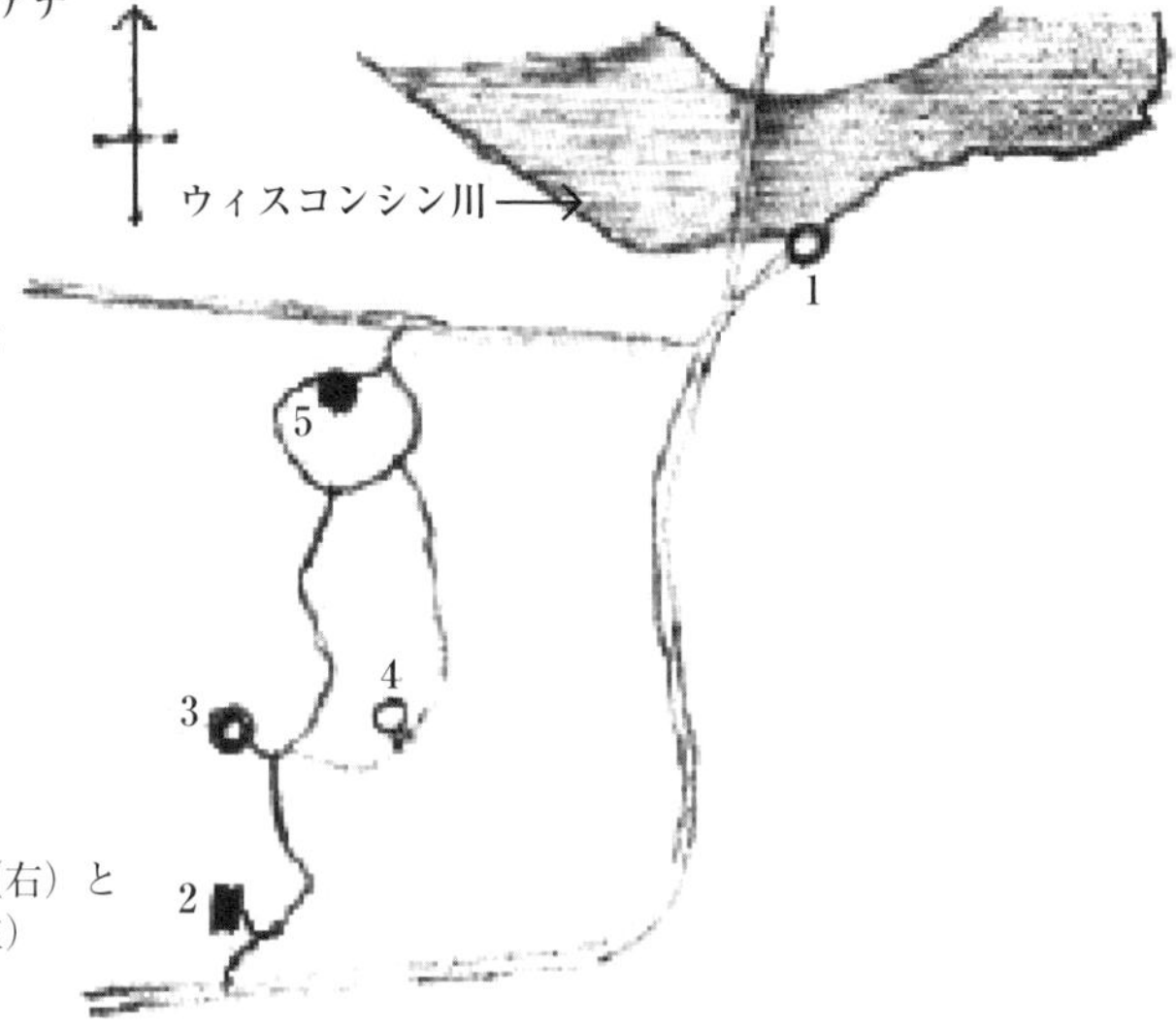

/26　タリアセン・イースト内略図（右）とスプリンググリーンの位置（左）

3　ライトと日本の接点の特徴

比較文化論の観点からすれば、西欧人としてのライトの持つ精神と日本文化の成果の出会いが何を齎したかに焦点を合わせたい。次の四点について考える。

（1）シカゴ万博開催年（1893年）の持つ意味／シカゴ万国博覧会での出会い

ウィンズロー邸を完成させた時、二十六歳のライトの心は歴史的、伝統的な建築デザインを指向する延長線上にしかなかったのではないか。この年、ライトも観に行ったであろうシカゴ万博が五月から半年間開催されている。日本館は平等院を模した鳳凰堂（施工・大倉喜八郎の日本土木会社）で、日本の美術品四百点余が出品されていた。この日本館建設には岡倉天心が大きく関わっていたという。四百点の中には浮世絵もあったであろう。

一九九七年、『フランク・ロイド・ライトと日本の美術』という、上映時間ほぼ一時間のプロモーションＤＶＤが制作された。その作製経緯については省略するが、内容を構成しているかなりの部分に生前のライトの動画やタリアセンのフェローシップＯＢ達、現ライト財団のメンバーが出演しており、貴重なライトの発言も収録されている。（日本土木会社が大倉土木となり戦後大成建設となり、このＤＶＤを製作している）

（2）日本観と浮世絵／色鉛筆によるライトの透視図

ライトは浮世絵を収集していたし、イーストには幾枚かが保存されているが、それらはライトが生涯に扱ったものの中のほんの残滓にしか過ぎない。

色鉛筆を使用するライトのパース（透視図・建物完成予想図であると同時に建築家の完成させたい建物のイメージを提示する）は明らかに日本画の画面処理法に倣っている。

それ故に初めてライトのパース集図版を観て魅かれたし、樹木などの近景を手前に配する手法を筆者も真似た。正に逆輸入である。

先立って一八七六年にはフィラデルフィアで第九回万博が開催されていた訳で、ヨーロッパでのジャポニズムの波も米国に伝わり日本への関心が始まっていたという。

『フランク・ロイド・ライトと日本の美術』に収録されているライトの言葉の幾つかを拾ってみる。

「浮世絵は心の栄養だ」

「生活の全て日本の総てが浮世絵にある」

「建築は芸術のねぐらである、全ての芸術は建築から生まれ建築へ還る」

建築論的には「箱からの解放」、「いつの間にか庭に出る、内部から外部への空間」等が語られている。

ライトの浮世絵コレクションはライト財団の窮状を二度までも救っていたらしい。

コレクションを売り渡しては財政難を救ったということで、特にライトの死亡時に政府へ納めなければならなかった七十五万ドルにもコレクションが貢献したらしい。

余談になるがライトの浮世絵嗜好は広重から北斎へということだったらしい。

（3）ライトにみるシンメトリー

宇治平等院は三つの高まりが回廊によりつながった形をしており、万博における鳳凰堂はそのコピーであった。帝国ホテルの正面を想起させるシンメトリーそのものである。

ライトは永遠に語らないが、他者はその心中を想像する。

鳳凰殿を観た頃の作品ウィンズロー邸のファサードは全く対称形で、美しい。

以降、時々現れるシンメトリー採用案はあるが、概ね対称性を崩しながらデザインされていく、直角や角度を持った軸線を持つ平面展開、それが立ち上がる立面はライト独自のモデュールによって構成される。

（4）日本で訪ねた処と観たもの

深く研究するならばライトが日本で観たものと作品の関係を分析すべきだが、これらはケヴィン・ニュート氏の著作や谷川先生の報告に委ねたい、是非参照されたい。

4　ライトと帝国ホテルの真実

帝国ホテルをライトが設計するに至る経緯については様々なことが語られているであろうが、谷川先生の著作や報告が主たる情報源になる。主たるものは『谷川正己のライト紀行』であり、その「㉙―2011年6月」の説明を先生自身から受けたことが忘れられない。

この著作の紹介で詳説する中からのポイントを拾ってみる。

簡単に言えばその間のエピソードは俗にいう「影の部分」になる。我々の倫理観からすればライトの体質にあったであろう「狡さ」ということになる。生き延びようとする人間の形振り構わぬ自己宣伝のしからしめたものであったと云える。さらに、そうすることはライトの自然な生き方だったかもしれない。

まず、設計依頼を出す経緯、責任者である帝国ホテル側の林愛作に齎されたホテル設計者としての実績は一九一三年のシカゴでのミッドウェイ・ガーデンホテルだった。この帝国ホテル案件には先行して担当していた日本人建築家が居たのであるが、発注者側の意思で最終的にライトが選ばれた。只、ライトは基礎部分の構造方式について前任者のアイディアを踏襲したらしい。このことは此れから始まる建物の耐震性に関係する話と思われるので言及するのであるが、デザイナーとエンジニアの職能が明確に分かれている世界では自然なことであった。関東大震災で帝国ホテルが無傷で残ったという設計と功績の関係性についての宣伝には説得力が無いのだが、世間はそこまで考えなかったであろう。

ライトは大幅な予算超過による責任の故、建設途上で解雇されている。

『谷川正己のライト紀行』の当該部分を先行し抜き書き（「　」内が記事の引用部分）すると、

「1922年7月22日、工事中に帰国、10年後「自伝」刊行（65歳）

1910年までの大活躍、その再開を期待しての宣伝作戦としての「自伝」

電報文の紹介、発信人の怪。

「ホテルは、あなたの天才の記念碑のように無傷で建っている……コングラチュレーション」発信人・大倉男爵、という誤り。

この電報は国際電報ではなく国内のウエスタン・ユニオン電報会社のもの。

発信地はタリアセンのあるスプリング・グリーンであり、受信はロサンゼルス本局。

当時ライトはロサンゼルスのバーンズデール邸の現場に居た。

大倉男爵から受電したタリアセンの誰かがライトへ至急知らせるために回送したことになっている。

「帝国ホテルが関東大震災に遭遇しても、被害はなく、天才の記念碑のように無傷で建っている」という成功譚の記述。」

この記述を解説する谷川先生の説明には熱がこもっており、これだけライトを研究してきての、ライトの性格及びこの当時ライトの置かれていた状況に対する思いを一生懸命伝えたいという様子だった。

つまり、電報を改竄してまで自分の力量と成功とを宣伝し、これからの仕事へ繋げたかったライトをどう見るか、ということである。

新聞で報じられる壊滅的東京の様子、ことごとく倒壊した建物の中にすっくと立つ帝国ホテル、耐震性に優れたライト設計の勝利の喧伝。

事実は、上部構造での被害こそ無かったが基礎部分では被害を受けていたこと。

杭地業での摩擦杭の選択の原案設計者は日本の建築家であり、ライトはそれをそっくり採用したという事実、そしてこの後多くの依頼を受け業績を残し、作品群は記念碑的業績として残ったという歴史。これらのことをある種の倫理観をもって評してもあまり意味が無いようにも思う。

5　ライトが残したもの／作品

ライトの精神に直行するために最初にタリアセン・イーストの印象を述べたが、実際にそれぞれの空間を経験することの出来た他の代表的な作品群について日本との関りを探りながら、述べてみたい。概ね時代順である。建物の全般的な情報について解説は出来ないが、『フランク・ロイド・ライトの建築遺産』（岡野眞著）は殆どのライト作品をカバーして詳しいので参照されたい。

ウィンズロー邸（１８９３年）

恩師サリヴァンに学び自分の個性も表現している処女作品。正面立面が対称形のフォーマルな作品であり、ライト作品の幾つかに表れるシンメトリーを強く押し出した例である。形も色彩も今なお生き生きとして存在する。

この時代から既に、水平方向の強調というデザインが現れている。初期の代表作。

建築家は常に自分の欲する美しさを追求する、と言ったら反論もあるだろう。しかし、ライトは終生この原理に忠実だったと思う。初期のこの作品においてもシンメトリーを貫くための窓の配置や寸法、モールディング等による壁仕上の処理に腐心している。

寄せ棟屋根の被り方、その庇の出と二段に分けた壁面の処理とのバランス、彼自身の審美眼に忠実に作業している。色彩的には黄色がポイントである。

この作品の時代、二十六歳のライトの心は歴史的、伝統的な建築デザインを指向する延長線上にしかなかったのではないか。奇しくもこの年、ライトも観に行ったシカゴ万博が五月から半年間開催されていたことは先にも述べた。この仕事をこなしながらどのようなタイミングで万博会場へ行ったか。サリヴァンの仕事が万博会場にもあり、これに関連して足繁く会場へ通う度に日本館を見ていたであろうと言われている。日本館は鳳凰殿であり、これもシンメトリーの代表的な建築であるが、ウィンズロー邸はファサードのみがシンメトリーであり、他の立面や平面では自然な計画として処理されている。万博会場とこの計画の設計図と現場を往復しながら、その後のデザインへの想いを育んだであろう。

W/27　ウィンズロー邸

ユニティ教会（1905年）

正面立面のシンメトリーが強い印象を与える作品で平面計画を素直に反映したものであろう。道路に面した敷地の幅に対して内部礼拝堂の幅の設定にはかなり無理があると筆者は思った。ライト作品でよく表れる通路・廊下に与える幅員の狭さが此処でも影響していると思う。かなり強引である。

W/28　ユニティ教会（道路側立面、右IN、左OUT）

ライトの人格の一端を知ることが出来るので岡野眞氏の著作から引用させて頂く。

「（ライトの設計作品には）キリスト教各宗派からユダヤ教まで幅広く、また数も多い。

……ユニタリアン教会建設委員会は……設計者として信徒のライトを選んだ。もともとこの宗派は一八二〇年にアメリカで生まれた新しい信仰形態で、従来の三位一体説を否定し、「父なる神は単一（ＵＮＩＴＹ）人格で、イエスは人間」とする単一神論である。

……（短工期・小予算克服の為）アメリカで最初と言われる、コンクリート打ち放し工法を採用……ペレやガルニエが（四年前）実験的に試みていた工法である。（形の単純化、繰り返し多用が）禁欲的で力強い印象と量感を外観に与え……平面は正方形の礼拝堂と長方形の牧師館、および共通の玄関からなる。……（計画上の）魔法のような技法は、後に日本の帝国ホテルの設計で、より見事に花を咲かせることになる。……中空の柱はエアコン用ダクトとなっている。……この設計中の一時期、つまり一九〇五年二月から六月に、ライトは最初の日本旅行をしている。……日本での実体験が具体的にどのような影響を与えたかは知るよしもない。（岡野氏注／日本の神社仏閣からインスピレーションを受けたとする説がある。しかし平面形が類似していても、動線とスケールが全く異なり、似て非なるものと考える。）」

敷地条件と発注者ニーズを総合すべき設計者の自然なアイディアとして岡野氏の意見に賛成である、二つの主たる機能空間の間へアプローチする平面形は敷地条件からして自然である、が、この時点でライトが日本を実地に経験し体感したということが重要であると考える。当然ヒントとなるものをたくさん蓄えたであろうと想像出来る。

日本との強い接点を持った二人の建築家の一人である所以である。

ライトの経験の中に日本的空間意識も含まれていたのではないか、それをライト作品から如何に導き出せるか。ライトが一切語らなければ他者が類推する以外にない。

＊

あらためて、ライトの設計したユニティ教会と日光・大猷院の関係を考えてみた。

その為に数年を経て又東照宮を訪れてみた（２０１９年7月10日）。

徳川幕府三代将軍・家光の霊廟は東照宮表参道のレベルからさらに、小高い丘の深々とした杉の樹林の中に、敬愛していたという初代・家康の廟と二荒山神社を挟む位置に大猷院はある。

仁王門を最初の結界とし三度の直角折れを経てほぼ三十ｍの高みにある。この間、本殿に至るまでにさらに二つの鳥居を潜る、二天門と夜叉門である。本殿を置くための平地を造るために丘の中腹を削った形で、あたかも丘に嵌め込まれた印象を受ける。つまり全山の形を損なわず、自然の中に嵌め込んだ態なのである。斜面を登る為の階段は百三十六段で、一段約二十㎝として三十ｍである。

霊魂を祭るために高い場所を選ぶ心理が働き、高低差の中を陵墓へ至る方法として直線的シンメトリーを選ばず屈折した経路を造るところに日本人の精神が働く、と考えたい。

本殿は御影堂であり陵墓自体は東照宮に倣い、さらに隔離されている。

ライトは大猷院の平面形に示唆を受けた。教会建設のために与えられた敷地に求められる空間を置くために、教会の骨格平面をプランニングする時、大猷院つまり「権現造り」の配置形が閃いた。まとまった二つの空間とそれを結ぶ繋ぎの空間、其処へ至る片寄せの細いアプローチと退出路により大きな空間を正面に配置出来る。

拝殿と御影堂を挟み、将軍着座の間が繋ぐ。繋ぐ空間は祈りの空間と集会サポート空間の中間へアプローチ出来る、双方へのエントランスになる。

ライトが日光を訪れ、金谷ホテルに投宿したのは一九〇五年（明治38年）四月二十三日であった（金谷ホテル宿帳へのライトのサイン）。

ユニティ教会は同年に設計建設されている。

ロビー邸（1906年）

一九〇九年個人住宅としてライトがシカゴに設計したこの作品について「内外空間の相互陥入を図り、開放性を求めた。それを中西部に広がる草原にちなみプレイリー・ハウスと呼んだ。……庇下バルコニーは都市との緩衝空間になる。……コアのある一室空間を含むこの住宅が、欧州の建築家に与えた影響は大きい、もっとも深く空間展開の可能性を洞察したのはミースと思われる。住宅に限らずコアプランのオリジナルはここにある。機能をゾーニングによって空間化する方法もやがて住宅を超えて普及してゆく。」と建築の特性を解説するのは建築家・小林良雄氏（「20世紀の建築空間遺産2」）である。

訪れてみて筆者の第一印象は「美しい」ということである。強調された水平性がプロポーションバランスの良さを訴えてくる。それを強調しているのが5ｍもあろうかという長手方向の庇（骨格は鉄骨であろう）である。ライト建築の特徴の一つであると思うが、エントランスは密やかに設定される。この場合も裏面の入り隅に岩穴の入り口のように穿たれている。屋根庇の低さもライトの縦ディメンションの特徴である。ライトの身長は173㎝であり、西欧人男子としては中背以下であったが、それを差し引いても彼が好んで採用した縦方向の寸法である。

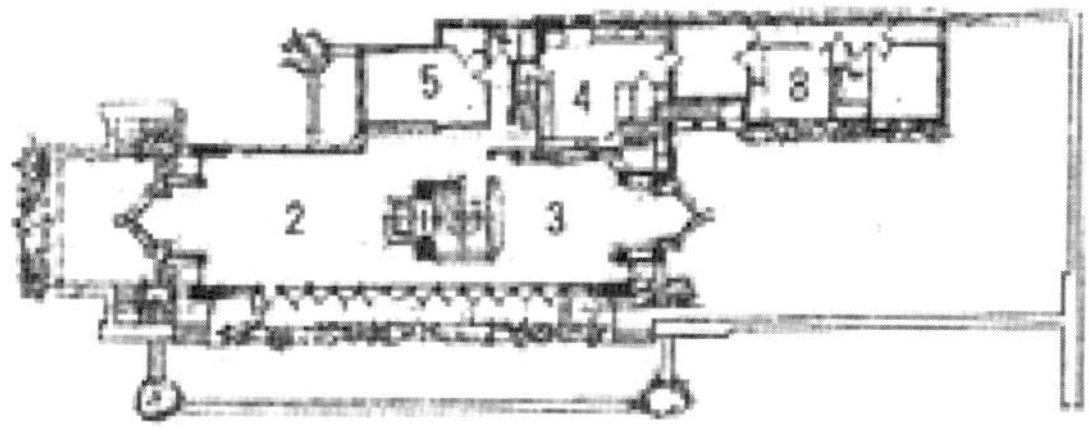

W/29　ロビー邸・主階平面図（小林良雄氏著作より転載）

W/30　ロビー邸・妻側全体立面（同上）

コアプランに纏わる流れる空間構成とその影響の歴史は小林氏の論の通りであるが、コア内の寸法は極めて狭小である。

流れる空間の発明は、自然との相互陥入を伴い日本的感性を宿していると思える。

W/31　ロビー邸・全景

W/32　ロビー邸・水平ラインを強調する立面

W/33　ロビー邸・キャンティレバーの深々とした庇

帝国ホテル（1916年）

この建物にまつわる話題について既に述べた。又、一部（ホワイエ）が我が国に現存するのでその項で述べること以外について言及したい。

計画平面は完全なH型シンメトリーである。確実な図面、模型が残されている。時々思う、谷口吉郎監修になる明治村へホワイエ部分が移築保存されたが、新帝国ホテル建設によるもので、残された部分を本来の場所に残したままの新館建設のアイディアは有り得なかったのだろうか。曳家程度はなされてもである。もしくは大アトリウムの中に残すとかである。次節6に詳細説明。

カウフマン邸／落水荘（1935年）

『GA』No.2は一九七〇年が第一刷だが、ポール・ルドルフに主文を書かせている。
「その巨大な居間に近付くには、ライト作品にしばしばあるように、窮屈で暗い、おおわれたポーチと……狭められた玄関を抜ける」と、建物への入り方について筆者と同じ感想を述べ、主に縦横の交わるデザインについて多くを論じている。

しかし、居間をはじめとする空間の在り方、日本建築空間との類似について言及していないようである。筆者は、建物の主室である居間に踏み込んだ途端「ああ日本だ」と肌で感じた。柱にあらず、壁で構成されるその空間は、自然の中に放り出された解放的内部空間である。ライトの熱いデザイン力が我々を締め付け、迫ってくる。

ライトの水平方向強調のデザインをさらに効果的ならしむるのが組み合わされる垂直線の要素の付加である。その典型例が此処にある。米国独自の文化遺産の名所として、観光客が引きも切らない。

タリアセン・イーストで述べたように、低く狭い隘路から出て、次に待つ空間を劇的に感じさせる効果

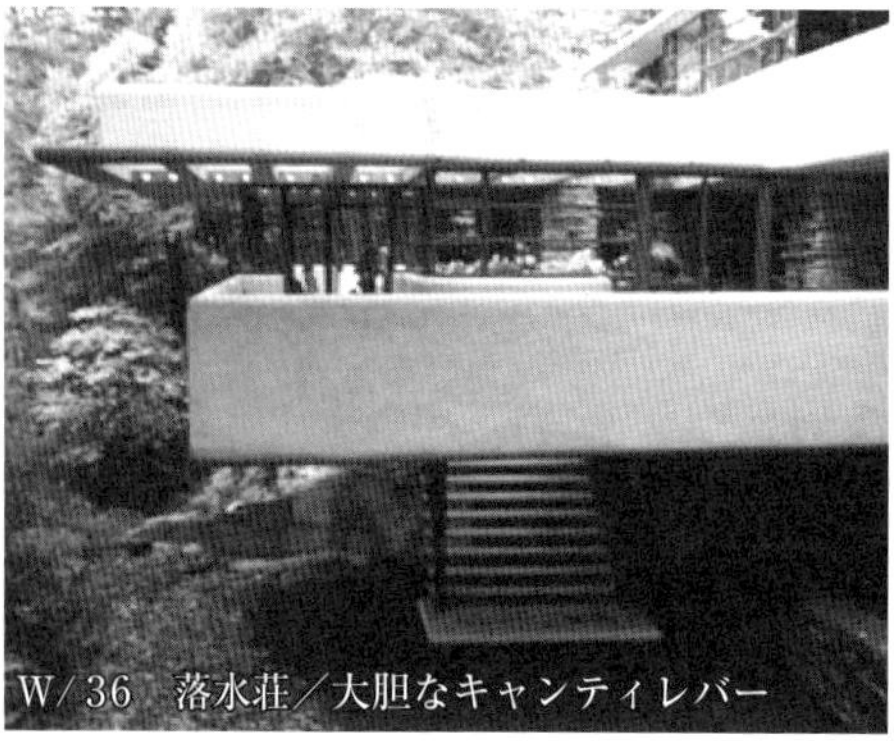

W/36　落水荘／大胆なキャンティレバー

W/34　落水荘／遠景

は、ライトにおいて様々に採用されるのだが此処に於いても同様で、岡野眞氏も同様に述べる。

「(岩石を積んだ壁に沿って進んだ玄関は)ライト得意の、こぢんまりとした天井の低い空間で、洞窟のような印象だ。だからこそ広々とした居間とテラスが生きる。」(『フランク・ロイド・ライトの建築遺産』)「約450㎡の部屋面積

W/37　落水荘内部／居間

W/35　落水荘／アプローチ

に対し、テラスなどの外部空間は約300㎡もある。」（同）「勾配の無い水平テラスからくる雨漏りや、湿気も悩みの種となっている。」（同）

森林の中を往く渓谷の上に迫り出すように一、二階の大きなテラスの水平線は長方形が直角に重ねられ、それらを貫くように階段シャフトは荒石積みの外壁である。荒々しい壁面は内部空間へも入り込み、内部空間と外部空間の一体化を生み出す。暖炉はその石壁を穿った如く置かれ、室内にある外部の窪みのようだ。内外を仕切るのはスチール桟とガラスの被膜である。出現しているのは正に日本の家屋空間である。居間の床から渓流に降りる隠し階段は飛雲閣の舟遊びの為の仕掛けそのものである。

谷川先生をお尋ねした折まだ写真でしか知らなかったのであるが、テラスが垂れて見えるのですが、と申し上げたら、「いや実際に垂れて修復工事をした」と聞き驚いたものである。バットレス状の頬杖で岩盤から支えていたのであるが沈下したらしい。テラスの腰壁は持ち出し梁なのではないか、床を支え、下端レベルが下階の天井面である。建築家であればトライしてみたいデザインである。

タリアセン・ウェスト（1937年～）

傾斜のあるトラス壁梁を並べ、屋根天井を形成し明るさを得るテント張りはアリゾナという乾燥地で可能なアイディアであると初見時に聞いた（現在は樹脂系の材料に変更、詳細は（『フランク・ロイド・ライトの建築遺産』岡野眞著）に詳しい）。このデザインはイーストと共通であるが、ウェストの場合、この平屋が、砂漠の砂と岩石の大地にへばりつくように見えた。

表札代わりのシンボルもライトデザインの典型で、サボテンと共に縦の線を成し、水平方向に展開する建物との対比が魅力的に見えた。訪問出来ていないのが残念である。

この設計事務所工房で授業料もとってのデザイン教育を行い、プロジェクトの設計生産もこなしていたであろうから、大学建築学科研究室のようなものであり、上手なやり方であろう。まだ訪れたことがない、ライト生存中に参加してみたかった。イーストと同じ設計室の空間を支える大梁とその支柱の三角定規パターンデザインがなんとも魅力的である。

ジョンソンワックス本社（１９３６年、研究棟は１９４４年）

筆者が建築を学び始めた時期に心を奪われた珠玉のような執務空間（当時写真）がある。

近年の訪問により確認出来たのだが、どう見ても森の木漏れ日の中で人が働く空間である。人間を自然の中に置く理想の実現そのものである。

さらに、研究棟のタワーを置いた建物の塊は一つの彫刻を思わせる。又、外光を柔らかく調節し屋内に導く技術的工夫としてのガラスチューブのディテールへの採用は実に独創的である。特に屋根面での漏水への懸念は当初からあったが、案内係の正直な説明に頷くしかなかった。その後に対策は取られたのであろうが、建設間もなくからバケツを持って走り回ったそうである。問題になるディテールについて現代の建築家も概ね直面することが多い。決して当然のこととしている訳ではない。１９４４年の作品である。

研究棟のタワーは後のプライスタワーの原型であろう。

訪問してみてふと思ったのはエントランスの在り方であった、何処かで経験したような。筆者の実感はユニティ教会である。二つの空間を繋ぐ合間にアプローチする方法は、二つの空間が一度に建設されなくとも、グランドデザインとしてライトが構想したものであろう。1970年の『GA』No.1で磯崎新は、「二つのマッスが創るクラックに誘い込む」という言い方をしている。

その文章の中で磯崎はライトと老子の出会いについても語り、ラーキンビルに言及し、主空間とサービス空間の扱いの発明に絡んで、その後に現れたルイス・カーンのペンシルヴェニア医学研究所でのサンプルを挙げて、建築思想の伝播を言っている。

ジョンソンワックスでは総ての建築構成言語がライトのオリジナル開発であることに驚き、ローマのパンテオン、イスタンブールのブルーモスク、大仙院の廊下他に並び「文明の最良の部分が凍結したような建築空間に匹敵する」とさえ文章にしている。

W/38　ジョンソンワックス本社（タワーが研究ラボ棟）

W/40　タワー部外壁面の納まり

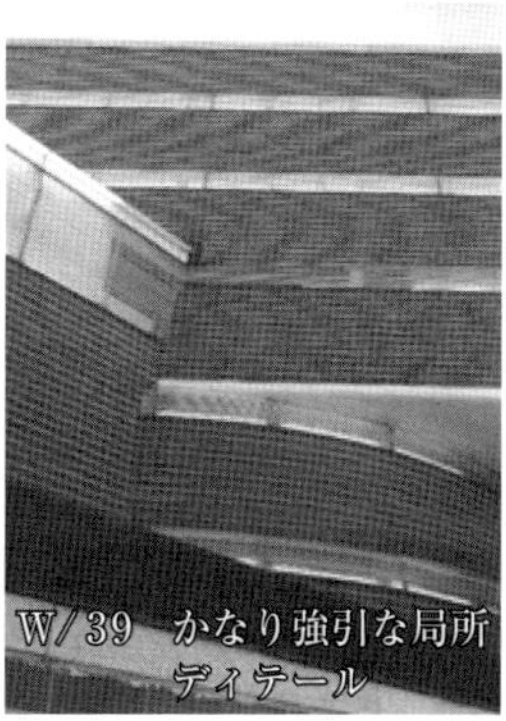
W/39　かなり強引な局所ディテール

この建築は現役で、観光資源にもなり見物客も絶えず、そのための会社のPR棟兼エキジビションハウスは同敷地内にノーマン・フォスターにより設計され、地下まで穿たれているガラス張りのロトンダ（ドームのある円形建築）のような空間である。

ユニタリアン教会（1947年）

牧師であったライトの父との縁の繋がりでライトが設計者となり、予算の三倍半を費やして完成された（岡野眞氏）とされる。

その集会室兼礼拝堂部分の立面の魅力は学徒時代の筆者を魅了した。この立面だけにどれほど憧れたか。

訪れてみての感想は意外であった。相変わらず徹底的に低いエントランスの庇、いただけない平面計画である。プランは明らかに独特な三角形グリッドにのっとったものであり無理を感じる。背骨を成す通路部分に対しクラスターのように配置された部屋は不自然である。通路が膨らんだ部分が集会室となっているのであるが演壇の後背としての素晴らしい立面を成すあのガラスからの逆光が筆者には頷けなかった。

この場合、一点華麗な立面に建物の価値が偏在していると思う。彫刻化された建築外観の典型であろう。

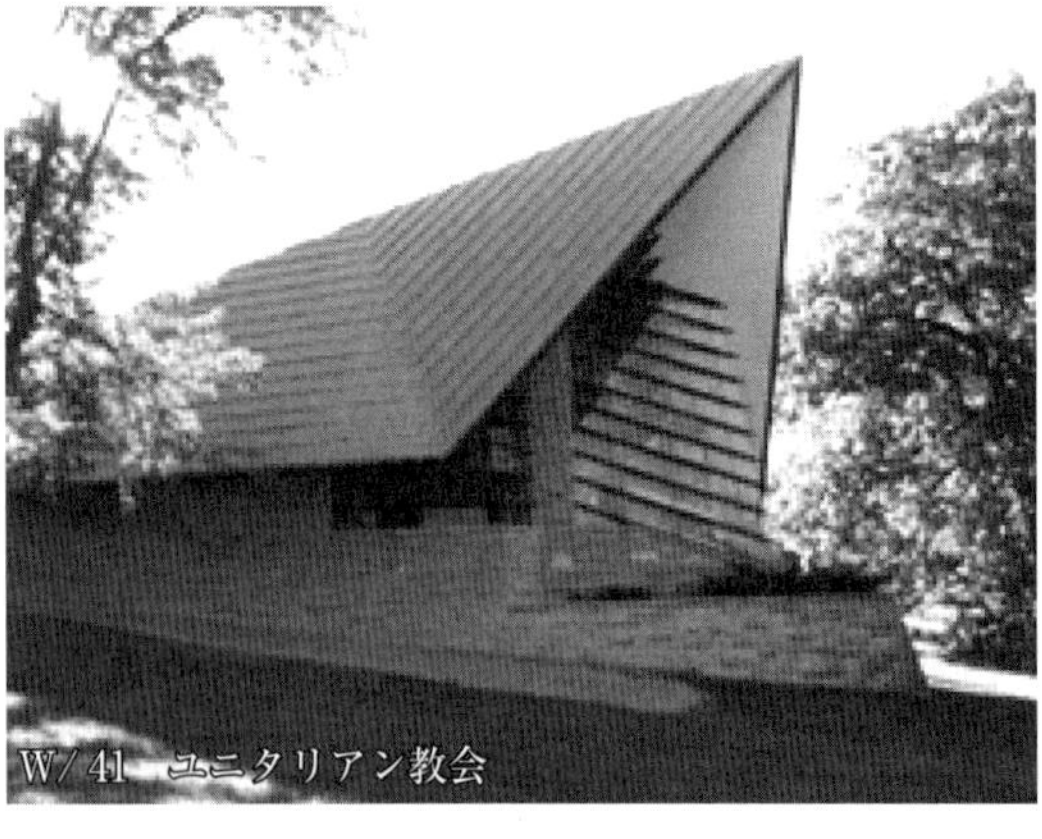
W/41　ユニタリアン教会

プライスタワー（1953年、完成は1956年）

未訪問である。孤立した場所にあり中々情報の出てこない建物である。

クライアントであるプライスとライトの関係をプライスの子息・美術収集家のジョー・プライス氏が日経新聞『私の履歴書』欄（2013年3月）で詳しく報じてくれている。ライトは一九五九年没故、グッゲンハイム美術館、マリン郡庁舎等のように没後の完成ではないが最後の頃の作品である。マリン郡庁舎は出張の合間に走り回って見学したが詳細を報告出来ない。（広い廊下の一隅に二つの水飲み器がバランスよくデザインされていたのが印象的で、最近似たデザインのものが我が国の各所で見られるのを不思議に思っている。）

大きな樹が立っている姿を借りてのライトのデザインコンセプト説明は有名であろう。

ライト自身がそのようなコンセプトで設計したと言っている。

コアである幹の周りにキャンティレバーの空間を配するアイディアはジョンソンワックス研究棟と同一である。樹木という自然に借りたアイディアを以って有機的とは狭義である。

日本を秘めたデザインの臭いはある。モニュメント造形の一種／五重塔を連想するが、構造的には全く異質であることはこれまでにも述べてきた。

この塔状建造物の双方は構造上の成り立ちが全く異なる。ライトの設計は当然ながら近代科学の構造理論によっているのであるが、五重塔は全く不可思議な、測りがたい原理によって立っている。この建造物の成り立ちには独特な日本文化の精神が凝縮されているように思う。

木の幹から枝のように部屋を持ち出して塔を創るライトは近代構造学により設計したが、我が五重塔は古来不思議な、軟体動物の如く建っている。

しばし横道に入る。

筆者のように常識的な教育を受けてしまった者にとって不思議な建造物が五重塔である。

独自な表現をするなら、五重塔は紙相撲の力士のように立っているのである。薄い紙を二つに折って切り抜いた力士の形を二つ立てかけボードの上に乗せとんとん叩き振動させ、どちらが先に倒れるかで遊ぶ遊具である。紙の力士は振動で揺れて倒れるのだが五重塔は地震にも倒れることなく殆ど移動さえしない。

この不思議な建造物について『五重塔はなぜ倒れないか』（上田篤編・新潮選書）などの著書が解説を試みている。

上田氏はキャップ構造と呼ぶ。底の中心に穴を開けた木のお椀を五つ重ね、穴に棒を通しただけの物体は自立するというのである。お椀も棒も平面に置かれただけなのである。一種の免震構造だと言う。五つのお椀は塔の各層である。棒は芯柱で最上部が尖塔の九輪になる。

モニュメント（芯柱の鞘堂としての建造物）としての仏塔はインドから中国を経て渡来したが、この構造で建つようになったのは日本の独自文化の故なのである。

『五重塔入門』（藤森照信／前橋重二・新潮社）では、木の形としての五重塔の精神史を太陽信仰として語り、学徒時代の伊藤忠太の薬師寺東塔研究の話は面白いエピソードで、『風にそよぐ屋上のスケッチ』を書いている。このような構造物の天辺の屋根の上に出てフィールドワークをしたというのである。

五重塔は実に奇妙で不思議な構造物なのであり、ある意味日本文化の特質を背負った技術であり、曖昧且つ未完の構築物と云えるものなのである。簡単に言えば芯柱は浮いており、建築物全体が木造住宅のように地上に置かれたままの構築物なのであり、住宅は全体が柔らかく編まれた状態であるのに対し五重塔は殆ど緊結されてもいないのである。

実は五重塔だけに限らず法隆寺では金堂さえ同じ構造に依っているのであり、現在から見れば驚嘆すべき構築物であるし、各階は（金堂では二層のみ）単純に下階に乗っているだけなのである。このことに関し、子供向けの解説書とも言える穂積和夫のイラストレーションが優れて分り易い『法隆寺』（西岡常一／宮上茂隆／穂積和夫共著・草思社）が良い著作である。現在の日本住宅用家屋は建築基準法により、耐震のための壁量と通し柱の必要性を義務付けられており、構造理論上もそれが必然であることが素直にうなずける。これを前提にする我々は法隆寺の五重塔と金堂の構造的実態を知ると魔術のように感じる。

「古代の工人は、見事にこの木のくせを組みあげています」（西岡常一『法隆寺』あとがき）

西安の大雁塔を訪れたことがあるが、内部の階段を登れるのであり、中国大陸内での仏舎利塔は日本に渡り大変身を遂げたことになる。形だけを模したであろう四天王寺はコンクリートで再現された構造になり、大雁塔同様に階段で登れる。

木材を絡めるように組上げた構造の中に階段の連続空間を取り込むのは難しいが、清水寺の手前の八坂の塔は少しだけ登れるように工夫されている。何時からそうなったかを検証していない。

W/42 （右上から時計回りに）大雁塔、法隆寺、醍醐寺、八坂の塔（筆者スケッチ）

ジョー・プライスの『私の履歴書』に話を戻したい。

ライトのクライアントであったハロルド・プライスはパイプライン技術で財を成した資産家である。息子のジョー・プライスはオクラホマ大学で建築学部長・建築家ブルース・ガフに出会う。二人を結び付けたのはジョーの趣味・写真であったという。ガフが「有機的建築」の信奉者で、自分が頼まれたプライス新社屋の設計者としてライトを紹介したらしい。せいぜい二階建てと思っていたプライスは、ライトから十四階建ての提案を受け、最後に十九階建てになったという。ライトは言ったそうである。

「さながら森から抜け出た一本の木が町の中に立つようなものになる」

父とライトの間の連絡役をしている中で伊藤若冲「葡萄図」に出会うことになったという。

ライトは黒マントを翻し信号を無視して道路を渡ったそうである。ライトに付き合ってニューヨークの古美術商・瀬尾商店訪問時のことであったという。

6　日本に現存するライトの四つの空間

○自由学園／明日館、○ヨドコウ迎賓館／旧山邑邸、○帝国ホテルホワイイエ／明治村、○林愛作邸／電通八星苑、林愛作邸以外を訪問出来、その空間経験の報告。

自由学園／明日館（1921年）

ライトが帝国ホテルの完成を観ずに離日したことから、残された設計図により建設された建物の一つであり、最初の教室棟が一九二一年に建設され順次増築されていったが、弟子たちがライトの図面に忠実だったことが判る。雨漏りを誘うであろうディテールもライトの意思を守って敢えて変えていないのではないか。

ライトのスケールは常時やや小さ目であるが、明日館にあってはさらに微妙にスケールダウンさせていると思われる。空間の利用者が児童を想定していたから当然であるが、身長173cmであったというライトは総じて日本人の空間スケールになじむ空間設計をする。

それにしても身体の筋肉がほぐれる様な優しさを齎す空間スケールである。

道路側の桜数本を一辺としコの字形に建物を配置して囲む緑の芝生の庭園運動場の広がりの佇まいが嬉しくなる、もっとも単純な四角の平面なのだが。

柔らかく透明な天蓋のような空を、柔らかい白雲と青い空の高さを引き寄せる様な対角線の寸法、メインホールの切妻屋根の先端と高々としてはいない国旗掲揚ポールの高さが外部空間を設定している。

アイストップはホールの縦窓の右に大谷石のプランターに赤い薔薇である。

両翼の先端にある事務所、教室（一部は展示室として使われている）のこぢんまりとした大きさ、お互いの声がよく聞こえるであろう。ホールと会食室各々に暖炉が置かれ、双方が半階分の階段でスキップされ繋がっている。さらに、ホールの通路側を覆うようにオーバーハングした展示室として使われているバルコニータイプの空間は食堂からさらにスキップし、ホールと共にホール正面の縦窓からの光を十分に共有して、ライト特有の空間の繋がりが造り出されている。

ライトは仕掛けが得意である、食堂の暖炉の裏側に配置された厨房、トイレの姿見の裏に隠された物入れと設備用のスペース、等々。

ポールの基部には彼特有の斜め線の彫が施されている、この膨らみがポール全体のプロポーションの良さを決定づけている。

この細工は、精神として、タリアセン・イーストの風見鶏の塔に共通するものである。

今なお生きているこの建築を訪ねて、その空間を感じて欲しい。

ヨドコウ迎賓館／旧山邑邸（１９２４年）

ライト帰国後に弟子・遠藤新等により建設されたが、正しくライトである。

ライトのスケールがやや小さ目であることは明日館と同様である。

ライトは総じて日本人の空間スケールになじむ空間設計をするとあらためて言いたい。訪問時の記録を基に紹介したい。

阪急神戸線十三駅から芦屋川駅へ、芦屋川を遡り約10分か、（なんとこの辺りは谷崎潤一郎の『卍』の舞台ではないのか）ライトのあの見上げる構図のパースの位置を認識出来ず案内標識で所在を知る。辺りには

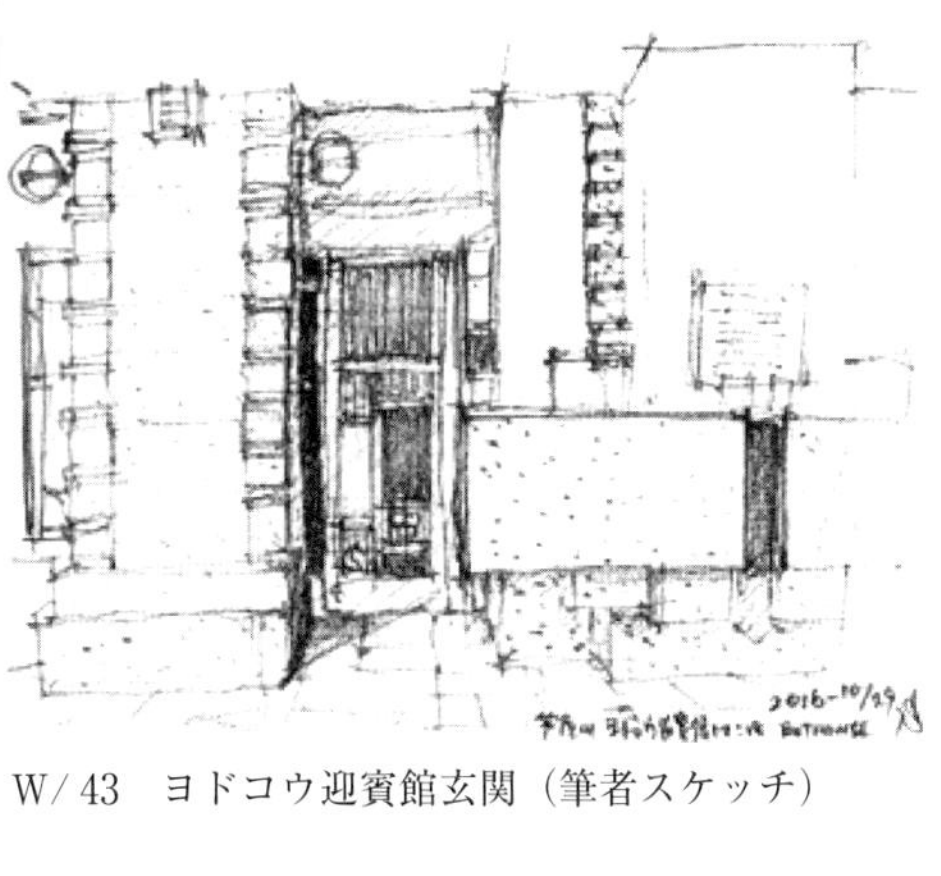

W/43　ヨドコウ迎賓館玄関（筆者スケッチ）

現代的デザインの豪華な家屋が目につく。急峻なロケーションの上に当該建物はある。上りゆく尾根に嵌め込んだように旧山邑邸は建てられた。コンター（等高線）に沿ったアプローチを昇りピロティのフロントテラスに行き着く。

ピロティ右手壁に、穿たれたようにエントランスが隠れている（退館時に正面からスケッチした）。このデザインにある種のライト精神をひしひしと感じる。つまり、それと分かり、入り易く、立派な構えの入り口は不要で、シンメトリーでどっしりした大谷石の飾り棚（受付等に機能するのかもしれない）を優先しているのである。実にこぢんまりとした玄関である。

階段室壁に谷川先生によるライト紹介文あり。

「迎賓館の設計者ライトは、アメリカ合衆国の生んだ20世紀最高の建築の巨匠です。彼はおよそ一人の業績とは信じられないほど厖大な設計業績を残しましたが、一貫して彼の標榜する「有機的建築」というのは一口で言えば、より豊かな人間性の保障に寄与する建築と言うことでしょう。

世界の近代建築が機能性、合理性の追求を目標としていたので、「有機的建築」は時にそうした方向とは相容れないものとして、対立する概念のように誤って理解されたこともありました。つまり機能主義建築や合理主義建築を主流とするならば、この「有機的建築」は異色の、あるいは異端の建築と見做されたわけです。

昨今、機能性の追求にのみ突走った近代建築が、反省を余儀なくされています。

自然の破壊、人間性の欠如が問題になっている訳です。ライトは、建築が周辺の自然環境と融和すべきことを強調し、機能性の追求のみでは豊かな人間性は保証されないとして、「有機的建築」の実現を使命としたのです。彼の理想はいまこそ、真の理解を迫られているというべきでしょう。」（２０１６年10月29日、筆者書き写し）

そもそもが住宅として設計された建物であるから部屋名はそれに従う。

二階は経済人の邸宅にふさわしい、広々と三面を窓で解放した応接間である。中心線上に暖炉を配し完璧なシンメトリー空間である。芦屋の街を一望する。この部屋の屋上がバルコニーとなっており同じように街を見下ろす。が、二階を支える直方体の塔を立ち上げ、遠望される際の標識の役割を担わせている、ライトの描いた見上げるパースはこれにより成立している。応接間の他にはバックヤードとしての大きな倉庫と応接間に付随する湯沸し室があるだけである。

三階は八室で構成した家族の部屋と水回り、使用人室が一本の廊下で連なる。敷地が斜面であるから、それがくの字に曲がっていて折れ曲がり点で高低差を調節して階段がある。和室三室は框《かまち》無しで畳面に続く。内法は見事に和室のスケールを維持している。床の間をはじめ和のしつらえを彼流のディテールで処理している。これ等が弟子達により工夫されたものであれば見事といえるだろう、ライトの意図を全部表現しているように見えるからである。四階は食堂、同等の広さのバックヤードを従えている。バルコニーは双方向へ。

帰路、芦屋川に架かる橋から、ライトのパースの視角で見られる景観に気付いた。

入館時、後三日ほどで改修の為二年間の休館になると聞いたが、貴重なタイミングで訪ねたことになる。

それ故か入館者が多かった、いずれも建築設計関係者でありそうな人々であった。近年の改修を終えたこの建築空間を是非体感して欲しい。

帝国ホテルホワイエ（１９２３年／竣工年）

次節でも述べるが、日比谷に建っていた帝国ホテルを訪れて、ゾクゾクっと感動したのは、流れるような空間であった。建築を設計するということは空間を設計することであり、その空間を認識させるのが天井や壁であり、壁には色々な表情が有り得て、滑らかなもの、毛羽立っているもの等があって空間を構成する。毛羽立つには、スクラッチタイルや大谷石など、さらに壁の凹凸さえ選択されるのだ、と。十九世紀末既にベルラーへが似た様な感覚を伝えていたと小林良雄氏に教えられたことは驚愕と言っても良いほどのことであった。学生時代からはや五十五年を経た驚きである。

「設計がライトに依頼される前に建築家・下田菊太郎が原案を作成しており、ライトはそれを下敷きにして設計したという説がある中庭を持つ全体配置や構造方式などが指摘される。」（『フランク・ロイド・ライトの建築遺産』岡野眞著）地業構造方式を摩擦杭（多数を密に打ち込んで建物を支える）で踏襲したとすれば、関東大震災にもわずかな被害で耐えたことの功績はライトに負うものではなくなり、その後のライトの言動に微妙な評価が生まれることになるのは当然である。

「なぜモダン様式でないのかとの問いに対し、ライトは「伝統には尊敬されるという価値があり、私はそれらに属する建物を建てるという義務を感じるからだ」と答えている。確かに「日本の伝統」である和

W/44　帝国ホテルホワイエ1

W/45　帝国ホテルホワイエ2

W/46　帝国ホテルホワイエ3

W/47　帝国ホテルホワイエ4

W/48　帝国ホテルホワイエ5

W/49　帝国ホテルホワイエ6

風建築をそのまま建てようとせず、しかし「偉大な伝統」を尊重する方針をとった。その結果、精神的に「日本の伝統」につながる建築として結実した。むしろ周辺の現代的な建物と比較すれば、日本的ないし東洋的な印象すらあると後になって評価されたほどである。」（同）

このライト発言も意味深長である。岡野氏は「ライトの「日本の伝統」はタウトとは異なる見方をした」（同・注）とされているが、正に異なるのであり、ライト発言の「日本の伝統」の実現が「有機的空間」として実現されたと考える。

タウトとライトを対比させてみたかった核心も此処にある。

タウトが表面的な見方により「いかもの」とした東照宮も同様な鳳凰殿的なものも、ライトは自前の感覚で吸収し、空間構成に生かした。たしかにタウトが帝国ホテルを埃っぽいとして嫌ったのは相反する建築家の人格の故としか言えない。

「予算三百万円に対し九百万円／工期一年半に対し五年」（同・注）には驚嘆する。発注者に解雇されてもやむを得ないであろう。タウトならもっとクライアントのニーズに忠実であったろう。

林愛作邸／電通八星苑（１９１７年）

世田谷区駒沢公園近くに現存する。ライトを設計者として推した帝国ホテル発注者側の責任者（総支配人）の自邸のために設計された。ライトはスケッチをしたのみであったという。大工棟梁により完成された。訪ねてみることを断念した。

7　ライトの空間感性

自然・「有機的」と言う概念

帝国ホテルを初めて訪れた時の正直な感想がある。学生時代であるから宿泊すべき経済力もなく、許される範囲、玄関からロビー辺りをそぞろ歩いた。

「流れる空間」があった。渓流の小滝のようなステップあり、澱みあり、幅広く滔々とした流れあり、木漏れ日あり、対岸に光りの差し込む林あり、岸には巌の連なりと叢さえ感じた。「空間」というべき、身体が浸って感じるものがあった。その形の内側はざらざらとした肌触りでありながら心地良かった。あ、建築とは空間を設計することなのかそれを形づくる界壁は色々な表情を与えられて善いのだ、と思ったことが忘れられない。宿泊すべきであったと悔いが残る。

今日に至り驚きを禁じ得ないが、この章の冒頭で引用したように、ベルラーへはライトのラーキンビルを経験して殆ど似たような感想を持ったというのである。

こう書くことに尊大・妄想の誹りを言われるかもしれない。しかし誓って真実なのである。

この感性を共有出来るからと言って大建築家・名評論家足りえないことも必然である。

筆者が『ARCHITECTURE AS SPACE』(BRUNO ZEVI)を既に読んでいたからその潜在的影響下にあったであろうことは想像出来る。

筆者が帝国ホテルの内部空間に感じたことがライトの「有機的」と言う概念の表出であると信じている。有機的建築を創造するということは筆者が感じたような空間を設計することである、と今、現在も信じている。ライトはその感性を本来持って生まれたが、日本と日本建築を研究し経験することによってそれを補強し実現したのだと思う。

この論を書き始めてから、胴体を捥がれたように移設されているとはいえ、明治村のホワイエを二度訪ねて、このことを回顧、確認したのである。

筆者のこの体験と論を補強してくれた建築家・小林良雄氏の意見を、〝ライトの魅力〟の本質を表わす言葉として本章冒頭に引用した。重複することになるが小林氏との遣り取りを紹介する。

（2017年9月6日小林良雄）の署名あるメイルを本人から頂いた。

「紀元前五〇〇年頃、老子は以下の言葉を残しています。

—物の真に肝要なところはただ虚にのみ存する。たとえば室の本質は、屋根と壁に囲まれた空虚なところに見いだすことが出来るのであって、屋根や壁そのものにはない。水さしの役に立つところは水を注ぎこむことの出来る空所にあって、その形状や製品のいかんには存しない。……虚においてのみ運動が可能となる。—（岡倉覚三（天心）著『茶の本』（岩波文庫）の「道教と禅道」より）

F・L・ライト（1867~1959）は、ある日本人から『茶の本』を読むことを薦められ、この言葉に出会い、ショックを受けました。自分が自覚していない真実を突かれたからです。

しかし、しばらくして、確かに自覚していなかったが、自分はそれを造ってきたではないかと気を取り直したということです。それとは〝空間〟です。
建築を語る時、表現意匠、様式（スタイル）について論じても、空間について論じられることは少ない。そこでテーマを『20世紀の建築空間遺産』とし、限られた字数ですが、空間構成やその質を問題視した所以です。」
メイルには次の二つも添えられていた。H・P・ベルラーヘとペレの発言。
1：H・P・ベルラーヘ（1856～1934）
「彼が主張した真理は次の三つである。すなわち空間の優先、フォルムを生み出すものとしての壁面の重要性、組織的比例の必要性。前の二つは不可分に結びついている。『建築の基礎と展開』（1908）の中で、かれはこの二つの関係を次のように説明している。
　主任建築家の仕事は次の点にある。すなわち、ファサードの略図を描くことではなくて、空間の創造。空間的外皮は壁面によって創られる。それによって、一空間ないし、一連の空間が壁面構成の複合性に従って顕在化する。」（『第一機械時代の理論とデザイン』レイナー・バンハム著　石原達二・増成隆士訳　原広司校閲　鹿島出版会）
2：オーギュスト・ペレ（1874～1954）
「建築は空間を組織する芸術であり、その表現は構築による。」（『オーギュスト・ペレ』吉田鋼市著、SD選書）

明らかに、ペレの発言はベルラーへの教えをトレースしたものである。

筆者はもう一人の建築家の名前を挙げたい。リチャード・ロジャースである。

市井には面白い趣味を持った方がおられるものである。

2018年12月24日、日経新聞朝刊の文化欄（p. 28）は田村美葉氏の「エスカレーター探訪記」を掲載、この方の趣味は世界のエスカレーターをハンティング記録することだと言う。記事に挿入されていたのがロイズ・オブ・ロンドンの吹き抜け空間である。

筆者も訪れたことがありカメラに収めた記憶がある。吹き抜けの正面に行き交うのが剥き出しのエスカレーターである。この方にとっては此れがターゲットであるが、筆者にとってその吹き抜け空間は「ああやっぱりラーキンビルだ！」との思いを喚起するものであった。

エスカレーターという発明はロジャースにより、ライトがラーキンビルの四隅に置いた階段シャフトに加え（ロジャースは奉仕する機能空間を全て外縁に放り出した）吹き抜け空間の妻側を華麗に彩っている。

直言すれば、ベルラーへによって伝えられたライトの空間は、最新の文明の装いで此処に再現されている。勿論ライトの空間処理の原型が此処にあるという意味である。

ライトの、スクラッチタイルの壁面も強化ガラスの手摺やプレキャストコンクリートの円柱等と、全く表情を異にしてはいるが。

もう一つのライトらしさの裏付けに、壁他を構成するデザインの表情がある。

『ライトの装飾デザイン』（デヴィッド・A・ハンクス、穂積信夫訳）はライト独特のパターンデザインを伝えている。書中、最も筆者に啓示を与える発言を引用する。

「（様式化について、建築の本質は外観などではなくて室内の空間にある、と考えていたから）自然のパターンを抽象化して調和のある室内の空間パターンを作り出すこと、となる。物事の質や重要性、そして生命を感じさせるような、これしかない、といった決定的パターンを見つけ出す作業が〈様式化〉なのである。」

「これをライトは〈詩〉と呼んでいた。日本の文化のみが建築の〈決定的パターン〉を探り出す手掛かりを提供してくれるかもしれないとも言い、アメリカの人々の理想を託すことが出来るとも考えていたのである。」

数々のライト作品を追えば繰り返し採用されているライト様式を知ることが出来るが、柱と天井の表情には繰り返されるパターンがある。

柱の四隅角はガッチリと木製幅広のコーナーで固められる。天井は印象的に勾配がつけられ格天井を思わせる飾り縁により区画される。吹き抜けでない限りフラットな天井は独特の低い平面である。断面図を見る限り日本的天井の懐はなく、その寸法の抑えにより立面はライト独自の、水平を強調したプロポーションの根源を成している。

これらの構造的側面は装飾の範囲を超えるが、装飾的代表は壁・扉のガラス面・腰に現れる桟のパターンであり、日本的欄間を構成する透かし模様であり、家具のデザインである。交差する線、矢羽根を思わせる形が代表的である。

8　ライトに関わる二つの著作から

結論から言うとライトは能弁であった。様々な機会に発言し文章も残しているようだ。ライト研究者の多くが彼の『自伝』からライトを探っている。筆者は「自伝」について〝タリアセン〟及び〝ミッドウェーガーデン〟と訳者のあとがきのみを読んだ。雑誌などへの切れ切れの文章を漁ることは出来ないでいる。

一九三二年、六十五歳のライトが著した『自伝』が邦訳されるのは、前編が一九八八年、後編が二〇〇〇年である。ライトが亡くなる二年前に邦訳された『A TESTAMENT（ライトの遺言）』が先に筆者の蔵書となっており、ライトへの想いはこちらに傾き筆者を支配してきた。ライトが厳密に管理しようとした『A TESTAMENT（ライトの遺言）』と、生涯をライト研究に費やした研究者から頂いた資料を読み解いてライトという建築家に迫ってみたい。

『自伝』については今後のライト研究の機会に委ねたい。その結果本論の内容が改められることがあるのかもしれない。

8－1　ライトの遺言「A TESTAMENT」／F・L・WRIGHT、谷川正己・睦子共訳・彰国社

貧乏学生が5、000円を投じて購入したのが『ライトの遺言』であり、訳者の谷川正己・睦子ご夫妻に二〇一一年に五十年を隔ててお会いしたとは、章の冒頭で言った。

「谷川正己のライト紀行⑱」（『建築の研究』2008年8月号に掲載）で、谷川先生は『ライトの遺言』の翻訳にまつわることなどを述べておられるが、この本には挨拶や訳者注等は一切付加されることが許されなかったと。従って、いきなり本文の中から関連する部分を引用しなければならない。

＊ただし、訳者・谷川ご夫妻は本書に添えて「本書の理解のために」という別冊小冊子を編んでいる。冒頭に「経（たていと）」「緯（よこいと）」として翻訳作業小史を語っておられる。一九六一年一月二十日という日付は、一九五八年八月の起稿から二年半だと記している。その間一九五九年四月十日の皇太子（現在の上皇）ご成婚の日にライトの訃報に接したとも書いており、ライトがこの「A TESTAMENT」を書き上げたのが死の二年前、今二〇一九年はライト没後六〇年である。

訳者が頼み快諾され送られてきたノイトラの序文さえこの別冊に在る。

一九六〇年十二月八日付の序文は簡明にしてリアルに生前のライトと自分の関係、そして「彼独自の方法であれ程にも愛していた国、日本」という言い方でライトと日本の関係を述べている。

歴史も文化も無きに等しい、愛し誇るべき新天地アメリカに、ライトは信念と疑うことなき己の才能により新しい文化を創造し植え付けた。日本文化を自分なりに咀嚼して自分の思想で練り上げて創造し築き

上げたと言えないか。タウトには出来なかった歴史の現実である。ライト作品の何処に日本が練り込まれているのかを明かしていければ完璧なのだが、その仮説を証する力が今の筆者には無い。

当時三十歳前後の若き学徒訳者・御夫妻の溢れるばかりの情熱が筆者の手を火照らせる。

ライトの真意は、他言語に翻訳されても己の考えが正確に伝わるとは信じていなかった、それならば一切の解説など不要であると考えたのではなかろうか。

簡単に言えばライトの表現・文章は難解である。真意をくみ取ることに苦労されたであろう訳者の翻訳の可能性を差し引いてもでもある。

◉ライトは日本文化に興味を持ったか?……明らかに興味を示した。

浮世絵他日本文化を理解したか?……自分の作品を創ること以外一切語らなかった。

日本文化に魅かれ、影響を受けたか?……魅かれたから形態として残した。

日本文化・建築的発想を作品の中に取り入れたか?……透視図、空間そのものに取り入れた。

◉ライトの設計に見る日本的なもの、日本の原型・西洋でないもの、は日本文化の特性を示していると言える。

◉ライトは己を天才とした。己以外との関わりについて言語・文章共に一切語らなかった。

次の「ライトの遺言」の初めの文章はこれを裏づけている。

「創造的な仕事にたずさわる者は、すべて嫌悪すべき比較による迫害を受ける。この嫌悪すべき比較は、

（中略）下劣な精神はただ比較によってのみ学ぶものであるから。比較、それは通常曖昧な、他に対する利己的興味によってなされるものである。しかし、勝れた精神は、分析、自然の探求によって学ぶものである。」（p.13）

筆者の語ろうとする〈日本文化とライト〉では、ライト作品にみられる日本文化を具体的に示そうとするものであるから「嫌悪すべき比較による迫害を」加えることになりそうである。言いたいことを見えるようにするには避けられない所業である。

しかし、ライトの言には悪質ではないが自己のオリジナリティを主張しようとする、聊か姑息な臭いがする。

以下、詩人・哲学者・建築家ライトの啓示のような言葉（文章）を拾ってゆく。各引用文毎に掲載されている頁を記す。

目次

◎第1部　わが生い立ちの記
・第1章
●「詩人はエンジニアの中に、エンジニアは詩人の中に、そしてこの両者は建築家の中にあって、生涯共に働きあっているのが、見られるであろう。」（p. 14）
とは、建築設計を実行している者には素直に理解され共感されうる。
●「クリシェ」という表現＝モダーン〝クラシック〟をやり玉に。
「魂の世界から離れ、現代の神経組織の世界に住む者の心のみ、ケバケバしい、センスのない意匠を凝らしたものを、豊穣と間違える。（中略）奇妙な物と美しい物との相違、あるいは趣のない散文的のものと詩的なものとの相違は、決してわかるものではない」
●一八八八年、十四歳にして建築を志す、切っ掛けはビクトル・ユーゴーの「ノートルダム」を読んだことにある、と言う。（p. 15）
●幼稚園時代のブロック遊びを持ち出しデザイン発想の原点を語る。

「縦横4インチ間隔の線、四角は完全を表わし、円は無限を、三角は抱負を表わし」「自然の外観の後ろに隠されている基本的形式」という表現をする。（p.17）

共訳者・谷川睦子夫人は別冊の序に「ライトは偉大な建築家であり、詩人であり、哲学者であり、そして何よりもまず人間であった」と書いたが、ライトの詩人・哲学者であるときに書く文章が難しい。しかし、円、四角、三角を基本ユニットにするライトの計画は不変であったろう。が、三角に拘った案に筆者はある種の破綻を見てしまう。ワンポイントで素晴らしい彫刻的シルエットのユニタリアン教会（一九四七年）の平面計画にそれを見る。

この思想はライトの「有機的」につながるかよりも、ユニットシステムという方法論に濃厚につながるものであると思う。

建築家は三次元としての空間を構成しそれにスケールを与えようとする時、自然にモデュール・単位寸法を工夫して大きさを把握しようとする。その過程をも自己主張としてプレゼンテーションした典型がコルビジェであるが、ライトは独自のモデュールを駆使した。早くからライトを知ったからその影響を受けたかどうか定かではないが、筆者自身も単位グリッドを頼りにした。日本人は自然と古来の尺貫法での単位を保ってきたので、その基本寸法を現代に合わせ、アジャストし使うことになる。

◉「私の使う自然という言葉の内容は……他者が言う意味と異なっているのを知った」「自然は私の聖書となっていたのだ」（p.19）

己の最後の著書に「A TESTAMENT」の名を冠した所以であろう。

ライトは此処で同時に機械文明批判を展開し、自分の建築が「有機的」であることの主張の裏付けにもしているのではないか。

この頁で「最も崇高な芸術である建築」とも発言している。

◉「建築は、いかなるエリートによる形式的様式化からも、特に学者風建築家や、不遜な批評の標準によって続いてきたものから、全く解放されていなければならない」

〝有機的な人間の魂を育てる為に建築をせねばならない〟ともとれる表現へ。（p. 30）

◉「博覧会は間もなく未曾有の悲劇的歪曲として私の目に映った。ケバケバしい外観をした理論的ボザールの形式主義や、われわれが従来のものの否定によって達成した現代建築の曲解、これらはすでにわれわれの進歩を阻む害虫であった。全くナンセンスな逆もどりである。（中略）豊穣（exuberance）と過剰（excess）が、はき違えられた。

この博覧会が催されたばっかりに、有機的なアメリカ建築の認識は少なくともあと半世紀待たねばならなかった。」

とは一八九三年のシカゴ万博に接したライトの回想だが、この時に日本館も観、浮世絵にも出会っていたはずである。（p. 31）

◉「独立してからは、私は人の心を迷わすような装飾を用いず、独自の領域において、新しい型を打ち出した。――材料の性質と、スチールの引張力を考慮しての、アメリカ建築である。その当時、海外の情勢が、どのようなものであったかについては、私は知りもしなければ、何の興味も持たなかった。ここに掲げた図版に見られるかもしれぬ**日本建築の影響もまた無かったことを付言しておこう。**」

「建築は、自然の高尚な有機的表現である。……形は機能に従う、とするグループの人達は、精神的なものを物質的素材主義とする……建築の理念は、生命そのものであり、――肉体的にも精神的にも――内在的な有機体である。形と機能とは一つのものである。」（p. 34）

難解であるがライトの建築・設計姿勢への主張である。

筆者は「日本建築の影響もまた無かった」と殊更に言っていることに注目したい。

他者からの批評に「日本建築の影響」が言われたことを窺わせるし、無意識の「影響」を生涯吐露出来ないライトではあった。

老子の言葉に共感しつつ、それを自分はオリジナルに実行して来たと言うところがライトなのである。

◉「アブストラクションとしての文明」（civilization as abstraction）（p. 56）

「アブストラクションとは物事の本質、精髄を摑むことだと私は考えている」

これはこの言葉へのライトの定義なのだが我々が通常言う「抽象」もこのように理解して無理はなさそうである。しからば画家が具象から抽象へ進む時、それは物の本質へ迫ろうとする行為なのかもしれない。抽象化は解っているようで不明であるともいえる。本質を摑もうとする行為と考えるとストンと腑に落ちるようでもある。

◉「有機的」という言葉とアメリカ独立宣言との関係（p. 57～60）

ライトはアメリカ独立建国の成り行きに感動していて、独立宣言と民主主義への共感と自身の建築哲学との関わりを訴えている節が読み取れる。この辺り「詩人」、「従順」、「新しい思想」という表題の節が続くのだが難解である。

その中で「有機的建築」、「有機的プランニング」という言葉も出てくるのだが、「有機的ということは、かの宣言の自然と共にあるべきである」という発言に接すると「有機的」という言葉の抽象化が始まり哲学的になり、概念の拡大・拡張となり、タウトの「釣合」が掴みどころのない抽象化へ向かったのと同質の現象に見えてくる。

ライトの頭の中では「アブストラクションとしての文明」に続く展開であり必然なのかもしれない。

次節「ロマンス—自由な哲学」はたった十一行の短さだが、己の建築哲学を鼓舞し、宣言するような趣を籠めている。見過ごせないのは「インカ、マヤ、トルテックの古代アメリカ建築」を古代アメリカ建築と言い、幾世紀も埋もれていたとの発言。

これらの遺跡建築物の形態デザインはライトの建築デザインに盛り込まれている。

◉「模倣は独創的インスピレーションを侮辱する以上のことはできない。」（p. 95）

自分はやっていないぞ、と主張することの裏返しであろう。

「嫌悪すべき比較による迫害」

と言って、設計の類似点を指摘されることに予防線を張っている、ととれる。

要するにライトは分かり難くて下手な文章を書く。従って作品が全て、と言える。

◉ライトの政治的発言（p. 98）

「集団社会学（massology）のこの私的利用を、民主主義と呼ぶ勿れ。民衆主義、あるいは暴民主義とでも呼ぶほうが適切である。誰かが彼の個人としての主権を、政府の、あるいは社会の、またはある種公認の暴力主義の何らかの形の法律化された圧力に署名して譲渡を強いられる時には、民主主義は共産主義へと沈みゆく危険にある。これがわれわれの運命であってはならない。」

ライトにおけるビクトル・ユーゴー、ウォルト・ホイットマンへの共感が己の建築哲学と共鳴し、前出のアメリカ建国民主主義賛美になっている。

・第2章

◉「新しい哲学（NEW PHILOSOPHY）」（p. 106）

ライトの考え方、主張の最も核心的な部分にも見える文章である。

又、タウトの「建築はプロポーション（釣合）である」とする理念と対比的である。

筆者がライトのこの考え方に接して以後、自分の設計理念、あるべき建築の理想、追求すべき優れた空間の基本であると考えるに至った思想である。

「有機的特性をもつ、この哲学は、新しい強さを展開する。……」

「……私はそれをうち建てた。ユニティ教会が建てられた時、このセンスは〝自己のものとなった〟1906年のことであった。」

これらの文章は彼の考えのコアを形成していまいか。特に、

「……建築は有機体──〝全体を構成するために部分は大切であるのみならず、他の部分とも融合すべきである〟──であるべきことを示している。……」

【お気付きであろう、この発言はタウトがカントを崇め、シェーアバルトに共鳴し、桂離宮を讃えた時の〝良き芸術の現われる姿は、良き部分が響き合って良き全体が成立する〟という主旨の言葉と同じである】

「……老子は〝建物の真実性は、その屋根と壁にあるのではなく、それらに囲まれた住まわれるべき内部の空間にある〟と……」

この言葉はp.155でも引用されており、

「〝建物の真実性は、壁と屋根にあるのではなくて、住まうべき内部空間に存する〟有機的建築を注視せよ。」

は、彼の設計理念の中心をなすと思われる。少なくとも筆者はそう理解している。

【ライトは老子の言葉に確信を得たのであり、日本建築に学ぶべきことを実行したのであり、日本建築が創出された経過や日本建築を創出した主体にこの思想が存在したわけではない。

日本文化が創出した建築は、唯々、自然と一体化せんとする、自然の中に溶け込んで生活したいとする質朴な感情の表出であると考えたい。】

◉「有機的」という言葉を乱用し、有機的の意味を不明確にする論理（p.107）

この辺のめちゃくちゃな論議はタウトのプロポーション論と似ている。

タウトも「建築はプロポーションの芸術だ」との表現で他者を混乱させている。
「土着の芸術の、この結末はすでにわが民主主義に捧げられている。（筆者注・ライトが先住人のデザインに影響されて、いや、デザインをヒントにし取り入れていることの証左であり、後出p.127の文章で裏付けられる）現代生活の定規と、われわれ祖先の人間としての人間に対する信仰の有機的表現は、時宜を得たのだ。今や真実を芸術及び建築における土着文化の真髄として受け止めるものは、個人の主権である。人間に対する有機的信仰の、この新しい時代に自然な、有機的宗教が、やがて自由な国民としてのわれわれに訪れよう。そして有機的経済が、当然それに従うであろう。」
◉「スケールの生得の感覚はそこではプロポーションであった。」（p.126）
この言葉に一瞬戸惑わされる、タウトの言い回しに似ているのである。我々が「プロポーション」の語義・概念を知り得ていないのではないかとさえ思う。
◉「土着の芸術」の具体性（p.127）
「振り返ってみよう、私は記憶している。トルテック、アズテック、マヤ、インカーといった、原始のアメリカ建築が、いかに少年の日の私に驚きの目をみはらせ、非常な憧れを抱かせたかを。」
◉同時代のヨーロッパの動きに関連した発言（p.130）
「建築を有機的なもの、内部から外部への発現、とみなす概念、これは20世紀のものである。――これは全く、建築に対する新しいセンスである。」
「……この20世紀の貢献は、建築の既成概念の否定として、１９１０年、あるいはそれより以前にドイツに現れた。」

残念ながらこれらについて理解出来ない。関連が無いかもしれないが、ライト設計になるラーキン商会ビルの完成が一九〇四年（一九五〇年取壊し）であり、ベルラーへがこの建築を見、見習うべきであるとオランダへ帰った、と言われる時代に近い。

◉「装飾」（p.149～150）

「パルテノンは、エトルリアの木造寺院を、全く石で模造したに過ぎない。……芸術的虚偽の部類に属するものである。」

「装飾がもし有機的なものならば、それは決して事物につけられたものではなく、事物のものである。

……オーダーの装飾は、単に絵画的……殆ど何物でもない。」

「建築にあっては、装飾はその性質上有機的であるべきだ。」（p.150）

「つけ柱」を例示して装飾的な物を嫌う論でありタウトの「いかもの」論と好対照。

・第3章

◉「有機的装飾」のダメ押し、「神・自然が与える装飾」とでもいうべきか（p.173）

「……音楽におけるメロデーのように、建築における装飾は、性格及び意義と共に詩的本質の啓示である。亀族にとっての亀の甲羅のように、人間族の建築にとっての装飾は自然である。鳥にとって羽が必然的であるように、貝殻のフォームが自然であるように、また魚や木の葉やあるいは花の大きさが適切なように。」

◉ライトの建築への感性を表現する分かりやすい文章（p.174）

「止まることを知らぬ空間の倍音と抑揚が、建築の新しい真実性として発展する時、ベートーベンやバッハ、あるいはヴィヴァルディやパレストリーナの音楽にみられるような、調子の上に調子というふうに進展する音楽の全体性のように、すべてのよい建築は、この錘と浮子を持ち、また白鳥がその湖にいるように、家はその敷地の上に建っている。」

◉モニュメンタル（記念碑）（p.178）

「……モニュメント（記念碑）はそれ自体不自然な、慢性の古い症候群か、コラム、付け柱やコルニスにマッチするような注意が払われた、単に大きいものか、高いものであるようだ。……建築は自然的美としての場合を除いて、記念碑的であることを要しない。……現代に自然な、真の意義を持っているかどうか、ということである。」

この発言に反応して「ロミオとジュリエットの塔（風車小屋）」を思い浮かべる。そして、ジョンソンワックス社研究棟、プライスタワー、マイルハイ・タワー等々。

そして筆者は、ライトの建物におけるエントランスのことを考えてしまう。

一般的に建物の入り口は目立つ、目立つように設計されることが多い。「玄関」という言葉が「玄々たる関門」からきたと記憶している、重々しい荘重な入口であるべきという観念からのものであろう。

ライトは全くの正反対に入り口を処理する。彼の設計になる殆どの建築物においてそう観てきた。どちらかというとライトは隙間から人を建物に入れたがる。

この項でライトが言う精神と通じるものを筆者は感じる。

◉民主主義というタイトルの中で語られる「プロポーション」（p. 180）
「……ただこのプロポーションのセンスのみが、性格の上にも、行動の上にも、それ自体美であるものの中に、精神の平静さを与える。……豊富は安静であるが、過剰は決してそうではない。」
驚きを禁じ得ない。「プロポーションのセンス」と言う、「プロポーション」という言語の使い方、「豊富は安静、過剰は否」という好み、又は主義・主張。
正にタウトでしょう！

・第4章

◉「アイディアと理想（IDEAS AND IDEALS）」（p. 186）

「思想の独創性は、人間の質にとって最も望ましいものである。」

ライトがこのように言うとき説得力があり、芸術や人間の尊厳を称える言葉であろう。

これは新天地アメリカを称える精神にも通じ次の発言につながる。

「アメリカの理想主義を……（貶めようとする）企ては……海外にある友人達が時に予言する社会主義的なある種低級なフォームか、あるいは共産主義的なものかである。」

この点においてライトとタウトは互いに反対側を向いているのかもしれない。

しかし、ライトの次の言葉に共感するようにタウトは身をもって行動したのである。

「しかし創造的な芸術家は、我々が科学者や実業家、あるいは政治家を作り出すのと同じ教育課程や、同じ方法によっては作り出せるべきものではない。」（p.188）

◉プライスタワー（オクラホマ州・バートレスビル）外観パース（透視図）と写真

自らの注：「1953〜1956年、この型――シェルターになったガラスの塔――を、一九二四年シカゴで、一九二九年にはニューヨーク・セントマークで適用した」

・ハロルド・C・プライス二世邸（同）プランと外観および屋内写真

・ハロルド・C・プライス邸（アリゾナ州・フェニックス）プランと外観および屋内写真

自らの写真注：「……大きな屋根は、家の上を軽く空に舞い、有機的建築の特性であるシェルターと、光と、柔らかな影のユニークなセンスを醸し出している。」

確かに屋根は浮いている、が二世邸のほうが遥かに良いプランであり、何時見ても魅力的なプランである。プライスタワーの建設は筆者の学生時代の十年前であったのだ。かなり辺鄙なところにあり又、現在の所有者の関係で中々見学に行けないようである。（p.189〜196）

◉「回顧」という表題による機械社会・大量生産システムへの批判（p.198）

◉頻りに「有機的建築」を言い、建築家の何たるかを説く（p.199）

「……創造的な建築家を詩人として、又生命の解釈者として認めなければならない。」

「……懸命に芸術を育てることによって、社会を豊かにする文化は生まれ、個人の実は結び、人間の生活を彼ら自身のものと呼ぶことができるようになる。この生命を豊かにするということが、――そう私が悟ったように――建築の根源である。」

建築家が如何なる存在であるべきかを、頻りに言うところはタウトと同じであるが、二人の他にこれほど建築家の何たるかを吠えた例があるだろうか。

畏まった教育制度やイスタブリッシュメントが生み出した建築家は殆ど何も言わない。

◉都市計画への言及（p. 200～201）

「アメリカのエンジニアが有機的建築のセンスを持てば、建築家が有機的エンジニアリングのセンスを持てば（より良い都市に）……有機的プランニングが出来れば……有機的建築の原理は、田園都市計画の新しいタイプに、大きな光明を齎す。」

「……人間的なプロポーションに合わせることは、科学の仕事でもなければ商業によってやれる仕事でもない。建築を愛する建築家のヴィジョンに俟つのみである。」

◉「有機的特色」（ORGANIC CHARACTERISTICS）（p. 202）

ライトの言う「有機的（ORGANIC）」という概念を絞り込むために設けられた節とも思える。

「いたるところに作られていた箱枠の建築は、……何マイルとなく拡がっている、平たい蓋を持った、……人間檻の標準型は、見分け難く、住居に、学問にあるいは娯楽にと奉仕していた。尖塔は、中で祈る箱をしるし（意味し）、ドームは中で統治する箱をしるし（意味し）た。」

◉「新しいクリシェ（CLICHE）」（p. 202～204）

クリシェ＝1：陳腐な決まり文句、2：ありきたりの筋、場面、効果、3：陳腐な
この語がタウトの「キッチュ」に相当するのではなかろうか。

「有機的建築の本来の効果を模倣から取り戻し得る知識は、現代我が国のカレッジ卒業生達からは望むべくもない。……単なる効果のみが……それがまたコピーされる。クリシェと言うべきである。」

◉「影響と推断」次の節と共に本論にとって重要である（p.204～214）

「……私の作品に、外国のものと、土着のものとを問わず、外部からの影響は、決してなかったことを述べておきたい。ルイス・サリヴァン、ダンクマール・アドラー、ジョーン・ローブリング、それにホイットマンにエマソン、そして世界的に偉大な詩人達からの影響を除いては。……いかなるヨーロッパの建築家の作品も、私には全然影響を与えなかった……」

と言いつつ、

「インカ、マヤ、そして日本のものについていえば―すべてはこれ、私にとって素晴らしい**確認**であった。」

やはり「確認」だったのである。

「青年時代私は、マヤ、インカ、そしてエジプトの遺跡に若い血を沸かせ、ビザンチンを愛した。」

「人間的自然よりのインスピレーションについていえば、老子があり、キリストあり、ダンテ、ベートーヴェン、バッハ、ヴィヴァルディ、パレストリーナ、モーツァルトがある。」

「私はセント・ソフィアのビザンチンを愛した――ミケランジェロの彫刻とコントラストをなす真のド

ーム。私はまた、日本画における偉大な桃山時代を愛し、木版画における浮世絵を愛した。私は過度の愛着と恥ずかしいほどの貪欲を以って、これらの浮世絵を集め、北斎や広重の絵が醸す、鼓舞するような雰囲気の中に、永い間浸るのを常とした。私は光琳、乾山、宗達から多くを学んだが、**それらは常にプリミティブであった。浮世絵、桃山、日本建築と庭園、これら日本の文明は、完全に土壌のものであり、有機的なもので、新鮮に感じられた。そしてそれらは、私の仕事に対する自信を得させ、私を喜ばせた。**」

　タウトが「釣合」「いかもの」により、ことさらに作者や創造されたものを識別したのに対し、ライトは深く優劣を言及していない。「日記」や「日本文化私感」ではなく「遺言」だったからであろう。確かにライトにとっては日本文化も己の作品が有機的になり得ていることの確認の鏡だったかもしれない。

「……あらゆる芸術の中でも、音楽は私にとって、それなしには生きてゆけないものであり――父が私に教えたように、交響曲は音の建造物であり、――音楽の中に私は建築と平行する共鳴的なものを見出した。ベートーヴェンも、バッハも、私の精神的分野では素晴らしい建築家であった。」

◉「知慧」（p.214～215）

「……世界各国の旅行によって、また自然研究における絶え間ない試みと経験によって、私は建築を根本から学んできた。」

◎第2部　新しい建築

・第1章

◉地平線（p.219）

節の設定に関係なく、第一の原則〜第九の原則を語り始める。（p.219）

これまでよりは具体的な記述になる。

「第一の原則：建物の土地に対する関係

有機的建築における、この基本的必然性は、プロポーションの全く新しいセンスを齎す。1893年頃、あるいはそれ以前に、人間の形態は、筆者にとって建築における真に人間的なスケールとして現れた。」

他の部分にも表れるプロポーションと言う言葉の意味するもの、タウトのそれとほぼ似たニュアンスで使われている。

タウトの「プロポーション」は篠田英雄により「釣合」と訳され、かなり広い意味で使われ終始この言葉で押し通す。そして「均整」「調和」「整合」等をイメージさせる。

ライトは、ある範囲でこの言葉を使い、別に「有機的」という言葉を使い分ける。

いずれにしても我々が英語のPROPORTIONに感じている、又は狭い意味で使ってきた概念とは違った広い概念を西欧人はこの言葉に託しているらしい。英語以外の言語でも同様らしく、そのニュアンスを我々が理解していないのでは？　と想像する。

「さて、有機的〝デザイン〟とは何であろうか？　現代的な道具と機械、それにこの新しい人間のスケールに相応したデザインのことである。……（有能な建築家の創造力豊かな手中に握られているものなのだ）

…」

◉「プロポーション」の乱用（p.220）
「適切なプロポーションを持ったユニットシステム」
「建物全体を通して調和したプロポーションを確保し」
「デザインの構造の中に――プロポーションの統一を保証しながら」
垂直方向のモデュールも加えたプランニング上の縦横論（三次元の）：経（たていと）緯（よこいと）論に至る。（翻訳者ご夫妻は付録序文の組立てにこれを利用した）
「……テクスチュアの調和はあらゆる部分のスケールと完全なアンサンブルを成している」と結び、第一の原則の結言としている。
◉第二の原則：分散化―都市計画が語られ、ブロードエーカー計画を紹介（p.221～222）
◉第三～四の原則：材料、構造論か（p.222～223）
スティールやガラスのこと。
鉄材の引張力特性利用とキャンティレバーのこと。
「……プロポーションの高さと軽さが……これは有機的と呼ばれる新しい建築の、今や主要な性格である。」
「**隅々の解放から内部から外部へ**」
【これは平面及び立面に関係するデザイン上の、構造的隅柱又は壁の束縛からの解放。鉄という材料、キャンティレバーという構造的解決法の恩恵はライトのデザイン上の特徴となりどんどん発展していった。

このデザイン上の作業は、老子の言葉への共感とは別に、正に日本建築に学んだものと考える。事例を象徴的に取り上げるなら、初期のウィンスロウ邸からロビー邸への経過である。】

◉第五の原則：空間論へ（p.224）

「有機的建築は第三次元を決して重さ、あるいは単なる厚さとしてではなく、常に深空間の一要素たる深さ。第三（あるいは厚さ）の次元は、空間の次元へと変化する。空間の内部的深さが広々としたものに浸透する時、それはデザインにおける建築的な、そして正当なモチーフとなる。深さのこの概念によって、相貫通する深さは、デザインに自由の花を開かせる。」（注・訳原文のままであるが、解り難い）

「……外部は内へと向かい、同時に内部空間はまた外に向かって、外部の空間は、建築の内部空間の自然的部分となる。」

【これこそがブルーノツエビーが「空間としての建築」と言って、核心的フレーズとなり、卒論以後の筆者の建築理論の核心ともなった。】

「古い静止的な支柱と大梁、小梁と箱枠型の構造を持つ二次元的な効果より以上に、……壁は今では……限界を定め、区別するのであり、決して空間を局限したり、抹消したりするものではない。建築構造における真の新しい感覚は到来した。」

「幾百年か昔の老子の哲学が、建築の中に生きている。建物のどの部分にも、自由が生き生きと活動している。空間こそは、建築デザインにおける基本的な要素である。」

「真実性としての〝内部空間〟の、この新しいセンスに起因する肯定は、１９０４年、最初の肯定的否定（偉大な反抗）に始まった。今は取壊されてしまったけれども、バッファローのラーキンビルがそれである。そこには自由の詩的本質が、それ自体建築における新しい啓示として現わされた。」

タウトが「釣合」を広く彷徨う如く使うのと同様に、ライトも「有機的」を「プロポーション」と絡めて彷徨わせるが、ライトの佳い意味での狭義の「有機的」は此処に鮮明に定義されていて明確である。

◉第六の原則：空間（p.225）

「建築にとっての根本的な空間は、今や建築的表現を発見した。」

これをより効果的ならしめるものとして、ガラスとスティールへの言及、第三〜四の原則で語られたことと一体をなす。

「ガラス：空気の中に空気を。空気を外に遮断し、空気を内に貯える。

スティール：あたかも蜘蛛の糸のように、か細いが強い一条の線、それは今や驚くべき空間を紡ぎだすことが出来る。」

◉第七の原則：フォーム（p.226）

構造壁から帳壁へのデザイン論

◉マイル・ハイ・イリノイ／高さ一マイルの超高層の提案（p.233〜234）

◉「有機的単位」（ORGANIC UNIT）（p.239）

【以下の文章は最もシンプルに分かり易くライトの主張を言い得ている。彼の言う有機的建築を定義付ける言葉としたい。】

「UNIT」は〝一体のもの〟とか〝ひとかたまりのもの〟の意味と読める。

「こうして環境と建物とは一つのものとなる。建物の周囲の敷地に木を植えること、建物を装飾すること、〝住むための内部空間〟に調和のとれた品格となるために、新しい必要性となる。敷地、建物、家具調度、――装飾もそして植木もまた――有機的建築にあってはこれらすべてのものが一体となる。……中略……これらはすべて、建物それ自体の品性として建築構造の中に含まれている。従ってそれらは全部、環境とよく調和のとれた住居の総合的な性質にとっての要素である。これこそ後世の人々が〝現代建築〟と呼ぶものであろう。」

◉第八の原則：シェルター（p.239～240）

シェルターからシェードへ、建築における屋根／生活を覆うもの、の概念論

建築家と顧客の関係論

◉第九の原則：材料とスタイル論（p.241）

「一つ一つの材料は、スタイルの重要な決定的要素となる。」

◉「プロポーション」を家具に対する考えの中で（p.244）

「プロポーションのセンスは、教えられるものではない。プロポーションのセンスは生まれ出るものである。そのようにして授けられてこそ、初めて文化的なものとして、信用されうる。」

「カメラ・アイ」の表題で、有機的建築について

「われわれの建物（20世紀の）は、実際の構造内での経験によってのみ、一個の有機体として観られる

ものである。」

「……有機的建物の要素は、空間、外へ向かって流れる空間、そしてまた内に向かって充溢する空間であり、……」

・第2章

◉ゲーテの引用有り／アメリカ建国・民主主義への信奉・忠誠心再び、以降略（p.250）

本書をとにかく最初に全て読み込み、読了したのは二〇一三年二月二十一日である。次の「谷川正己のライト紀行」にいたっては二〇一二年六月十一日である。日向別邸のタウトの電球を見てから丁度九年、ライフワークとして思い立ってからは何年か、ドイツ・イスタンブールへタウトの痕跡を訪ね、アメリカのライトの足跡を訪ね、タウトの著作を読み込み後、はや……。

8-2　谷川正己のライト紀行／谷川正己・建築の研究（フランク・ロイド・ライト研究室）

奇遇ではあった。何時頃であったか、記憶が定かではない。

１９８０年代後半か、筆者の勤務先が入居するビルの一室で木版画の個展があった。作品の優しい雰囲気が気に入り10号大の作品を二枚購入した。版画家の名は谷川睦子。

２０１１年11月17日、筆者は日本大学名誉教授・谷川正己先生をお住いの等々力渓谷にお尋ねした。事前に判明していたことで、奥様があの谷川睦子さんであり、お願いして先生へのご紹介を頂いての訪問であった。

この論文を書こうとして、どうしても先生のお話を聴かねばならないと思ったのである。

これより僅かに遡って何れかのテレビ局で先生の監修になるライトと帝国ホテルにまつわる話の番組を見ており、大変興味を覚えていた。どうしてもその話を先生から直接聴きたかったのである。

その際、先生から「谷川正己のライト紀行」①～㉚を賜った。

早速読ませて頂き、ライトの様々を知る為に有難かった。２０１５年のツアーで辿ったライト作品への思いと合わせて、筆者のライト観の多くを補強することが出来た。

各回の内容をご紹介したい。

以降の冒頭番号①～㉚は先生が書かれた各編を意味し、その編の解説の他に、「　」は先生の記事の引用部分、【　】内は筆者の意見である。

＊

①「建築の研究」２００４年12月号

ライト概説からオークパークの住宅群

オークパークとリヴァ・フォレストの街に31件の業績が現存と。

②「同」２００５年2月号
タリアセン・イースト&オークパークのユニティ教会
「１９９４年11月23日ＴＶ番組「輝ける額、20世紀の巨匠・天才建築家ライトと日本」の監修を依頼されたこと、その際プロデューサー倉内均氏から〝……帝国ホテルを設計したライトが、我が国建築界に多大の影響を与えて帰国した……式のものではなく、ライトが日本の影響を受けていることを実証したいと願って……〟との思いを聴いた。」
「１９０５年の設計時、ライトは祈りの空間と住まいの空間という二つの異なるスペースを包含した「複核プラン」を創り出したが、その原型は二つの異なる空間に共通する出入り口を持つ日光東照宮の権現造りである、と解説した。」
＊女優吉永小百合が案内人役として出演した。
＊『輝ける額』＝Shining Brow の邦訳、ウェールズ語 Taliesin から来ている。
「ライトは生まれ故郷に近いウィスコンシン州スプリンググリーンに工房を建設して、一群の建築をタリアセンと命名した。丘の稜線に当たる部分に自邸兼ゲストハウスを建てて、自然の景観を損なってはならないとし、額に当たる部分に建物を建てたとしている。自然と一体化し、しかも、建築群はキラキラと輝いて、丘の景観を一層生気あるものにした……。

この自然との一体化、融和といった思考は欧米的ではない。むしろ日本的発想というべきであろうか。ライトの工房タリアセンを訪ねて我々日本人は、余りに日本的な景観に懐かしささえ覚えるのである。いや、タリアセンに限らず、ライトの建築に我々が共感を持ち、感動と興奮を覚えるのは、彼の発想の原点に、少なからず、日本から得たものが織り込まれている故であろうと思う。」

【この考察は、筆者がライト作品に魅かれた根源にあるものを示唆している。

又、2013年に筆者自身がタリアセン・イーストを訪問し、言い表し難き感動を覚えた核心に関係するからである。

この部分は重要！　ライトの年表と照らす必要あり。つまり、タリアセンの建設順序と日本訪問の関わりを調べ、日本的なものの影響又はヒントがどの時期から顕れたかを言うべきである。これこそが、この小論の骨子の四分の一を占める。つまりライトと日本の関係である。

小論の二分の一は日本文化の特異性と評価であり、この小論のメインテーマ、つまり筆者の言いたいことである。四分の一がタウトと日本的なものの関係、彼の評価した日本文化である。】

③「同」２００５年４月号

ライトの初来日は１９０５年（明治38年）３月７日〜４月28日＝53日間

ライトは語りもせず、文章にもしていない。

「ライトにとって、後に深く関わることになる日本。その初めての日本旅行について、実は、彼はほとんど何も語ろうとしないのは何故か。」

ライトが撮影したとされる写真55枚、内、庭園を撮ったものが７枚ある。滝が15枚。これらの写真から彼の訪れた場所と順序が特定出来て、先生は旅マップも作られている。ライトの日本国内旅行の概要、経路図あり。

修学院離宮訪問の可能性大。（タリアセンの生徒に語った形跡ありというデータ）

「修学院離宮の構成とタリアセン・イーストの全体構成との関係大。」

【この節における谷川先生の説論に多々共感する。ライトは聊かも語らず、文字にもしていないが、その作品群に現れた魅力は多くの建築家、特に日本における建築を考える人々の関心を引いた。その結果多くの影響も与えた。】

以下は、谷川先生の記述である。

「ライトの関心の焦点は、次の3点に絞られているように見える。

① 建築物の形態、② 建築と庭園の融和、③ 自然の景観、である。

彼の撮った写真は建築物の形態そのものに焦点が絞られていることに注目する。

特に建築物の屋根の形態に格段の関心を持っていただろうことを覗わせる。

庭園というものは、いわば人工の自然である。自然の景観を限られたスペースに凝縮する手段によって庭園は造られる。それはしたがって四季の変化に富む豊かな自然が、モデルとして存在することが前提である。賞でるべき自然の矮小化、そして、様々の自然を一度に鑑賞しようという、いささか欲張った景観が造られて庭園となる。ライトの関心は、この箱庭的自然に向けられていたように思う。そしてまた、それらの庭園が人々に鑑賞されるという意味で、建築と庭園の関わり方にも深い興味を持っていたようである。」

【ライトが日本に、日本人がこれまでに創り出してきたものに魅力を感じそのエキスを自分のデザインの中に注入出来ていたとすれば、我々日本人が彼の作品に惹かれるのも当然なのかもしれない。】

④「同」２００５年８月号

スキャンダル

２０１７年はライト生誕１５０年。

・六人が焼死した事件を中心にライトの半生はオペラとして１９９２年（生誕１２５年）に上演された。

展覧会、講演会、見学会などの行事が行われた。

「１９１４年８月14日、メイマー（施主の妻）との新居で、（ライトは仕事で不在中）妻と子供達５名をライトの料理人が、食事中の食堂の一ヶ所以外の鍵を閉め火を放ち、逃げ出る計６名を斧で惨殺した、というセンセイショナルな事件があった」（筆者注：『自伝』によればライトはミッドウェーガーデンホテルの現場に居た。この事件についてある量の文章を残し、語っている）

・サイモンとガーファンクル「フランク・ロイド・ライトに捧げる歌」あり。

「ライトは常にドラマの主人公でありたいと願っていたとされる。惨劇後数年を経ずして、帝国ホテルの現場に立ったとされる。」

【現今でも西欧人はスキャンダルとゴシップに強いようだが、我々の理解を超える。】

⑤「同」2005年10月号
関連著作：谷川正己著『タリアセンへの道』SD選書、鹿島出版会

⑥「同」2006年2月号
草原住宅（prairie house）他
1893年（明治25年）シカゴ万博日本館「鳳凰殿」はライトが見た最初の日本建築。
「異常な興奮を覚えたとする日本建築の屋根の反り、イリノイ州首都スプリングフィールドのディナ邸で屋根の反りを試みた。」
ライト作品人気度ランキング（於1976年＝米建国200年祭、アメリカ建築家協会）
3位：カウフマン邸／落水荘、10位：ジョンソン・ワックス社ビル、同：ロビー邸

⑦「同」2006年4月号
カウフマン邸／落水荘（1936年竣工）
「落水荘（Fallingwater）は再起不能状態での起死回生のヒット作。
発注者・ピッツバーグの百貨店王エドガー・カウフマンの週末別荘。1963年、カウフマン2世が西部ペンシルベニア州保護局へ寄贈」

【内外共、流れる空間の代表作。自然との融合、開放的・ガラス多用、コルビュジエの多連窓と同質。日本建築の発想・模倣、室内から池へ下りる階段：飛雲閣からの影響について、多くの識者が言う。訪問しての感想は前に述べた。】

⑧「同」２００６年６月号

ポープ＝レイヒー邸／ワシントンＤＣ近く、ヴァージニア州マウント・バーノンのウッドローン農場内150㎡未満、平屋木造建築。プレハブの考え方を採用、基礎、暖炉、水回りレンガ積み以外を現地組み立てとしている。

【現代日本建築の工法そのもの。昔の日本木造建築は、大規模のものや敷地に余裕があれば大工が現地での加工もしたが、殆どが狭隘な敷地に建てられる日本家屋の為に大工の頭の中にある部材は棟梁の加工場で制作され、当該敷地に運び込まれ組み立てられた。究極のプリファブリケーションである。日本建築のモデュールのコンセプトと組み立て方式はライトでも思いついたであろうし、日本建築方式の導入であったかもしれない。】

⑨「同」２００６年８月号

プライスタワー／オクラホマ州バートルスヴィル。

【発注者ハロルド・プライスⅠ世及びジョー・プライスⅡ世とライトの関係はこの論文を書く中での筆

者に大きなインパクトを持つ。日本文化のコアにあるものとは？　を考える者にとって。】

「ライト「混み合いすぎた密林からエスケープして来た一本の大樹」」

【学生時代に筆者を魅了したライト作品の一つ。

シカゴ万博日本館「鳳凰殿」と浮世絵はライトと日本の関係の見えない部分を解く鍵であると思う。タリアセン・イーストの自邸には彼の愛したであろう浮世絵が何枚か維持・展示されている。

プライスⅡ世は作者も知らずに買った1枚の掛軸の墨絵から日本の絵画へ、特に伊藤若冲（1716～1800）にのめり込んで行った。これほどの日本美術・絵画への理解者は類例がないと言いたくなるほどである。ちなみに、若冲もの著書で沢山露出しているプライスⅡ世邸はブルース・ガフという建築家によるものである。】

⑩「同」2006年12月号
バッファローの住宅4軒など

⑪「同」2007年2月号
グッゲンハイム美術館／ニューヨーク、発注者ソロモン・グッゲンハイム（オープン前に他界）
ライト誕生1867年6月8日～1959年4月9日没、1959年10月21日オープン
スパイラル造形の初出は1924年のゴードン・ストロング天文台計画案である。

帝国ホテル竣工前帰国し間もなくの発想。１９４３年６月９日設計契約➡１９５６年着工。

「ペーテル・ブリューゲル「バベルの塔」、ジグラットとの関係等」

【この関係性は面白く、コルビジェジェにもスパイラルを一階から登りながら観るコンセプトの美術館案がある。コルビジェジェとライトの発想の時差を考えてしまう。

建築家は「階段」からの解放を夢見る。芦原義信は旧ソニービルでスパイラルフロアのビルを造ったし、スパイラルなものなら日本には栄螺堂等があり、建築家は相互に様々な者から刺激を受ける。】

「グッゲンハイム美術館の豪快なトップライトとバチカン美術館のトップライト、30年前、メイマ・ボスウィックとフィレンツェ北郊フィエソレに1年居住。当時ライトの眼に刻まれた記憶ではないか。」

⑫「同」２００７年６月号
ウィンズロー邸／オークパーク（本章５「ライトが残したもの／作品」参照）

⑬「同」２００７年10月号
ライトのパース
【筆者が設計をするときに描く透視図や配置図は完全にライトの影響下にある。ライトのパース（透視図）は完全に浮世絵の影響下にある。筆者の感性にある「日本」がライトに同調するのだと信じている。】

⑭「同」２００７年12月号
息子・ロイド・ライト
⑮「同」２００８年2月号
三代目、エリック・ロイド・ライト
エリック設計の住宅・アナイス・ニンの家。
アナイス・ニンは女流作家、その発言
「ムードや暗示に重きを置きあからさまなものを避ける日本人のやり方が私はとても気に入っている。……日本文学のもつ微妙な味わいが好きなのです。つねによりいっそうの明白さを求められる西欧作家であるよりは、日本の作家であったほうが私は幸福だったでしょう。」

⑯「同」２００８年4月
ライト作品日本で四件
生涯８００件の計画案、内４００件が実現。米国外、カナダ3件、計画案込日本6件。

帝国ホテル、旧山邑邸、自由学園、旧林愛作邸。

旧山邑邸（ヨドコウ迎賓館）について先に述べたが、先生のこの記事で次の補足を得ている。

「設計は帝国ホテル建設で来日中の１９１８年、理由は不明だが１９２２年に工事が始まり、遠藤新、南信等が原設計を基に実施設計、工事監理を行い１９２４年に竣工した。」

ついでに、遠藤新は甲子園ホテル（現・武庫川女子大学甲子園会館）を代表作として残したが、掲げられた写真から察して正にライト風であり、「西の帝国ホテル」と呼ばれたそうである。

⑰「同」２００８年6月
紀行スタートの話

⑱「同」２００８年8月
『ライトの遺言』翻訳時のことなど
「『ライトは広く読まれることを望んだが、彼の言葉以外の何物をも付け加えてはならないことを強調した。』（翻訳時の先生へのホライゾン・プレス社長レイボーンの警告）訳者序文、ノイトラ序文も断られた。」
「ライトの暗黒時代（ヨーロッパへの逃避行を含む）は四半世紀に及ぶ。奇跡的カムバックの切っ掛けは『アーキテクチュラルフォーラム』誌「ライト特集号」１９３８年1月号と言ってよい。落水荘（カウフマン邸）、ジョンソン社ビル他を掲載した。編集長のグローツの功績であると言えよう。」
【この号でちょっと気になる先生の記述を発見した。自身の若き時代のことを述べる中〝訳書（『ライトの遺言』）と著書（『F・L・ライト』）以外には日本の近代建築史、様式論争や虚偽論争、野田俊彦の建築非芸術論などを研究していた。〃である。

これまで〈建築非芸術論〉を知らなかった。直ぐ［俳句第二芸術論］論争が思い浮かぶ。

これは仏文学者・評論家の桑原武夫が一九四六年、雑誌「世界」に書いた「第二芸術」という論文から発した論争で、要は俳句が芸術であるなどとはおこがましいとの意見とそれへの反論である。

野田俊彦の建築非芸術論を今にして調べてみると、〈美を追究する行為は人間を淫らで誤った方向に導くために、無価値であるばかりか有害な行為で、従って建築を美しくしようとする行為も誤りである〉が起点になっているという。野田俊彦（1891～1932）とは旧東京帝大建築学科出身の官庁建築技師で内田祥三の教え子らしい。これまで存在すら知らなかったことを幸いと思うが、タウトやライトとは対極にある思想の持ち主であったらしい。建築という世界が限りなく広くこれら諸々の人、物、思想を包含することに改めて感慨無量である。】

⑲「同」２００８年10月

高弟エドガー・タフェルのこと

エドガー・タフェルはタリアセンに学びカウフマン邸、ジョンソン社ビルの現場を担当し、当ビル担当中に周辺の住宅を複数設計し独立した。著書に『知られざるフランク・ロイド・ライト』（谷川正己・睦子共訳／鹿島出版会）。

氏との出会いで谷川先生はライト研究をライフワークにと決心した。

オグヴァーナ夫人の助言

「帝国ホテルの建設中に契約を解かれ帰国、以後一〇年は暗黒時代で設計の依頼は無かったライトは、最後の夫人（女性四人目、夫人として三人目）オグヴァーナの提言を得てフェローを募ったという。〝設計の依頼が来なくても、あなたは生徒を集めて建築家を育てることはできる。〟そのタリアセンからタフェル、ジョンハウ、ベルントソン等が育った。」

⑳「同」２００９年2月

「ライト生誕地はウィスコンシン州リッチランド・センター、此処にジャーマン倉庫という唯一の作品建物が残されている。」

㉑「同」２００９年8月

タリアセンの建築群について

「浮世絵の影響がみられる透視図」

【という谷川先生のコメントに全く同感、多くの人が認めるところであろう。それ故にこの透視図の描き方に魅了され、真似た建築学科の学生がかなり居たのではないか、筆者もしばらくの間その一人であった。】

「タリアセンは自邸、設計事務所、ライトの許で建築の勉強をしたいと集まってくる若者たちの宿舎などによって構成されたライトの設計業績。此処で開催されるイベントは多くの設計依頼をもたらす為のものであった。」

㉒「同」２００９年10月
タリアセン・ウェスト
プライス・タワー／オクラホマ州バートルズヴィルで、プライス一家との出会い。
ハロルド・プライスⅡ世、邸はライト作品、弟ジョー・プライス：伊藤若冲コレクター、邸はブルース・ガフ設計（筆者注・若冲番組などで紹介されている。又、弟ジョー・プライスは日経新聞「私の履歴書」欄（二〇一七年三月）に登場し、ライトとの関わりを記述している）
【そもそも、筆者がライト作品を知った初期に魅かれた作品写真の一つがウェスト。斜めの屋根（室内と空を隔てるのはカンバス一枚）、それを維持するトラス、その天井の下の設計室、他各室、敷地標識などなど。イーストを訪ねてその長い期間の初心な関心に終止符を打ったのである。】

㉓「同」２００９年12月
没後50周年（２００９年）記念展示会の内容について
当時のライトの活動状況・人気度が分かるので引用する。
帝国ホテル建設時に並行した設計案件、林愛作（帝国ホテル支配人）邸、井上匡史郎子爵邸（計画案）、

福原有信邸（地震崩壊）、山邑太左衛門邸、後藤新平邸（計画案）、三原繁吉邸（計画案）、自由学園校舎

㉔「同」２０１０年2月
石川県産「蜂の巣石（菩提石）」のこと／薄赤味のある石
「帝国ホテルでライトが使いたかった石だが、産出量少なく大谷石を採用した。」

㉕「同」２０１０年4月
ロサンゼルスの住宅四件等在るがカリフォルニア州での活動は少ない。

「帝国ホテルはライトの二つの黄金時代に挟まれた暗黒時代の活動であった。」

【マリン群庁舎は没後作品で、筆者は一九八二年仕事の合間のタイトな時間に駆けずり回る様に訪ねた記憶があり、『ライトの遺言』の中では計画案として挙げられている。】

㉖「同」２０１０年8月
谷川先生ライトツアー始まりのことなど

㉗「同」２０１０年10月
谷川先生の壁新聞ライティアーナ紹介

㉘「同」２０１１年4月
ワイオミング州、テネシー州の作品など、知られざるライト作品の発掘・紹介など

㉙「同」２０１１年6月
関東大震災と帝国ホテル

㉚「同」２０１１年8月
帝国ホテル神話とサリバンを使っての宣伝戦の試み
「遠藤新の手紙（１９２３年9月8日―震災後帝国ホテルが無傷で建っているとの報告）をライト自身が書き換えてサリバンへ送ったのではないかという推定。

ホテルの実態は調査資料により無傷ではなかった。火災は出なかった。結果、帝国ホテルが無傷で残ったという伝承が広まったが、時代の西洋崇拝の影響あり。」

当時の近代的建造物の多数が（震害を受けたものもあるが）無傷で残っていたことを、先生は五十九例をリストとして挙げ報告している。

「アメリカ建築史上始祖的存在のサリバン事務所に後足で砂を掛けるが如き独立をし、以前はあまり交信をしなかったがこの時期以後、業績の芳しくない恩師サリバンの支援要請に応え始まったのも再起への

布石だったのではないか。しかしサリバンは関東大震災の翌年、アルコール中毒症状のまま六八才で逝去した。」

「ライトの帝国ホテルは、彼の云う『無傷で建つ天才の記念碑』ではなかった。そして、震災後の東京には、彼の云う天才の記念碑が数多く建っていたのである。

この事実は、残念ながら我が国ではあまりよく知られていない。帝国ホテルの物語の効果が強烈で、ライトの耐震設計の勝利の物語が我が国で蔓延してしまったのは、多分、我が国が近代化への歩みを始めた頃の、『舶来上等』の意識が、未だに払拭できずにいる故のことなのだろうか。」

【以上が「谷川正己のライト紀行」の結びなのだが、生涯をライト研究者として在る先生の客観的ご意見であり、ライトは建築家のあり方の象徴的な例だと思う。

あまりにも、タウトとは対照的である。

ライトの建築家像は斯くの如く理解出来たが、ライトに取り込まれた日本文化は、ライトの物語、作品の中に見えてきたと思う。】

9　ライトの総括

「人は、発言したりものを書く時直近で接した意見に影響される」とは、ある種の信憑性をも感じさせる論ではある。ライトとタウトを追いながら各種参考文献を読み、人と論じたことどもを思い出しながら自省することがある。自分自身の意見だと言いながらその内容を構成する各論は意外と他者の論の組み合わせだったり、定説となっている既成の論の己への刷り込みの結果であったりするのではないか。学問として積み上げてきた、つまり学習結果が知見となり自分の意見を構成していることも事実である。

筆者は自身の意見を明確にしてゆきたいが、ライトをどう評価し、建築史上、文化史上如何に位置付けるかについて二人の研究者の意見と著書をどうしても繙かなければならない。

これまで自分の目で確かめてきたライトの作品群、それらを含めてライトの創作過程を推測させるスケッチの数々（主に『F・L・ライト全集』と『ライトの遺言』に挿入された幾つか）、ライト自身の著作から得られた彼の考えへの筆者の理解に加えて、次の二著作を参照して意見を述べライトの総括としたい。

1：**フランク・ロイド・ライトとはだれか**／谷川正己・王国社

2：**フランク・ロイド・ライトと日本文化**／ケヴィン・ニュート、大木順子訳・鹿島出版会

フランク・ロイド・ライトとはだれか／谷川正己・王国社

既にお気付きのように前章『谷川正己のライト紀行』で著者・谷川正己は生涯をかけたライト研究者としてライトの総てを洗い出している。その上でのこの著作である。

まず、谷川のライト観の土台でもある巻末のライト年譜からライトの生涯の重要ポイントを拾い出してみる。九十一年間の年譜は長いが、筆者独自の観点から意味を持つ年に注目してみたい。

・1867年（慶応三年）6月8日、ウィスコンシン州リッチランド・センターに誕生。
・1869年（明治（以下M）二年）6月8日、ライトの信じた生年。
・1877年（M・十年）十歳、二度目の引っ越しでウィスコンシン州マディソンに住む。叔父J・L・ジョーンズの農場で働く、この体験がタリアセン工房の発想に繋がった。
・1885年（M・十八年）十八歳、ウィスコンシン大学土木科、両親離婚、父出奔。退学、見習製図工に。
・1887年（M・二十年）二十歳、シカゴへ。シルスビー（日本／東洋美術蒐集家）事務所に一年弱、サリヴァン事務所へ、オーディトリアムビル設計が初仕事
・1889年（M・二十二年）二十二歳、C・L・トビンと結婚、給料五年分前借りしオーク・パークに自邸、サリバンは個室を与え住宅設計を任せたが、生活に追われアルバイト。
・1893年（M・二十六年）二十六歳、アルバイト発覚、退所独立、初仕事「ウィンスロー邸」（オークパーク）、シカゴ万博開催、日本館鳳凰殿を（足繁く）見る。
・1894年（M・二十七年）二十七歳、講演「機械による美術工芸」好評。シカゴで作品展、以後続ける、名声拡大。（日本建築研究を進めていたと思われる）
・1895年（M・二十八年）二十八歳、自邸にスタジオ増築、住宅依頼急増。
・1896年（M・二十九年）二十九歳、「ロミオとジュリエットの塔」（スプリング・グリーン）
・1903年（M・三十六年）三十六歳、「ラーキン・ビル」（ヴァッファロー）／五階吹抜、サーヴド

スペイス&サーヴァントスペースの概念、後にベルラーへに影響。
・1905年（M・三十八年）三十八歳、日本旅行（二～五月）、日本に魅了され駆けずり回る。東洋美術品・浮世絵蒐集。「ユニティ教会」（オークパーク）
・1906年（M・三十九年）三十九歳、「広重展」開催（シカゴ美術館）、自らディスプレイを。
・1908年（M・四十一年）四十一歳、「ロビー邸」他住宅設計多数「日本の版画展」（シカゴ美術館）へ蒐集浮世絵を出品。
・1909年（M・四十二年）四十二歳、銀行とホテルの複合ビル設計／帝国ホテルデザインの原型見ゆ。十月、顧客夫人チェニーと駆け落ち、欧州行。第一期黄金時代（オーク・パーク時代）の終焉。
・1910年（M・四十三年）四十三歳、イタリア・フィエゾレに居、作品集刊行、欧州へ影響。
・1911年（M・四十四年）四十四歳、帰国、スプリング・グリーンに自邸とスタジオ建設。「タリアセン」と命名。
・1912年（M・四十五年＝T・大正元年）四十五歳、シカゴに事務所再開。「日本の版画」出版。
・1913年（大正（以下T）二年）四十六歳、「ミッドウェイ・ガーデン」設計（帝国ホテルの原型）。チェニー夫人と再来日。
・1914年（T・三年）四十七歳、タリアセンの悲劇、チェニー夫人と六人の子供死亡。

・１９１５年（T・四年）四十八歳、「ジャーマン倉庫」設計／帝国ホテルと酷似設計案。
・１９１６年（T・五年）四十九歳、帝国ホテル支配人林愛作夫妻タリアセン訪問、建築家吉武長一ミッドウェイ・ガーデン視察を踏まえて帝国ホテル設計をオファー。
・１９１７年（T・六年）五十歳、来日、帝国ホテル建設準備、「林邸」設計。
・１９１８年（T・七年）五十一歳、「山邑邸」他設計。
・１９１９年（T・八年）五十二歳、帝国ホテル着工、日米間往復。大晦日、レーモンド（以後帝国ホテル現場担当）夫妻同伴来日。
・１９２１年（T・十年）五十四歳、「自由学園」設計。
・１９２２年（T・十一年）五十五歳、林支配人辞任、ライト任を解かれ帰国。
・１９２３年（T・十二年）五十六歳、帝国ホテル全館竣工。九月一日、竣工披露パーティ開催予定日関東大震災。翌年にかけウエスタン・アーキテクト誌に帝国ホテル記事発表。
・１９２４年（T・十三年）五十七歳、サリヴァン没。M・ノエルと別れオグヴァーナと結婚。
・１９２９年（昭和（以下S）四年）五十七歳、マークス・タワー計画案／プライスタワーの原型。
・１９３２年（S・七年）六十五歳、「自伝」刊行。タリアセン・フェローシップ設立。
・１９３６年（S・十一年）六十九歳、「落水荘」竣工。ジョンソン・ワックス社設計開始。第二期黄金時代幕開け。

・１９３８年（Ｓ・十三年）七十一歳、タリアセン・ウェスト（アリゾナ州フェニックス）建設。
・１９４３年（Ｓ・十八年）七十六歳、グッゲンハイム美術館設計着手。
・１９５７年（Ｓ・三十二年）九十歳、カリフォルニア州政府施設マリン郡庁舎等設計。
・１９５９年（Ｓ・三十四年）九十一歳、アリゾナ州フェニックスにて逝去。

さて、谷川も言う。

「ライトは自ら自叙伝も書き虚実こもごもを語るが、日本との関わりを語ることは少ない、が、彼の作品を見れば我々日本人はそこに日本を見る。我々に与えたと同じくらいライトは日本の影響を受けたのではないか。」と。谷川先生の話を直に聞き、著書を拝見しての刷り込みを否定しないが、筆者も自分でライト作品を見て日本建築の多大な影響を感じる。

自らはそれを肯定しない様な人柄だったのである、ライトは。

敢えて危険を冒して強弁すれば、ライトは日本文化を作品化し世に残したと。

勿論、本来のライトは存在したし、装飾性を削ぎ落としてゆくなど自身も何度か転進していった。そして、自分の設計思想が間違いではないことを、老子の思想を知って確認したことを肯定しているのみがライトが許せる「日本からの影響」だったのではないか。

谷川はライトの日本訪問時の行程と写真からライトの関心の焦点を三項目に纏めている。

史実によりライトは桂離宮を見ることは出来ず、桂の影響を説く説は正しくないとしながら、

①建築物の形態、②建築と庭園の融和、③自然の景観、これらに基づく谷川の結論は、全く共感出来るという意味で正しい。
「日本の自然に接して、徐々に固められていったライトの自然観が、彼の標榜した有機的建築の原点に深く関わっているということであろう。壁によって外部の自然と隔絶し、対峙するのではなく、自然と建築が融和することを目途とした彼の建築論は、ヨーロッパ的でもアメリカ的でもない発想というべきである。」

つまり、日本的なのであり、筆者にすれば日本そのものなのである。

「建築家ライトの実像」の章で谷川はライトの人格を形付けようとしているが、その劇的さを伝えられず、此処では前掲の年表により推察されたい。

ライトの著作は多いという、筆者が接することの出来る物が少ないだけであろう。

最後に谷川の興味ある帝国ホテル観。ライトの装飾性は東照宮の影響であるとする。

タウトが「いかもの」とした陽明門こそミッドウェイ・ガーデンと帝国ホテルの原型であるとする。桂離宮は見ず、日光がライトにとって日本建築の第一印象だったとする。

谷川先生に「ライト&タウト」論を誰か試みたかを尋ねた時、即座に「無い」と仰ったことを覚えている。筆者を鼓舞した回答であったと記憶している。

フランク・ロイド・ライトと日本文化／ケヴィン・ニュート、大木順子訳・鹿島出版会

見開きにある書名は「FRANK LLOYD WRIGHT AND JAPAN」であり「JAPAN」を「日本文化」としたのは訳者であろうか。又、カヴァー表紙には「The Role of Traditionl Japanese Art and Architecture in the Work of Frank Lloyd Wright」とあり、直訳すれば「ライトの建築作品における日本の伝統美術の役割」であり「ライトに見る日本文化の影響」という意味になろうか。この著作の著者は経歴からして英国出身かとも推察するが、良書である。

「AIA（アメリカ建築家協会）１９９４年 ARCHITECTURE BOOK AWARD」受賞もうなずける。ライトの建築作品と日本もしくは東洋文化の関係についてきめ細かく論じて説得力に満ちている。哲学的素養不足の読み手からすれば些か難解な部分を措くとして、その推論の殆どについて共感出来る。

筆者の目的はその（ライトにも影響したであろう）日本文化の性格、特性を認識することであるから、この著書で解明されるライトと日本文化の関係への推論そのものは有り難く有効な意見として下敷きにさせて頂く。

「ライトの総括」という観点からすれば、前著はライトという人物像とその歴史が中心になっていたかと思う。こちらは正にその作品の成り立ちに潜む日本ということであろう。

肝心の「総括」なのである。我がライト評を越えて優れた意見にも目を向けたい。

この書における結言、そして、ジョン・サージャント氏（ケンブリッジ大学建築学科講師・発行当時）の「序文」、これらこそ、これ以上無いライトの総括になっている。長いが引用する。

◉ケヴィン・ニュートの結言

「ライトは日本の建築のいくつかを利用はしたが、ライトにとっての日本のおもな役割はある種の「拡大鏡」のようなものだったのではないだろうか。彼はその上に彼自身の「有機的」原理を映し、そしてそこからこれらの理想はより確かな信頼性をもってライトに返されたのである。つまりライトの以前と以後の多くの西洋人と同様にライトが日本の中に見たのは基本的に彼が見たいと「欲して」いたものだったようである。彼の場合それは日本における一般的な有機的特徴であり、それはあまりによく発展していたためライトは誘惑に打ち勝つことが出来なかったのである。その誘惑とは、それをコピーすることではなく、十分に利用しようという試みである。彼の完成された作品において、ライトが実際日本を模倣することなく、この理想とする有機的標準を競うことが出来たというのは驚くべき事実である。」

◉ジョン・サージャント「序文」から（一部抜粋）

「伝統的日本文化は、長い間ライトの哲学的原典として認められてきたが、意匠的な面ではライトが常に影響を否定してきたこともあり、深く議論されることはなかった。本書では、ケヴィン・ニュート氏が哲学的側面を分析し、ライトの主張を見事にくつがえしている。……ロートレック、ゴーギャン、クリムト、ホイッスラーなどの主要な芸術家が日本の浮世絵の影響を受けたことはすでに以前から認められてきたが、建築家については特に議論されたことはなかった。……エドワード・モースの『日本住宅とその環境』（1886）を西洋における日本文化紹介のパイオニア的著作として取り上げ、ライトが実際に日本の地を踏む前に、いかに多くをこの本から得たかを示している。……そして『日本住宅とその環境』と鳳凰殿が、ともにプレーリーハウスの展開の中心的役割を果たしたことが示されている。この二つの原典は、ライトの一連の平面タイプにおける空間の層構成と透過性という考えの実験を後押しするものである。そしてライトによる聖なる入り込み空間―床の間の、暖炉への置き換えの鍵となっている。……私はその重要性の起源はウェールズにあるのではないかと思っている。……社会的統一を目指した中国の儒教ではなく、いわばその「野」なるものである道教にライトがひかれたというのは注目に値しよう。老子による自由な精神の自然主義は、社会秩序を目指す儒教とは対極をなし、儒教の陽に対していえば陰といえるだろう。……茶室と岡倉覚三の役割に焦点が当てられている。そして何よりも、禅と道教の「無」の考えから見た形而上学的空間は、ライトの最大の関心事だったのである。……そしてその背景には、日本語の「間」という言葉で表される一時性があるのだ。こうしてライトのデザインにおける、移動する視点と感情に訴えるものが生まれたのである。……本書において、ついにライトの複雑なデザイン的アプローチに解明の糸口が与えられた。次世紀への出発点を模索している建築家にとって価値のあるものとなるだろう。」

この書には著者も訳者も師とする香山壽夫氏（現・東京大学工学部建築学科名誉教授）からもう一つの序文が与えられている。本著作の意義を述べながら次の様にいう。

「どのような天才であろうとも他者からの影響を何らかの形で受けているものだろう。いやむしろ独創的な人物ほど他者から学ぶところは大きいと思われる。それは原典となるものからの単なるコピーという意味ではなく、独自の視点と自身の文化の深い理解から導かれた独創性という意味においてである。……

（本書は）二つの文化が出会った時の、混乱をともなう、しかしきわめて重要な考えの交換や、そこにしばしば展開される種々の創造活動についても検討されている。……一般的に文化は他文化との接触と交流を通じて自己のアイデンティティを解釈し直すことによって、その創造性を維持することが出来る。日本と西洋の場合においては、この種の相互交換が19世紀末に非常に集中して行われた。

ライトの作品の研究を通して、ケヴィン・ニュート氏がこの異文化間の交流と再生の興味深い過程を鋭く解析している。21世紀が近づくにつれて、異文化間の交流の問題は新しい意味を持ち、私たちすべてにかかわるものとなりつつある。」

ここで香山教授が指摘している問題こそ筆者のテーマに迫るものである。筆者は「自己のアイデンティティを解釈し直す」までに到らず、ほんのりと自己を含む文化のアイデンティティを認識し直すレベルとなりそうではあるが、試みたいのである。

本書は序章と十章を設けてライトの中の日本を分析するのだが、全体の中の核心を「序文」が既に纏めてくれているので、ライトの総括に利するキーワードをつないで復習し、私見を述べる。

◉『日本住宅とその環境』と鳳凰殿（第1章中）

ライト全作品の中では限られた数を自分の目で見、空間を体験し、「ライトは日本だ」と感じたことを正しいと裏付けてくれたのが、『日本住宅とその環境』及び鳳凰殿とライトの関係を探ってくれたケヴィン・ニュート氏であり、筆者の成し得ない研究の力だと思う。

資料で目にすることの出来る鳳凰殿はともかく、エドワード・シルベスター・モースについて、又その著書『日本住宅とその環境』を全く知らなかった。

ライトが訪日以前から『日本住宅とその環境』を読む機会を持った可能性に言及し、初期のプレーリーハウスに現われてくる変化にライトが実行したかった平面計画の変化を見て取り、日本住宅の研究がその変化をもたらしたとする推理は説得力がある。

モースがアーネスト・フランシスコ・フェノロサを推し、フェノロサの許で岡倉覚三（天心）が育つ。「日本の教育システムから伝統美術が消え去るのを防ぎ、明治日本の一般的西洋化の波に直接異議を唱えた」フェノロサの存在意義は又別に論じたい。

忘れないためにもう一人の人物、後にボストン美術館に関係する画家・美術教師アーサー・ダウは二人の仲間であり『コンポジション』（１８９９年）の著者である。この著書はライトのデザイン上の秘密の伏線を成すようだ。

◉ 浮世絵（第一章&第六章中）

ケヴィン・ニュート氏はライトの自伝から次の文章を拾い上げている。

「浮世絵の占める位置は想像されているより遥かに大きい。もし私の教育の中に浮世絵がなかったらどのような方向に向かっていたか分からない。」

ライトのパースは浮世絵そのものであり、目で見て直接感じられるものであり、学生の筆者を魅了し、今も筆者のパースの描き方にその影響を残している。

谷川先生のライト年表を見て気が付くと思われるが、自身が言うよりライトにとっての浮世絵は趣味を超えて、デザイン上の関連性をも超えて、商売でさえあったようだ。

ライト及びライト財団にとっての浮世絵コレクションの意味が大きかったことは先に述べた。しかし、ライトの中にタウトと真逆の、北斎への評価がある。タウトの感情的で論拠が明確でない論に対し、「北斎は創造的排除の名手」と、抽象化とデザイン性の優位を言う。

筆者は明らかにライト派である。

◉老子（第七章中）

ケヴィン・ニュート氏は岡倉覚三の『茶の本』（1906年）及び『東洋の思想』（1903年）とライトの建築空間思想の成り立ちの関係について考察している。主にライトの『The Philosophy and the Deed』（1954年）と『The Natural House』（1971年）での文章から引用しているのだが、このことについて筆者には忸怩たる思いがある。最初2013年にこの著作を読んだ時点では「有機的」という言葉だけにとらわれて肝心な部分を読み飛ばした。

有機的という概念表現さえ源は老子・道教思想に発していたと思われる。

1954年のライトは、『茶の本』（1906年）を知る前から自前の考えとして実践してきたと述べ、「建物の実体は生活する空間にあるのだとする有機的建築の考えは、また私たち自身を建物という外皮で封じ込めてはならないとする感覚は、東洋独自のものではない。個人個人の誠実さを宣言した民主主義は、それを言葉ではないとしても、感覚として持っていた。」と言い、その後のライトは「『茶の本』の中に「部屋の実体は屋根や壁自体ではなく、屋根や壁に囲まれた空間にあるのである」とあるのを見つけた」と記している。

ケヴィン・ニュート氏はライトが『茶の本』に出会ったのは１９２０年代であるとしているが、実際には１９０５年の訪日以前から老子哲学に精通していたことをライト自身の発言から裏付けている。

１９５６年のライトは言う。

「——私はすでにそれを建てていたのだ——この思想の存在をまったく知りもせずに。ユニティ・テンプルに見ることが出来るし、ラーキン・ビルから始まったのだ。」

ライトの実践はケヴィン・ニュート氏の結言を以て評価して問題ないのである。

◉ユニティ・テンプルとラーキン・ビル

ラーキン・ビルは既に存在せずその空間を体験出来ない。しかし筆者が日比谷に在った帝国ホテルのホワイエを体験して感動したと同じように、オランダのＨ・Ｐ・ベラルーへは百年前にラーキン・ビルに感動しライトの空間哲学を欧州へ紹介したという。

この商業事務所建築の在りし日の姿を一番よく伝えてくれるのは二川幸夫の編んだ『フランク・ロイド・ライト全集』が採録している図面と写真である。

ライトの建築哲学は既に建築設計の作法となり世界に拡散伝播しているのではないか。

リチャード・ロジャースのロイズ・オブ・ロンドン本社ビルの吹き抜け執務空間はラーキン・ビルそのもののように筆者には見える。空間の機能的単純性から、流れる空間というより主人たる目的空間と支える機能空間の在り方の典型例ではなかろうか。

ユニティ・テンプルを建設後百年を隔て見ることが出来た。ライトの苦心によりローコストの選択として採用したコンクリートも局部では老朽化の姿を曝していた。

ケヴィン・ニュート氏の論、日光大猷院の権現造り平面との酷似を如何に看るか、この敷地での教会建築への適応作品は今なお日常の中で使われている。ライトは動線処理を工夫する中で此の空間適用を思いついたはずである。

タウトは陽明門を前にして武家建築の代表としての日光を、その毛深さを嫌った。

ライトは自身の毛深ささえ日光に後押しされたのではないか、あまつさえ平面計画の典型をも移植した。

◉タリアセン・イースト

ケヴィン・ニュート氏は五重塔の断面をセント・マークス・タワー計画とジョンソン・リサーチ・タワーの断面に並べて論じている。勿論プライス・タワーにも言及している。しかし、ライトにとっても連想の域を出ないと筆者は考える。「森から抜け出した木」はイメージでしかない。

筆者のライト作品に覚える感動に比し、この著作でのタリアセン・イーストへの分析は少ないといえる。

筆者はライトの精神の中に青年らしい初々しいロマンチシズムを感じる。タリアセン・イーストにある〝ロミオとジュリエットの塔〟はそのシンボルである。

この感慨を支えるスケッチがある、『フランク・ロイド・ライト全集』No.6の「タリアセン・イースト1937」のもので、建物配置を示す鳥瞰スケッチの彼方に〝塔〟が描かれている。ライトは自分の心のシンボルとしての〝塔〟を常に心に抱いていたのではないか。

そしてこの心は、晩年の住宅以外の様々なプロジェクトの案を練る時スケッチを迸らせる原動力となっていたのではなかろうか。日本建築を学びその空間を実現してはいったが、やはりライト自身は自分の心、オリジナルな想いの中にいたのではなかろうか。

この塔に筆者は「**ライトの詩**」を感じる。

この「**詩**」は有機的建築を語る前からライトの心の中にあったと思う。

筆者のライト総括はこの「**詩**」に尽きる。美しいと思う。

最後に唐突ながらドナルド・キーンの見方を引用する。（『日本人と日本文化』p. 145）

「ライトは日本に特別な感情（を抱いていた／筆者注）、浮世絵が彼にとってどんなに大事であったか、日本での経験が彼の一生にとってどんなに大事な地位を占めていたか」

第四章　三人目の建築家

1　同時代を生きた三人の建築家

巻末に掲げた年表をご覧頂きたい。ここまで、強く日本との関わりを持った建築家としてブルーノ・タウトとフランク・ロイド・ライトについて書いてきた。西欧人である彼等が日本に何を感じていたかを知り、日本及び日本文化の独自性の輪郭を描ければと思ったからであった。しかし、日本に対しては素っ気なく、この二人よりある時代日本の建築界に大きな影響を及ぼしたにもかかわらず日本に来たことは一度しかないもう一人の建築家が同時代に活躍していた。日本の建築家が何故彼に魅力を感じたかを考えることにより我々の持っている物のなんたるかを、逆に知り得るかもしれない。

三人目の建築家とはル・コルビジェである。地理的にもこれまで述べてきた二人の建築家の中間に生まれ（スイス生まれのフランス人として）活動を開始した。

F・L・WRIGHT（１８６７〜１９５９年）

LE・CORBUSIER（１８８７〜１９６５年）

BLUNO・TAUT（１８８０〜１９３８年）

年表によるまでもなく、三人は相互にその存在を知っていた。

タウトはコルビジェの活動を冷めた目で見ていた。ライトに対してはその作品を通して快く思っていないことを記していた。ライトは多くの文章を書きながら他の二人に対して何ら言及していない（であろう）。コルビジェの発言については全く知らない。

彼等の相関に関することを知ることの意味もないであろう。

ただ、建築家は他の建築家の存在とその作品については敏感である。画家や文筆家においても同様ではあろう。

ひとえに、コルビジェの作品と主張に、日本の建築家は自らの持つ文化故に惹かれてはいまいか。コルビジェは日本文化と日本建築について何も語っていないと思われるのに。

2　近代建築におけるコルビジェの価値と三人の関係

平成二十九年の秋、東京・渋谷で原題名「THE PRICE OF DESIRE」という映画を観た。邦題が「ル・コルビジェとアイリーン」であり、愚かにも題名に魅かれて鑑賞した。

映画大好き人間とすればいつものように映画の出来を評価するのだが、B級であった。

それよりも納得が出来なかった問題がある、配給会社の売らんかなの心映えであろう邦題名にコルビジェを持ち出したのである。作品の内容は明らかにアイリーン・グレイという家具デザイナー且つ建築家

（「Ｅ－１０２７」という住宅を設計したが故に）の生涯を人間関係を通して追った話である。うまいことにコルビジェとグレイが建築論を戦わすシーンもあるので邦題名を難じて法律的問題とすることも出来ないが、商魂逞しい誇大表示とは言ってもよいのではないか。脚本、演出、撮影、音楽、殆どに於いてＢ級であった。関連各国大使館から国立西洋美術館まで講演等で協力し、世界遺産の名を借りての大童であった。話がずれたが、コルビジェは惨憺たる扱いを受けていた。三人の日本の弟子達のようにコルビジェに接したことも無しに人物・人格評は出来ないが、「建築は住む機械である」を主張していた時代だけのコルビジェを主人公に対比させていたのは頂けなかった。

但しである、コルビジェのテーゼに対抗せしめてアイリーン・グレイに言わしめていた理屈が、まるでフランク・ロイド・ライトの主張を、しいては日本建築の特質（自然との同化）をも代弁するが如きものであったのが非常に印象的であった。

確かにこの時代のコルビジェは「建築は住む機械である」と言っていたであろう。なんとこの理論は世界を、特に日本を、日本の建築家を魅了したのである。

特にそのコンセプトの具体化であるピロティ形式は、森を紅葉させてゆく風のように日本の建築家達を染め上げていったのである。端的な表れが丹下健三の建築作品であろう。

丹下のデビュー作であるコンペによる広島原爆記念館や自邸がある。

この場合の、サヴォワ邸との関連性は剽窃でもなんでもない、主義への共感であろう。

しかし、自邸は殆どコルビジェのコンセプト通り、それを木造で実現したものである。

もう一つの例は菊竹清訓の自邸である。この作品が完成した頃、筆者は建築学科の学生になった。講座の延長だったかもしれない座談会形式のシンポジウムの場に居た筆者は、恐れ気もなく「建築における模倣とは何でしょうか」とコーディネーターの川添登に尋ねたのである。

ゲストパネリストは菊竹清訓であったから当然、テーマは自邸「スカイハウス」であった。川添は言ったと記憶する、「スカイハウスは理論の発展的展開である」と。「あっ、そうですか！」脂ののっていた建築評論家は簡単に新しい建築学科学生をいなしてみせたのである。

デビューしたばかりの建築家は下を向いていたと記憶する。思えば六十年前の話である。

改めて、コルビュジェの価値は？　業績としての作品群を辿ることでのみ示せる。

日本以外に建築思想的に影響を与えた広がりを感じ得ない。

○タウトの残した作品群は殆どドイツ一国とトルコ内に在り、文化評論に於いて日本人に騒動を巻き起こした。

○ライトは米国以外には日本にのみ作品を残し、潜かにその建築論的影響を欧州にもたらし、日本では建築家達に限らずに多くのファンを獲得した。

○コルビジェは欧州内とアジアに作品を残し、戦後三十年間に日本の建築家達に思想的影響を残した。と、大略総括出来るのではないか。

この中で、コルビジェ一人が我が道をのみ見ていたのであり、他の二人はいずれもコルビジェを横目で見ていたのではないだろうか。

筆者にとってコルビジェのサヴォア邸は日本の高床建築の理論的展開にしか見えなかったのである。高温多湿対応の高床ではなく、持ち上げた高床空間に機能的意味を持たせた論が大きく展開した所以である。且つ、西欧の城郭や都市建築に限れば、その石造壁式建築史に柱梁架構形式を提案したことに於いて画期的であった。

さらに、彼の絵画的世界に戻ったといえる後半の作品群から到達したロンシャンの教会は日本建築界に与えた影響も大きかった。

コルビジェをイメージする三つの印象は「五つの主張」が「ドミノ」（建築理論のダイヤグラム的図式）よりも分かり易い。

○荒々しいコンクリート打ち放し仕上と湾曲したフォルム

彼の基で学んだ坂倉準三、前川國男、吉阪隆正に与えた影響は顕著であり、さらにこの弟子達を介して戦後昭和日本建築家達への伝播力は大きなものであった。源はオーギュスト・ペレに発するのだろうが、コンクリートの素材感をそのまま表す表現力を日本へ、日本人的素材処理の感覚として伝えた影響力が大きかった。

日本の建築家達は打ち放しコンクリートの表面に、コルビジェの荒あらしい扱いに対し、繊細な表現さえ加えて発展させた。この点での日本文化の下地は我々が歴史的に培ってきたものではないかと思う。米国ではポール・ルドルフやルイス・カーンに類例が在る。

○彩色面の仕上への取り込み

このテーマでは、コルビジェとタウトは共通する。しかし些かのニュアンスの違いを感じとれる。タウトのいきづまり感による（画家的素要も関係するだろう）色彩への展開と、あくまでフォルムを押し出すための補助的な色彩の採用であるコルビジェでは、日本人への影響力の点でも差がある。

筆者も明らかにコルビジェ派ということになる。

一つ付け加えておく。コルビジェの名前を先に知ってはいたが、コルビジェの色彩の前にアントニオ・ガウディの色彩に出会っている。両者の開口部に施す色彩は西欧文化伝統のもたらすもので、キリスト教聖堂の薔薇窓等のステンドグラスに源流があることは明らかであり、教会建築における天上からの光の持つ意味が重いであろう。共にラテン系旧教に属するが、タウトは新教の世界に育った。何らかの相違は発生するであろう。

○幾つかの計画上のアイディア

この中に「五つの主張」も属するのだが、とりわけ、美術館のコンセプトにおいてライトとの共通点が見られ、語られもする。所謂バベルの塔とジグラット（古代メソポタミア文明の遺跡）が引き合いに出されるが、螺旋形の展示空間である。コルビジェは下から上へ、ライトは上から下へ、である。

一説にライトがコルビジェ案からヒントを得たかのように言われるが、検証出来ない。ライトはグッゲンハイムに実現させた。コルビジェの国立西洋美術館がそのコンセプトの中から生れていることは明らかであろう。

ライトの空間構成はベルラーへを介して欧州へ影響し、米国内でもルイス・カーン等との相互関係において影響を観察出来る。コルビジェの「五つの主張」の中の連窓の提案は、作品の物理的結果として似通うが、ライトの入り込み合う空間哲学とは何の関わりもなく平板なものである。日本人の心をとらえるのはライトである。但し、コルビジェの国立西洋美術館でのメインホールには共通するものがあることは事実である。

これらを総合して近代建築における価値という表現をして良いものかどうか、ライトに最も濃厚な味、次いでコルビジェ、最後尾にタウトであろう、タウトには如何せん作品がない。

3　百年間の出来事

二人の生きた時代とは高々百年に満たない。その年譜を作成し巻末に付し、必要な時に振り返られるようにした。

これまでを踏まえて、年表を観てみよう。ライトが此の世に生を受けたのが一八六七年、世を去るのが一九五九年、コルビジェの没するのが一九六五年、この百年の間に三人は生きて活動したのである。コルビジェが生れた年にライトが二〇歳、タウトは七歳である。三人揃って建築史が大きく変わる時代を担ったと言えるし、彼等が時代を変えたのである。

三人が共通して経験した第一次世界大戦勃発の時、ライト四七歳、タウト三四歳、コルビジェ二七歳で

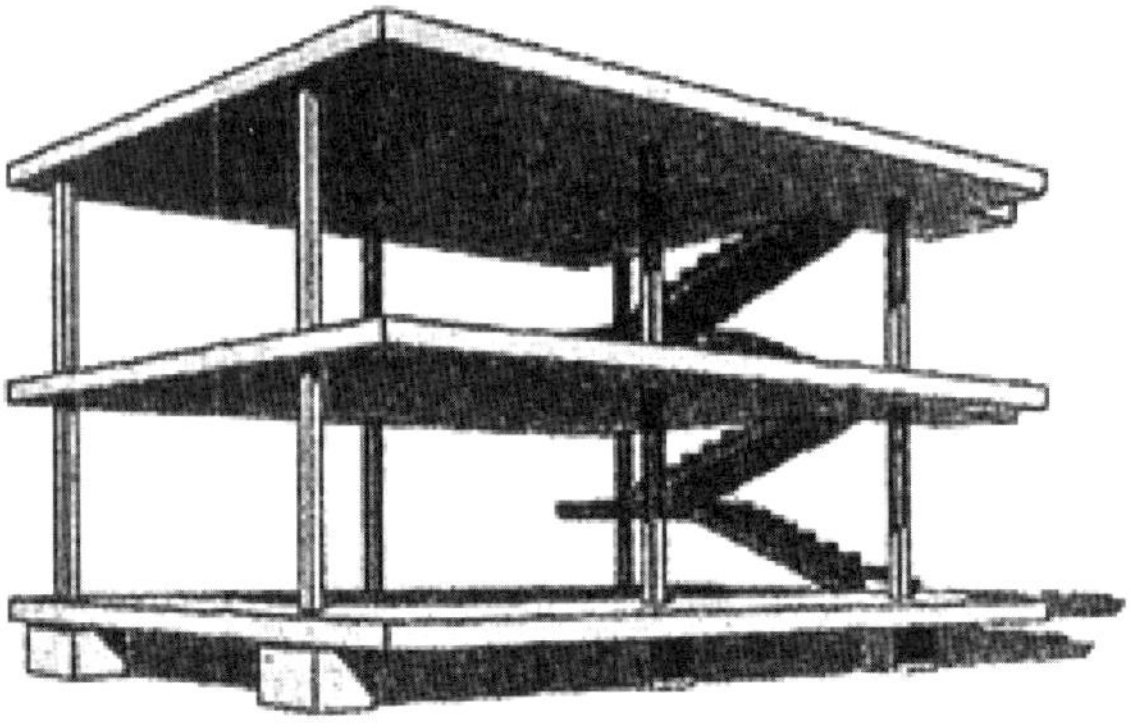

コルビジェ・ドミノ

ある。大戦が終結してからの五年間に世界の潮流の変化を最も身に受けた、しかも最悪な結果として受けたのがタウトであった。敗戦で疲弊したドイツというナチスが台頭する国に居たのである。

欧州への駆け落ちに終止符を打ち帰国し、仕事も少なく気落ちした日々を送っていたとはいえライトは北米に隔離されていた。

コルビジェは時代の渦巻きに気を荒立てるが如く一九一四年「ドミノ」を発表、十一年後に「五つの主張」を唱えている。彼の生活するフランスは戦勝国であった。

西欧の、壁で重力を支える建築物の世界に育ち、コルビジェが何故、どのような思考過程でピロティを導いたか。可能にした理由ならば近代建築力学であった。

ガラスの透明感に惹かれたタウトも構造物としての壁と柱への意識は特になかったし（日本建築の柱と梁のアンバランスをしきりに気にはしていたが）、ライトは日本建築を知り草原住宅時代から「隅」の解放と空間哲学の観点から流れる空間、空間としての建築へと近代建築を導いたが、どうやらむしろ壁への魅力さえ持ち続けていたようだ。

ことさら「使う」という積極的目的は持たずに、むしろ南方系のＤＮＡの混在する日本人は、太古より高床に馴染んできた。高床にする一義的目的は耐湿という生活原論から来ていた。コルビジェの場合は地上から持ち上げることにむしろ機能主義から出発した精神的動機の方が勝っていたのではないか。そして近代構造力学がこれを支えた。

コルビジェのピロティは戦争を重ねて近代化しグローバル化するモータリゼイションの世界変化を先取りしていた。

高床、自由な立面（壁からの解放）、自由なプランニング（フレキシブルな空間）、いずれも日本文化がたくわえてきた物であり、横長の窓が外気との一体感であればなにをか言わんやである。屋上庭園のみ構造物との関係から木造建築には違和感を生ずるが、自然との一体感をいう精神性なら正しく日本である。

結果としてコルビジェに靡いた日本の建築家達は当然の親近感を体内に持っていた。

4　建築理論というものから日本文化へ

建築に理論が必要か？　建築は実践すれば良い。「理論」も要するに「説明」である。断わって主義主張を唱える時、人は正当性を言い、自己弁護をしたいのである。

タウトは若くして「アルプス建築」等のプレゼンテーションをした。「ガラスの家」とか「鉄鋼館」とか表現派の名を冠したのは世間であったろう。色彩建築も実践する主張である。

ライトも能弁に語りはしたが作品による主張が全てである。

コルビジェが一度とはいえ明確に建築理論を簡明な綱領として主張した。「住居は住むための機械である」とは、その正当性を言うなら「機械」という概念を無限大に広げなければならない。

自然科学における理論は全く意味を異にする。

芸術における理論は作品を認識するための、作家以外の周辺が呼称する方便である。

我々は似たような集団や群れを分かり易く認識するために「理論」の括りを用いる。

歴史上、音楽、美術、文学の世界全てに於て同様である。

自然科学における理論のようにその道を辿らなければ真理に到達出来ないものではないのである。

とりわけ建築は文明の変転・進化に追随せざるを得ない。

人類がユートピアに住みたいと思うなら、ユートピアへの道を辿るべきを、唯一信じるべき道とするならば、少しの飛躍も必要かもしれない。

日本文化という〝とらえどころ無く存在するもの〟を、主張とか理論とかに置き換えてみる方法があるのかもしれない。

日本文化は〝柔らかく、優しい〟、そこから生まれてきた建築も〝柔軟なもの〟と言い換えることが出来るかもしれない。

一言で日本文化の在り方を言うなら〝たをやかに〟であろうか。

前篇の終りに

筆者は学生時代に何故、フランク・ロイド・ライトに魅かれたのだろうか。ライトは如何なる精神を持ち、如何なる生涯を生き、その作品群を残したのだろうか。筆者は熱海へ出掛け何故、ブルーノ・タウトの作品に失望したのだろうか。タウトは如何なる精神を持ち、如何に生き、日本と世界に何を残したのだろうか。

二〇一九年は、ライト設計の帝国ホテルが着工した一九一九年から丁度百年である。タウトが桂離宮に出会い涙した年からは八十六年。この間に日本に起こったことをデジタルに並べてみて思うことを述べても、これからの日本を予想することは難しい。

そのことは日本文化の変わり様への驚愕に大きく影響されているように思われる。地球的混乱・戦争の時代は局所化しながら予測しがたい。

芸術文化における変化は比較して少ないと言えるが、建築は技術的進歩の速度が速く、変化が大きい。経済的観点からの建物の価値・価格は相対的に縮小し、恒産としての価値は減少し、生活空間としての建築的状況はＡＩ技術の進化に追随し、大きな変化の過程の中にあるが、文化としての建築は姿さえ霞んできてはいまいか。

日本文化を考えることの意味は地球的スケールの政治的意義に貢献し、フリクションの隙間を埋めてゆく役割を担えないものだろうか。

そう考える中で、タウトが日本に別れを告げた時の幾つかの言葉は少し重みを増すとは考えられないだろうか。

筆者の持ち得た、彼等との僅かな接点を頼りにし、西欧人たる二人の活動とその周辺に見えてくる日本文化を考え、日本文化の姿を確認したかった。

まさに「自己の文化を再把握し、これからの出発点としたい」のである。

この作業の中にどれだけ自身の独自性・自分の意見を盛り込め得るのか、先人や賢人の意見をまさぐりつつ、ただそれだけに終始しはしまいか、只々自信の無さの中に彷徨いそうな作業である。

嘗て品質管理の分野でシステム工学的実際論を書いたこともある。俳句を学ぶ過程での素人の経過論的俳論を試みて学術的未熟を恥じたこともある。

比較文化論的アプローチを実践したという文化人類学者・石毛直道氏は言う、「フィールドワークに基づいた論考」「書物から得た知識を紹介しても評価されない」「借り物の知識より持論」と。正にその通りであり筆者もそうありたいと思う。

筆者のフィールドワークとは、訪ねる建築家の作品を経験することであり、そこに立って感じたことを考える行為に過ぎない。それに五十年間のアノニマスな設計業務の実施があるのみである。

さらに付け加えれば、絵を観・描き、俳句を詠み、音楽を聴き、男性合唱を楽しみながら感じる芸術というものがある。勿論これらを繋ぎ合わせ思考させてくれる「書物から得た知識」がある、というのが全てである。


二〇一九年六月の日経新聞「私の履歴書」は阿刀田高氏。この作家は終わりに次のように述べている。

（六月二十九日）

「（自分は物書きとしてのスタートをダイジェスト作家として始めた）何時も心がけていたことは、何か一つぐらい私がそれをダイジェストすることのオリジナリティを示すこと。何故私なのかという視点を持つことであった……夏目漱石の思想性の深さは文句なしに素晴らしかったが、『小説は下手だった』と、この一行を綴るのは、かなり辛く、度胸のいることであったが、現代の実作者として、これは私の実感であり、主張である。」

この著作に取りかかった時初めに山本七平に救われ、今またこの作家に救われる思いである。ライトとタウトの著作を繙き、筆者が為すことは正に同じであったと思うので背中を押されるように感じる。

関わる社会と家族・友人達に支えられてのライフワークである。第二次大戦中からの家族に育まれ、明確な目標を設定出来ず人生を過ごして来て、最後に見つけた達成目標ではある。日本と日本文化そして「建築」を愛しつつ人生を終わりたい。

日本文化と日本建築空間の独自性を考察するにしても今という時代の中でのことであり、現代への認識が欠かせない。

手っ取り早く現代建築を認識するには、どのような建築家がどのような建築を創造しているのかを振り返ってみれば直感的に分かりやすい。

世界的には代表例の一つがフランク・ゲイリーであるし、日本の作家では谷口吉生氏をはじめとしてグローバルに、建築家達が多数活躍している。

全体を傾向として纏めることなど筆者には困難な思考、作業であり、力量も無い。

敢えて直感的に、対象の空間経験も無く言えば、今なお彫刻的建築、装飾的建築もとりどり存在する。

建築家が街に彫刻を置くことに同意するが、職能として機能する空間を提供することが優先するのではなかろうか。

建築家が新しい提案をすることに賛成するが、人間が求める空間が心地よいものであることの要求だけは満たして欲しい。

分離派からモダニズムへとか、表現主義からポストモダニズムへなどと言っても、何時も帰り着きたいところは心地よい空間であるような気がする。

「たをやかに」在る、日本文化の普遍性を信じて、建築を、人々の営為を見詰めてゆきたい。

後篇

建築と、その周辺から見えてくる日本文化の輪郭

序章　日本文化の独自性ということ

或ることが日本以外でも普遍的である可能性とは、日本人以外にも理解・共感を得られるかの意であり、共有出来るという普遍性自体に独自性と背反する意味を内包してしまい、独自であるという魅力や価値を減ずることになり、「普遍的である可能性」を考えることの意義が薄れてしまう。

日本文化に潜む特性を、ぼんやりとでも輪郭付けることが本論の最大の目的である。

或る個性つまり独自性は存在価値を保ちながら、全体の中で有効に調和し、全体の更なる価値に貢献出来ることで意味を持つ。どうやらその総体に対する価値観として「有機的」や「釣合」という言葉が存在し始めたらしいのである。ライトやタウトの時代にである。

ライトは98%「有機的」という言葉を使い、タウトは98%「釣合」という言葉を使った。

残りの2%の場合、お互いに「有機的」と「釣合」という言葉も用いた。

捉えようもない対象つまり「日本文化の輪郭」をどのように表現出来るのか、建築を専門とし、些かその世界を知る者として、又、建築はどうやら芸術の一端を担うものであることを信ずる立場から、その対象に近づくためには、身近に感じることが出来るようになった二人の建築家の目と行動を通して、それを試行してみようと考えたのである。正直に言えば二人を比較研究している内に自分の知りたいことが見えてきたとも言える。その方向へ向かわせた自己の周辺事情も後押ししている。

若い時から絵も、音楽も好きであったし、長じて俳句という日本固有の文芸への傾倒もこれを助長したようである。絵に関しては小学校時代から意識していたし、大学生からの合唱を介した音楽への離れられない興味、仕事に区切りの出来た時から知った俳句の世界の魅力、これらに共通する何かをうすうす感じていた。

大好きな映画さえもこれらの総合体のように見えてきた。交響楽も映画も建築と似た総合的構築性を内包しているとさえ思うようになった。

文明評論家サミュエル・ハンチントンが地球上の八大文明を挙げている。

彼は日本文明をその一つに挙げる。

文化は文明の上に育まれる。文明は文化と異なる軌道の上を突っ走るように見えながらである。

人類が人間になるまでの時間には、文化と言えるものが存在しなかったという前提故である。

火山列島にして毎年タイフーンに見舞われ、四季の変化に富む島々に育まれて来た日本文化というものは明らかに他に類を見ない特質を形成している。人の生活を維持する食糧源としての作物を栽培することを妨げる自然条件を克服しながら、克ち得た知恵を土台とした日本文化、そのコアにあるものを考えてみたいと思うのである。

その手掛りの中心を建築とした。

衣食を確保し、次に自然から身を守る手段として人は住居を工夫した。単なる穴居から、人の心をも育みながら発展してきた住居・建築。

そして文化の表象たる建築、その創造者として日本と関わりの深い二人の建築家に注目した。筆者も建築家の一人ではあり、この分野の周辺で文化を語り易い。

日本と関わりを持った二人の建築家――ブルーノ・タウトとフランク・ロイド・ライト。

二人の対照的な生涯から見えてくるものとは？

フェノロサの考えを「お墨付き」とするのも聊か無理とも思うが、筆者の興味の対象であるライトもタウトも共に、「建築は芸術の母体である」の意味の考えを持ち発言している。

この二人の生涯と、世に残したものを通じて目的を果たしたいと思い前篇を費やした。

これはど語られ、書かれた二人を追いかけるのは無謀に近い。なんとなれば、語り尽くされているが故にただただ人の著わした文献や資料を漁ることで終わりかねない。

しかし、自ら、彼らの生涯の痕を辿れたわずかな経験もある。他人の意見を研究しながら自分の意見を少しでも膨らませ纏めてみたかった。

前篇で、筆者の手の届く範囲でのことを洗い出し、その都度考えてみた。

後篇では、筆者の周辺で建築を取り巻いているものの中の日本文化を、実は共通している日本らしさの在り方を探り「日本文化の輪郭」をスケッチし、出来るならばその姿に言葉を与えられればと思う。

日本人の精神構造が創る、世界に類例を見ない日本文化の特質が見えてこないか。

日本人の思考方法は人類からより研究・評価されるべきであり、より広めたい思考方法・精神構造ではないだろうか。

第一章　文化の相互理解ということ

1　日本文化を考えるということ

1／1　比較文化論の意味

比較文化論をする意義については前後篇の序で述べた。改めて認識しておこう。

〈比較文化〉とは

二国以上の文化を比較し研究する学問。文化相互の影響関係やそれぞれの特色などを実証的に調査・研究し、さらに国際的な文化の流れを明らかにしようとするもの。

〈文化〉とは

人間の生活様式の全体。人類が自らの手で築き上げてきた有形・無形の成果の総称。それぞれの民族・地域・社会に固有の文化があり、学習によって伝習されるとともに、相互の交流によって発展してきた。カルチュア。特に、哲学・芸術・科学・宗教などの精神的活動、およびその所産。物質的所産は文明と呼び、文化と区別される。

彼我の文化を比較してその差を確認し、自己の文化を再認識して相互理解を深めることは人類の現況に鑑みて大いに有意義であると思う。

1／2　日本人の精神構造・その独自性／表意の在り方の魅力

今、嘗てのような大戦が起きている訳ではないのだが、地球上少なくとも三、四か所の地域で武器を行使する紛争が続いているし、かなりの数の国々で政治的混沌が発生している。世界の乱れには、敵対するものを明確にしてはおかない二極対立思考が蔓延している。

その根源は、宗教的には一神教の支配であり、社会・政治的には多数決という民主主義という原理ではないか。

多数決という集団の意思決定の方法には一本化するという安堵感、不安定であることへの不安感が働いている。一本化するという行為の中では安定感を求める空気が支配的になる。

これは批判を排する信仰に近づく、とは言えまいか。民主主義という名を冠した信仰に。

これはシンメトリーに安心する、もしくはシンメトリーを崇拝する心理に近い。

従って、この信仰のもとでは人はまとまって、一団となって行動する。鳥が群れて飛び、獣が一団となって移動するに等しい。

我々日本人の心の中にこの傾向は存在し、我が国のこの百年の歴史を振り返れば自明のことである。他国や他民族にも存在し、この点で日本人が特異であるとは言えない。

日本人を安心させるシンメトリーの象徴は富士山である。

日本人は富士山を信仰しさえする。「ありがたい」のである。

しかしこれも、考えてみれば我が国では江戸時代という国の形態を経てからの百五十年なのではあるまいか。

日本の芸術文化を真ん中にしてみた時、千年前からの国の在り様はゆったりとした和みに満ちていたのではないか。たしかに天皇制という政治システムを崩さなかったという一本化の中での話ではある。

その「和み」の芯にあるものはシンメトリーを崩す心、「流れるように」ともいうべき、「つり合い」観、ではなかろうか。多様性のバランスであり、「間合い」を尊ぶ心であり、多元論とも言えるものである。わずかの飛躍もあろうが、これは「自然との一体感」にも通ずると思う。

日本文化はこの「和（和み）と間（間合い）の構造」を内包している。

その「核心」は、もっと世界から理解され、世界に広められてもよい、価値のある思考方法・精神構造ではなかろうか。

さらに評価研究されてしかるべきものと考えるのだが……。人類が静かに共存出来るために。

たしかに〝戦争〟という人類の皮めくりを経る度に〝文明〟は革新されてきたがその革新は〝進歩〟と同義ではない。

革新に革新を重ね〝無〟になって終わるのもよいが、文化の共通項をなるべく増やし、そろそろ人類の平静期を完成し、そのまま革新をせずに終末を迎えても何ら問題なかろう、とも思う。

1／3　日本文化の特殊性を示すもの

まことに直感的に、筆者が日本を感じるキーワードを拾ってみる。「庭」、「境内」、「祭」、「稲」、「混ぜ合せ」を思いつく。これらの概念に関わりのあるもの三つほどを考えてみたい。

イ：「境内空間」という例

日本列島に人が住み始めたのは大陸や南の島嶼からの移住であるし、その先住民の世界に浸潤するように又、主に大陸からの移住民族が種々の混血を繰り返しながら日本列島に住む人種を形成したと観るのが常識であろう。人口保有力の高い稲作技術が、東南アジアの中でも特に日本列島に於いて稲にまつわる細やかな文化を醸成していったのは、努力研究（工夫）をしなければ収穫量を増やすことが出来なかった気候風土によるのだろう。

その風土が稲作文化を中心にした日本文化を形作った。命を支える収穫を確実ならしめるために、天候を読み祈る過程で形而上の活動として宗教が生まれる。それに伴う形而下の活動として集落が形成される。当然のようにその集落のコアをなすものに宗教的空間が発生した。祈りの形象化が神社であった。具体的には建物の形をなし、鳥居などの象徴性を帯びた空間を仕切る関門（ゲート・結界）となった。これ等の物（建造物）によって形成される空間の塊（界隈）が境内となった。

日本の境内空間について良書がある。『現代に生きる「境内空間」の再発見』（中山繁信著・彰国社）である。

「神を敬い、怒りを鎮める儀式を行う場として境内は発生してくる。それがヒモロギ、イワサカと言われるものである。ヒモロギとは神を宿し留め置く樹木のことを意味している。イワサカとは岩や石を敷き並べた祭場である。……樹木に対する特別な感情は、その後、日本特有の境内空間を形成することになる。」と述べ、且つ言う。

このようにして形成された境内空間は、欧州で発生した広場空間とはいささか質が異なる、広場は人が集まる空間として形成されたと。そして様々な神社仏閣境内の成り立ちを示してくれている。

西欧文化の源はギリシャとされるがそこでの広場は「アゴラ」と称された。都市的規模ではアゴラであるが、西欧の村落では広場は教会の前と井戸の周りに形成される。

教会前の広場はその宗教的匂いの質に於いて境内空間に似ているが形成される過程において全く異なるのである。キリスト教徒がローマ時代に迫害される存在であり、隠れ偲んでカタコンブ（墓所）を礼拝所としたこともさりながら、祈る場所は建物の中であった。この意味では仏教寺院に同じである。

日本の境内空間と西欧の広場の空間的形態に質的差異がある。単純化して言えば、

○境内空間は入隅出隅に囲まれ神殿・堂宇と樹木により空間に流れが発生する。

○西欧の広場は教会をはじめとする建物により囲まれ塊としての空間を形成する。公共の井戸や泉がその中心に設けられる。

境内空間は往々にして樹木が主になり境内を覆うようにして、あたかも内部空間化されている如き質になっていることさえある。

このような外部空間は、その外部空間との間にある建物の外部空間的部分と相互陥入を果たし双方の一体化を促進する。一体化の流れともいえる。

この様に形作られた空間は、画然たる境壁の無い日本建築にも流れ込み、更なる一体化を進める。

一方で、「境内空間は入隅出隅に囲まれ」は何故発生するのであろうか。

樹木に重要な意味を持たせることと同質に、神殿・堂宇仏閣を配置するに際し日本の場合、自然を尊重する為に（というより自然に従順に）与えられた地形その他の条件を優先する。西欧ではイタリアの山岳都市に於いて同じ考え方を観ることが出来る。山岳都市という集落は城郭都市でもあり、防御の為と蚊の害を逃れる為といわれるが、自然を尊重せざるをえなかった。

自然に従う姿勢とはコンター（等高線）に従い、森や樹木を尊重する姿勢である。

かくのごとく、日本の、出入りが多く流れるような外部空間は一体化形成される。この様を「有機的である」という表現で言えはしまいか。自然に従順であり自然と同化する在り方である。

このような空間の在り方を、ライトは自分のものにしていると思うのだが。

ライトが有機的と言う時、とても解り難いのであるが、空間そのものが自分の建築であると言っているところに焦点を当てるならば、有機的建築とは流れるような内外空間を持つ建築のことであると言っていいのかもしれない。ライトの『A TESTAMENT』の第一章、最後の言葉を再読して欲しい。

囲われて整然としたシンメトリー空間に対する、アンシンメトリーな空間のことでもある。

日本の歴史の初期にある出雲大社、上賀茂神社を想い出して欲しい。そして日光東照宮や清水寺も。

ロ：「ケ」と「ハレ」／空間でのアクティビティ
生きているありふれた日常世界を「ケ」とするのに対し、「ハレ」としての「祭」がある。
生活の中の「ハレ」の刻《とき》は大小様々である。
「生れる」、「結ぶ」ことに関しての個人や家族の祝いのセレモニーは「ハレ」の最高峰であり、族や集団を意識するためのセレモニーとしての「祭」は生活のリズムを作る「ハレ」としての欠かせな

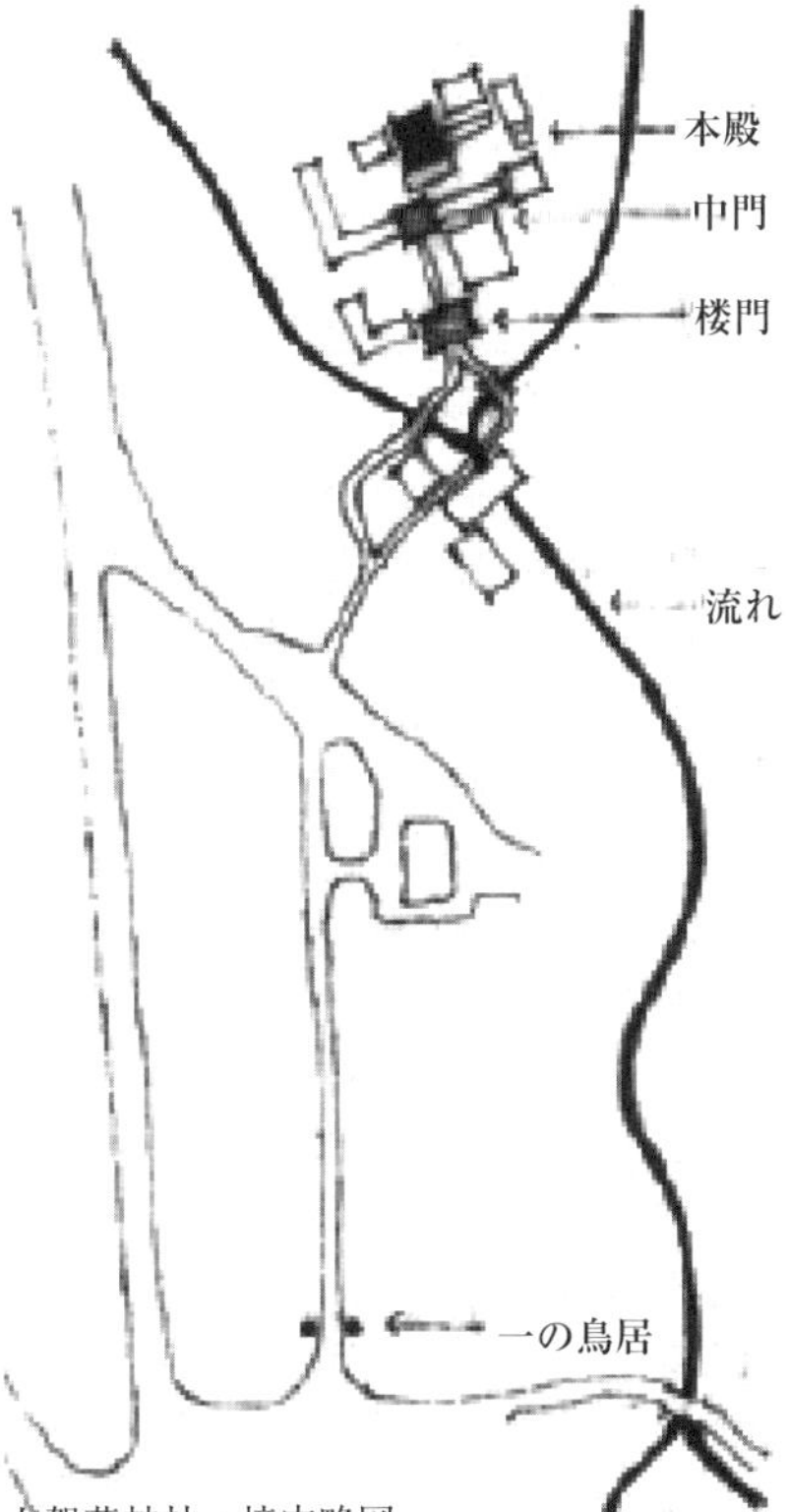

上賀茂神社・境内略図
（流れに順応した社殿配置—筆者作成）

上賀茂神社・楼門（アプローチに対し斜めにある—筆者撮影）

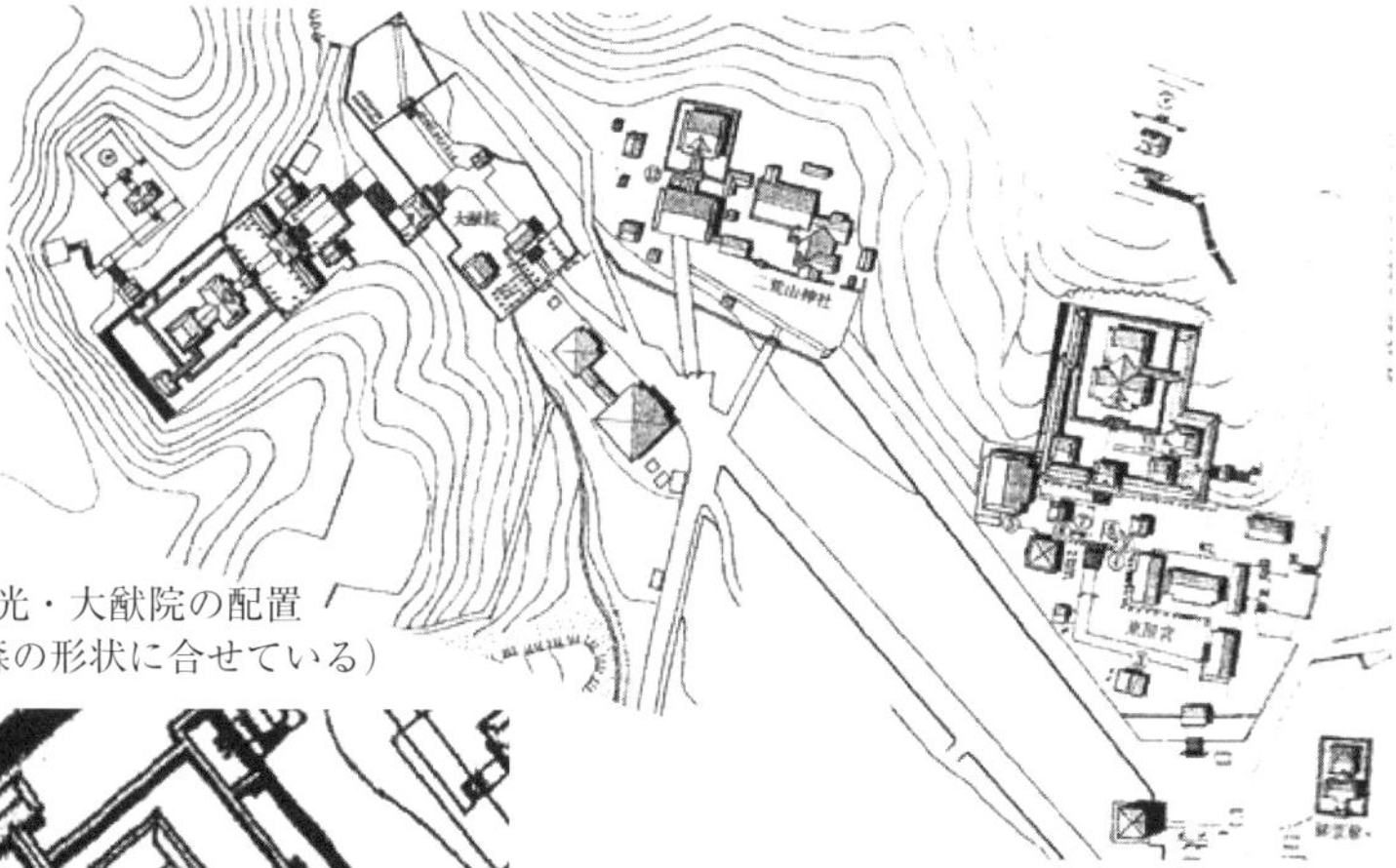

日光・大猷院の配置
（森の形状に合せている）

ライトが示唆を受けた
大猷院の平面配置
（拝殿～控えの間～奥の院の並び）

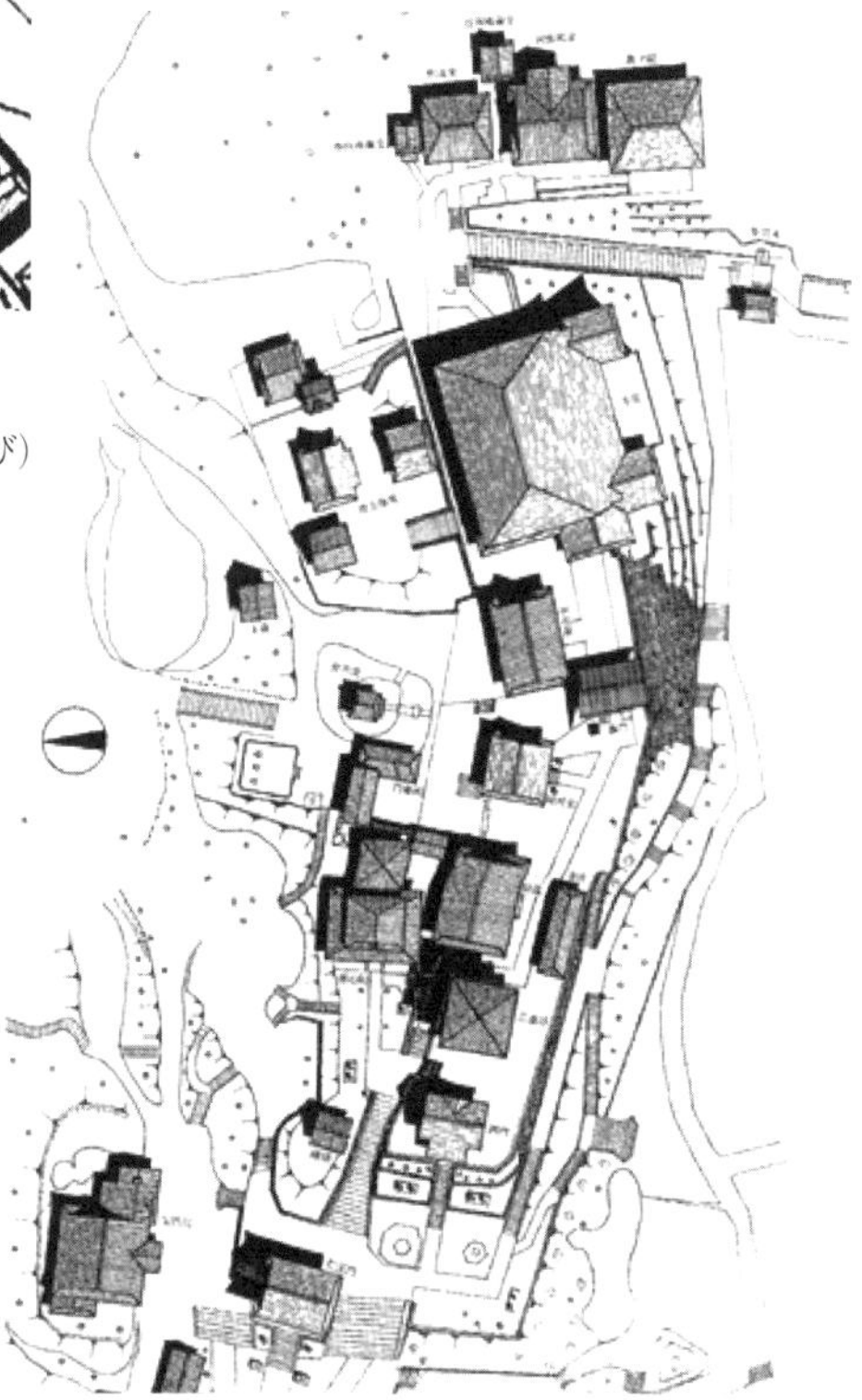

清水寺境内（地形に順応した伽藍配置）

い行事である。そして世界人類に共通のものでありながら、農耕民族としての日本人の「祭」は独自の性格を持つ。

筆者は日本の「祭」を東西に二分類して意識する。

東においては「踊る」ことに比重があり、

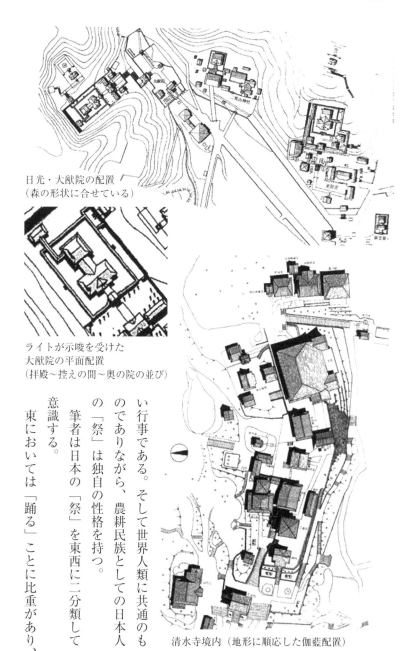

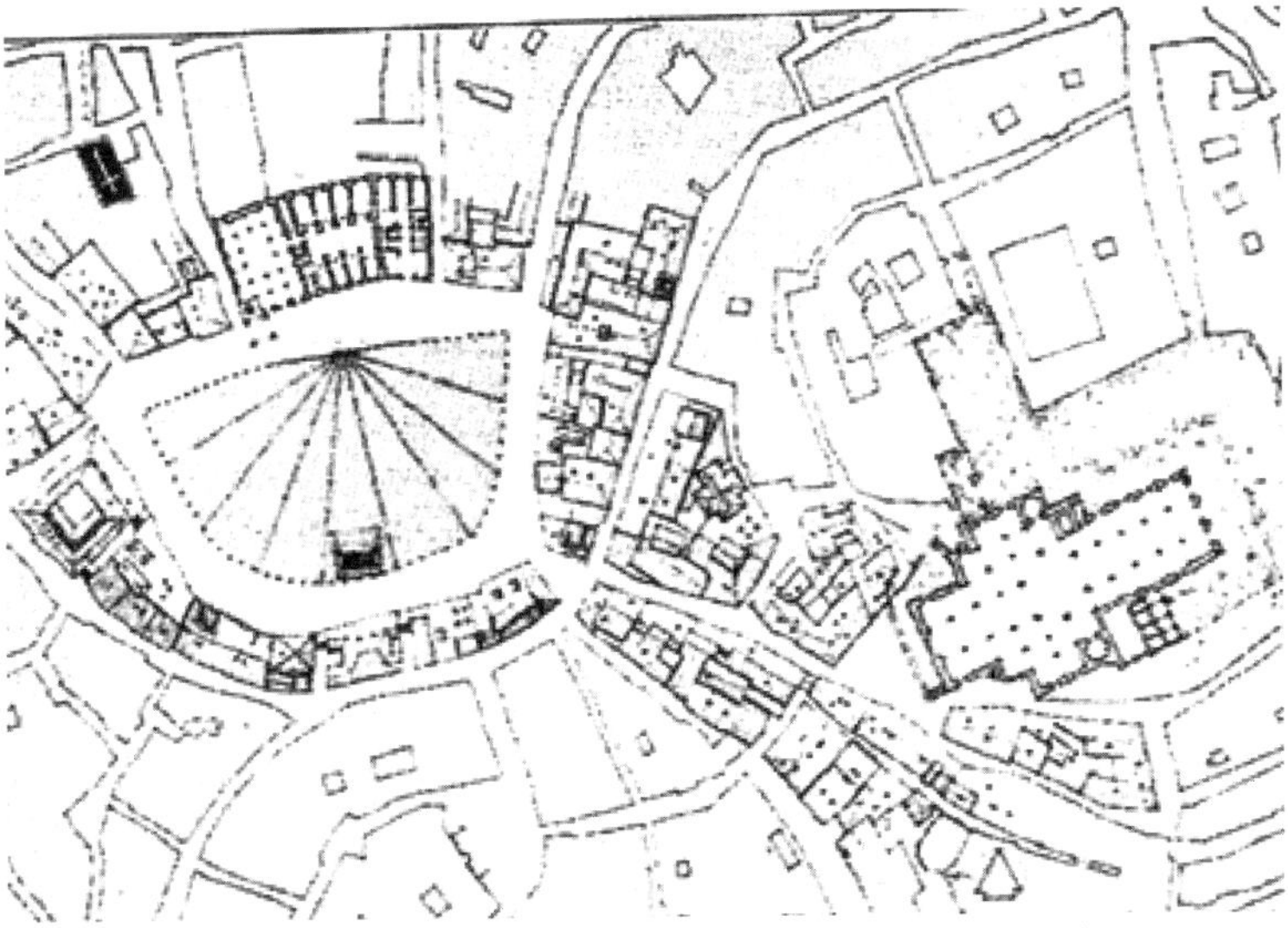

シエナ・カンポ広場周辺（谷戸の形状に順応した街区は西洋にもある）

西においては「練る」ことにより重きを置かれるような気がする。練り出す「ねぷた」でも踊ることを伴うし、「阿波踊り」でも踊ることを明らかに練り出す。西日本に多い各種「くんち」や「お練り」は過激に暴れ回る。共通して中心には「山車」が存在し、この根源はやは

サン・ジミニアーノ　街区中心／教会前広場
（峠を抜ける街道に形成される街区）

ベニス・サンマルコ広場（海へ抜ける流れる外部空間の例）
※街区図計3点：『建築文化181・都市のデザイン』彰国社より

り日本文化の中心・京都にあり、京都から国土の隅々へ伝播したのではないだろうか。

「祭」における我々の振舞＝アクティビティは集団の結束という暗黙の意識により統率されている。農耕で得た生産物により自分達を生かすには集団の力を必要とし、世界中どの民族にもある「祭」だが、我々の中に育ったこの意識は独自なものではないのか。

ちなみに祭りにつきものの「舞」と「踊り」であるが、「舞」は体の旋回運動であり、「踊り」は跳躍運動である。舞は神へのもてなしであり、舞の極度に洗練されたものが能であり、跳躍は地面を踏み鎮め邪悪な地霊を退散させる意味を持ち、念仏踊りから歌舞伎へ連なり、盆踊りへと変化した、とは識者の解説である。

いずれにしてもアニミズムに発する文化の流れではなかろうか。

第二次大戦後十年ほどの頃、「喜びも悲しみも幾年月」という映画があった。

木下恵介がモノトーンの「二十四の瞳」に続いて撮ったカラー作品で、題材・内容は当時の世相を切り取った至極庶民的なものだった。明らかに戦後世相に変化の兆しが観られた時代を描いて、筆者にとっては実に新鮮だった。灯台守の一家が日本国内の僻地を転々とする生活を追いながら、此の国の各所に残されている「祭」を紹介していた。少年の筆者は初めて我が国文化の蓄積を目にし、感動させられたのであり、大げさに言えば心を奮い立たせてもらった記憶がある。（現在の心境からみれば）我々の文化は温存されていると思う。

体育の教科から剣道は除かれ、日本は米国の占領下だったのである。

鮮やかな映像の記憶は東北地方に残る鶴や鹿と人間の共生を擬した祭の舞であった。


ここでちょっと振り返ってみたい。

日光東照宮の陽明門である。タウトがその華美を嫌い、芭蕉が肩すかしに「奥の細道」で俳句にした。「あらたふと青葉若葉の日の光」と詠ったのだが、「侘び寂び」と対極にありそうな煌びやかさ、豪華絢爛のシンボルであるが、権力者の示威と解せる一方で死者への賛歌、餞とも解釈出来そうではないか。

主に東北地方の祭においてではあるが、「ねぶた」あるいは「ねぷた」と呼ぶ山車がある。

筆者は陽明門と共通する何かを感じる。成熟した日本文化が「侘び寂び」へ突き詰められたのに比べ、庶民の感情の中に死者を華やいで忍ぶ精神がありはしないか。

このレベルでタウトは日本を理解する域に達していなかったのではないか。

日本の祭は後に述べる「アニミズム」に繋がってもいそうである。

その意味で「折口信夫の「祭り」論――「ほうとする話」を読む」（國學院大・小川直之教授『きごさい』11号）の「折口の「まれびと」論」も面白い。つまり「祭りの時に目に見えるかたちで神としての「まれびと」が村を訪れ、村人たちを言祝ぎ（寿ぎ）、知恵を授ける。そして、ここで唱えられる寿詩・祝言が、後に叙事的内容となって「文学」へと昇華するという仮設である。」

さらに、「まつり」の語源としての「たてまつる」「おきまつる（尊）」に言及し、「折口は『夏神楽』の成立と発達を例示し、祭りに奏楽・演舞が行われるようになった経緯を解き明かしている。」と言っている。（俳句で祭りが夏の季語である論拠にもしている）

誰かが「タウトまれびと論」を言ってはいなかったか、意味合いを異にするが。しかし、「まれびと」が来訪神であるという定義からするとあながち言えなくもない。

ハ：参勤交代／巡礼／お蔭参り／道中と宿場

我々日本人がどうして存在し得たか、日本人の智の形成過程はどのようなものなのかを考えた時、心当たりがありはせぬか。しばし道草に付き合って欲しい。

俳句の話である。俳人・長谷川櫂が著作『季節の言葉』の季語「若布」の項で掲げた句の解説文に書いている。まずはその句、

・あらうみをひらきて刈れる若布かな　　橋本鶏二

「世界広しといえども若布が採れるのは黒潮の洗う日本列島沿岸と朝鮮半島の南岸だけという。日当たりのよいユーラシア大陸東岸の浅い海の岩床で、暖かな春の光を浴びて見事な若布が育つのである」と。

調べてみるとこの若布の類には、北海道で採れるあの二メートルにも及ぶ大きな昆布も含まれるそうで、この昆布は日本食の出汁として我々日本人独特の味覚を育ててくれたのである。

なんとなく嬉しい話なのである。この昆布の味を日本中に広めるために、列島に生息する海人たる先祖達は北前船による海路を開いた。この国内貿易は昆布だけに限らず多種の物資と文化を狭い国中にばらまき「混ぜ合せ」たのである。

島嶼人たる日本が単一化する一つの要因になった。このように生活の必然から来る混合の他に政治という強制力によっての「混ぜ合せ」があった、「参勤交代」である。

実は「参勤交代」は最後に起こされた人為的制度に伴って「混ぜ合せ」を起こしたのであるが、大和が統一政権を持った頃から政治的「混ぜ合せ」は始まっていた。国境警備に駆り出された万葉時代の防人達の移動が掲げられるであろう。

これらに対し生活の中から別な「混ぜ合せ」が発生した、「巡礼」や「お蔭参り」である。「参勤交代」や「お蔭参り」は「道中」と「宿場」を必要とした。

これらも明らかに「混ぜ合せ」に貢献していると筆者は思う。

しかし日本独自のものとは言い切れない。時代も場所も遠く、あの多神教国「ローマ」にも存在したのである。その内容については塩野七生氏の『ローマ人の物語』に委ねるが、一つの統一国家が纏まるためにはこれらの制度が大いに寄与する。

一つに纏まるということは均一化をもたらす、これが「独自の」ものを育てる。

1／4　ドナルド・キーンという東西に架かる大きな橋

これまで述べてきたことに加え、優れた日本文学者としてその業績を通し自ずから比較文化論の典型を提示してきた人の業績をトレースすることを避けるわけにはいかない。

二〇一九年二月、日本国籍も取得していた文学者・評論家ドナルド・キーンが逝った。

これまでこの学者に対する聊かの偏見と誤解を持っていた筆者は、それこそ大きな反省の念に捉われている。

大戦時米軍側にあって焼夷弾の開発に協力したとされるアントニン・レーモンドは、確かに戦前から木と紙から成る日本家屋の脆弱性を熟知していたし、戦後日本であれだけ活躍した建築家としての彼への偏見を拭い切れずにいたし、日本語の専門家として米軍の有力なスタッフとして活躍したキーンに対して似た様な反感を抱いていた筆者は自分の器と同じスケールで彼等を見ていたように思う。

故人となったキーンの業績を振り返る報道に出会い、初めて彼の書いた物を読む時、忸怩たる自責の思いに駆られる。

著書『日本人の美意識』の中には、表題の小論の他にも素晴らしい文章が収められている。

筆者の言いたいことと直接関連するキーンの「日本人の美意識」を分析するに加えて、他の文章についても鑑賞しておきたい、彼が、如何に日本文化の特質について語ってくれているかが分かり、その内容がつまり筆者の模索の大きな手助けになるからである。

◎『日本人の美意識』の分析

○論点の特徴

日本人の美意識を論ずる中心に、まず関連する美的概念として四項目を挙げる。

・「暗示、または余情」
・「いびつさ、ないし不規則性」
・「簡潔」
・「ほろび易さ」

この四項目自体に既に我々はふつふつとして共鳴を覚える。

短絡的に、これまで考察して来た種々の概念を言葉として対比させることが出来る。

「暗示、または余情」＝「余白」又は「間」そのもの。筆者の論の取っ掛かりにあった長谷川等伯の松林図屛風であり、日本文芸の象徴的存在である俳句。「未完」に通じる。桂離宮についての井上靖の論「桂離宮庭園の作者」が分かり易い。

「いびつさ、ないし不規則性」＝アンシンメトリー。これも筆者の論の取っ掛かりの法隆寺。

「簡潔」＝シンプル。タウトも愛した建築、伊勢神宮。

「ほろび易さ」＝日本的なものに潜む「はかなさ――無常観」

筆者が「建築」を通して日本文化の特質を覗おうとして顔を出した世界はとてつもなく広かったのだが、

ドナルド・キーンも美意識の対象の中に建築を取り込んでいるので、この一文の中の建築に関わる個所を採り上げてみる。

筆者がタウトと関わりを持つ大きな部分に「庭」もあるから庭論もその中に含まれる。

一、神社建築の単純性に言及している。（タウトと対比的に建築論としては誤謬・混乱）

日本人の美意識に大きく作用しているものとして「禅の美学」を言い、「建物も境内も、すべて飾りのない簡素な線で縁取られた神社建築の単純性、あれはおそらく、たまたま禅の理想と符合した日本土着の美的嗜好の表現に違いない。……（全てを中国から輸入して居ながら）しかし美学的技法としての暗示の原理は、外国人に学ぶ必要は全くなかったのだ。」とする。

ここではタウトの方が正しい。

「神社建築」という言葉の採用に於いて（訳者の誤訳でなければ）明らかにキーンは誤解、もしくは勘違い、している。足利義政の銀閣創造と禅への傾倒が原因かもしれない。

かたや、タウトは日本建築の源流としての神社建築（王統文化）と中国から輸入された寺院建築（武士文化）の差について、建築家であるが故の観点と禅～茶道文化への曇った評価の故の誤解から抜け切れていなかったともいえる。

これに続くキーンの「能」での「暗示」論は正しく、魅力的である。

二、中国からもたらされた「建築における中心軸重視の構築法」は日本人の「昔から、均整とか規則正しさを避ける傾向」により変えられていったとする。

三、『日本の芸術と建築』の著者ソーパーを引き合いに出し高野山の建築と建築の配置計画についての話を引用する。

この部分では兼好法師や弘融僧都も引き合いにする。

「しのこしたるを、さて打ち置きたるは、面白く、生き延ぶるわざなり」

「調えんとするは、つたなきもののする事なり。不具なるこそよけれ」

四、造園の東西比較、デレク・クリフォードの『造園設計の歴史』をアンチテーゼとして引用し、「システィナ礼拝堂は私達にひたすら賞賛を要求するが、参加を許さない。竜安寺の庭石は、形はいびつ、位置は不規則だが、この庭の創造に私達の参加を許すことによって、私達をもっと感動させるかもしれない。」とする。

五、銀閣寺への共感と東照宮

東照宮についてタウトと同意見であり、タウトが理解出来なかったと思われる銀閣への共感を、茶の湯への考察も交え次のように言う。

「もともと日本人に具わっていた普通の意味の単純を愛する心」

「あらゆる飾りを排除した単純さに到達するために大金をかけるというのは正真正銘日本の伝統なのである」

しかし、何故日本人がそうなのかについては明確にしていない。ただ、「日本の自然そのものに負うところが多いのかもしれない」「日本人の伝統的な美意識について、ただの数頁で総括するのは、まことに無理な相談だ。」に続き、「完全主義の職人は、どうやら精密機械にその席を譲ったらしい」と言いながら、「日本人の美的理想が、未発見の表現手段の中にそのはけ口を見出し、その個性的な存在を続けていくだろう」と結んでいることに敬意を表さざるを得ない。

同著では続いて、以下のような文章を編に加え、それぞれ日本文化の特質について語る。

・「平安時代の女性的感性」では世界における日本文学の峰の特異性と価値を説き、頂点に『源氏物語』を据えてその峰を構成する女性の存在価値を特筆する。

・「日本文学における個性と型」では、西欧的意味での個人主義が許されなかった時代を持った日本人は、探究心の強い国民性（戦国時代の宣教師の報告を採り上げて）により個性的文化を蓄積したと言い、西鶴、芭蕉、近松の業績を讃える。

・「日本演劇における写実性と非現実性」では、能、歌舞伎、人形浄瑠璃の創生と発達を通して「虚実半々」の世界の独自性を語り、筆者の言う写実と抽象のバランスに関係して言及している。

「能」の世阿弥、「歌舞伎」と「人形浄瑠璃」の近松門左衛門を解説する中で、能の抽象性、「かぶき」における女形の発生とその演技の虚実、浄瑠璃が「一つの文学形式」であるとする論は説得力がある。知らされる新鮮な情報の一つに、歌舞伎の女形「芳沢あやめ」や近松が語ったとされる言葉がある。
「とかく実とかぶきと、半々にするがよからん」（芳沢あやめ）
「芸といふものは実《じつ》と虚《うそ》との被膜《ひにく》の間（境目の微妙なところ）にあるもの也」（近松）。

筆者が首を突き込んでしまい驚きと諦めの境地に近い気分に居ることを嘲笑う如く、キーンは日本文学を極める中で日本文化の特異性と独自性について、自ずから彼我の文化の比較を成し得ていたというほかはない。

改めてドナルド・キーンの意見を集約する効果もあるので、『うるわしき戦後日本』というインタビュー兼対談録を読んでみたのだが、『日本人の美意識』におけるエキスともいえる表現に出会うことが出来る。

日本人の心を象徴的に言う表現として次のように言っているのだが、建築文化に関しては、筆者の指摘したことを駄目押しする如き〝誤解の〟発言で終始している。
「金閣寺よりも銀閣寺に近い」
「厳粛な『有心』と滑稽な『無心』を連歌に形付ける」

「日本の場合は空白こそが大事なのです」
「東山時代の典型的な建築は銀閣寺の書院造で、これが現在までの日本建築の基本となります。庭も後世の庭の手本となりつづけています。」

彼が世界最高峰の文学とした『源氏物語』に関する知識を、歌人としての感性に興味がもてる小島ゆかり氏の著書『和歌で楽しむ源氏物語』により探ってみて、今更ながら、伊勢神宮、桂離宮と共に日本文化の中核は宮廷文化が担って来たのであり、我々の遺産として残されて来たことを認識せざるを得ない。

2　19世紀後半から世界に出た日本文化の情報

前篇、タウトと日本の接点の項で既に述べたことであるが、浮世絵の西欧への流出について再確認しておく。

「欧州におけるジャポニズムの最盛期は一八八〇年代のパリを中心にしていた。」

ゴッホの手紙の中の次の文章を読むと「これほどまでに」といじらしいばかりである。

「日本人はただ一本の草の芽を研究している。まるで自分自身が花であるかのように自然の中に生きる。こんな単純に日本人が教えてくれるものこそ、まずは真の宗教ではないだろうか。自然の中に生き、深い思想と真の宗教を持ち……」

「HOKUSAIが西洋に与えた衝撃」という「北斎とジャポニズム」展のコピーの真実性は、セザンヌ、ゴッホ、ゴーギャン、モネ、ドガなどの実作をつぶさに観ることによって彼等の興奮を直に感じることが出来た、とは前にも述べている。

2／1　浮世絵の影響の沈潜

このような影響を西欧に与えていた日本文化・絵画への憧れ「ジャポニズム」は、その後明治維新を経て強国への道を辿る時代を迎えた日本の隆盛と共に去り、ゴッホの抱いた理想の日本と日本人は消滅していったと言える。

タウトは「感覚的に」としか言いようのない心理で北斎を低くみたが、ライトは世情の動きに関係なく北斎の骨格の部分を支持した。ライトの好むレベルでの「対象の抽象化」という表現技術であったろうか。ライトにおける浮世絵との関係は深く、これまでも探ってきたように、ライトは浮世絵の蒐集家であり浮世絵の売買を余技的事業としてさえ行ったという。あまつさえその財産としての価値はライト財団の経営にも寄与したとはこれまでにも述べた。

勿論、彼の書く絵、透視図やグラフィックデザインでのアイディアには浮世絵の延長上にあるパターンや構図が最後まで残っている。

一方、絵画専門の分野では具象から抽象へ向かう近代化の中で、浮世絵の影響は長く残ったのではないかと思う。これを絵画史の中でつぶさに追跡検証してみたいとは思うが、筆者にはその時間とエネルギーが残されていない。筆者が知らないだけで既に研究されているのかもしれない。

後に〝絵画の世界の日本〟で述べるように木村忠太の言う、西欧人の極端な抽象化の傾向、にはこの論に関係する要素が含まれているのかもしれない。

前篇でも紹介したケヴィン・ニュート氏の研究によればライトと浮世絵を繋いだのはフェノロサである。フェノロサといえば浮世絵と称されるくらいであるが、西欧コンプレックスとかを言う前に浮世絵の価値を〝本当の意味で発見〟し日本文化を価値あるものとして世界場裏に認知した彼の業績は、影響力の真の大きさにおいてタウトにとっての桂離宮どころではないと思う。筆者は学究たり得ないし、フェノロサの全貌を知らない前提でのことである。

フェノロサの業績の価値はさらに一つ、岡倉覚三（天心）という種を育てたことでもある。

2／2　万国博覧会以外の情報の果たした役割について

タウトはどうやら『方丈記』、『奥の細道』を来日後、翻訳で読んだと思われる。

ただ、ヨーロッパを出るまでの彼の周りには万博から以外にも、日本に関心を持たせたであろう情報は入っていたことを、日記を含む彼自身の文章から察することが出来る。

『和歌と俳句のジャポニズム』（柴田依子著）は19世紀から20世紀にかけての欧州における和歌・俳句に関する情報の広がりが絵画・工芸に影響を与え、さらに文学・音楽にさえ波及していたという事実を伝えている。

和歌から俳句への広がりのジャポニズムを整理してみると、
1：1832年、シーボルト（オランダ）による『万葉集』の紹介
2：1866年、ディケンズ（イギリス）による『百人一首』の英訳
3：1880年、バジル・ホール・チェンバレン（イギリス）による『古今和歌集』の英訳
4：1884年、ルドルフ・ランゲ（ドイツ）による『古今和歌集』の独訳
5：1916年、ポール・ルイ・クーシュー（フランス）の俳句関連著作『アジアの賢人と詩人』
6：1920年、ライナー・マリア・リルケ（オーストリア）俳句との出会いと「ハイカイ」制作
等である。

3　文化の相・絵画芸術の歴史と日本の絵画

3／1　近代日本に起こったこと

この項を始めるには最初に、日米に起こっていた或ることを話さなければならない。ライトは最初に建築家ジョセフ・ライマン・シルスビーの事務所に勤めたが、このシルスビーはアーネスト・フランシスコ・フェノロサの従兄であったこと、一九歳のライトはこの縁でフェノロサの知遇を得られたこと、このフェノロサはエドワード・モースの斡旋により日本へ赴任した。フェノロサが日本美術界に幸運をもたらす慧眼の持ち主であったことを次の演説が証明している。一八八二年五月の龍池会（美

術協会）でのもの

「絵画とは完璧な調和をもつ線、色彩、影によって理念を表現する芸術である。そして日本美術はこの理念の表現においてどの美術をも卓越している。実際、日本美術は今日の安っぽい西洋美術にはるかに優るものである。現代の西洋美術は理念の表現という最も重要な点を忘れ、手近なものの機械的な模写に終始している。にもかかわらず日本人は自らの伝統絵画を見下げ、西洋文明への深い崇拝とともに、美術的には価値の低い西洋の現代絵画を賞賛し意味もなく模倣している。何と悲しむべきことであろう。日本は本来の姿に、その古き民族の伝統に戻るべきである。そして仮にあるとすれば西洋の絵画のよい点だけを学ぶべきである。」（『フランク・ロイド・ライトと日本文化』ケヴィン・ニュート著 p. 29）

フェノロサを介して浮世絵を知り情熱的に蒐集し、それに学んだのがライトである。

―ライトの1917年の回想（同 p. 31）―

「……（フェノロサが日本からもたらし自分が手にした）これらの最初の浮世絵は私にとってルネサンスを卑俗化するのに大きな役割を果たした。」とまで言っている。

これらのことはその一端に過ぎないのだが当時のシカゴ周辺での日本への好感度は非常に大きかったらしい。その辺に事情についてケヴィン・ニュートの著書を参照されたい。

フェノロサの思想とその影響を受けたらしいライトについては次項でさらに述べたい。

孫引きになる。オスカー・ワイルドの日本美術への評価（小論「美的な偽り」より）。

「(日本美術の中に描かれた)日本全体が純粋な発明である。このような国はほかにはないし、このような人びともほかにはいない。もし日本のものを見たいと思うならば、観光客のように振る舞い東京へ行くことはない。家で日本の芸術家たちの作品に浸っていなさい、ライトは日本に足を踏み入れる前にこれを10年以上も実践していた。」(同)

さて、二〇一七年の欧州ジャポニズムに関する展覧会、これに連動するTV企画等は喧しいものであり、期を同じくして、セザンヌ、ゴッホ、ロダンを題材にして制作された映画も何点か上映されていた。東京都美術館「ゴッホ展・巡りゆく日本の夢」、国立西洋美術館「北斎とジャポニズム」が開催されていたとは既に報告したことである。

後者に添えられたコピーが「HOKUSAIが西洋に与えた衝撃」であり、セザンヌ、ゴッホ、ゴーギャン、モネ、ドガなどの実作も提示され、彼等の興奮を直に感じることが出来たのは事実である、とも述べた。

この展示を見て西欧画壇及び一般がこれほどの影響を受けていたのかを実感させられた。

あらましのみを拾っても次のようである。

特にゴッホにのみ焦点を当てれば、「ゴッホ展・巡りゆく日本の夢」での次のような主催者側の記録。「欧州におけるジャポニズムの最盛期は一八八〇年代のパリを中心にしていた。」とし、ゴッホの生涯をその作品で綴り、解説し、浮世絵がパリ画壇へ与えた影響と、それにより生れた作品群が日本へ与えた影響について。その中にゴッホの言葉も紹介されている。

浮世絵に魅せられたゴッホは日本に憧れ、英泉の「花魁図」を模写し、日本に近い風土と考えられた南仏への旅に出て、一八八八年二月二〇日に落ち着いた先がアルルであった。

ゴッホは、陰影は消し去った浮世絵のように、平坦ですっきりした色で彩色した、と。

前篇でも紹介したゴッホの言葉を再三繰り返すことになるが、

「日本人はただ一本の草の芽を研究している。まるで自分自身が花であるかのように自然の中に生きる。こんな単純に日本人が教えてくれるものこそ、まずは真の宗教ではないだろうか。自然の中に生き、深い思想と真の宗教を持ち……」は、司教にならんとしたこともあるゴッホならではの言葉と言えよう。

日本語の「眼」「鼻」「歯」が草の「芽」「花」「葉」と符合する説について前にも述べたが、ゴッホのこの言葉と話を合わせたような感動を覚える。

そのような影響を西欧で与えていた日本文化・絵画のジャポニズムは去り、ゴッホの抱いた理想の日本と日本人は消滅していったが、彼を含む西欧の画家達、セザンヌ、ゴッホ、ゴーギャン、モネの描いた絵画に憧れ明治以後の日本人は続々とパリを目指した。彼等の持ち帰った油彩を中心とするいわゆる洋画は日本を覆うものとなった。

（二〇一七年十一月三日の筆者の日記には「浮世絵に如何に傾斜し、実際に創作活動をしていたかは良く解る。彼にとり日本が全くの理想郷であったことも。しかし、明治の日本人が続々とゴッホ詣でをしたことはガッシュ博士の芳名録で分かっても、彼等の憧れの内容は解らない、当事者の文章でも読まない限り。それらしき文献は文字が小さく読めない」とある）

ゴッホが浮世絵を観て日本人の自然に対するスタンス、自然と同化するかのごとき生き方に共感していたことは、その時点では彼我の文化に差があったからであるとも言えよう。消えてしまったかに見える日本文化がその根幹をまだ残しているという望みを信じたい。

一八八〇年に生まれたタウト青年がパリから伝わってくるジャポニズムのそよ風を感じたことは必然であろう。日本グッズの小品を収集していたと自伝に記しているし、自分にも若い時代から自然への関心があったと述べている。（さりながら、タウトの来日後の弁はとりつくろいの臭いもする。来日以前のタウトの日本の情報と日本理解はほとんど無かったらしいふしもある）

タウト同様パリからは離れていたフィンランドでは一九一四年生まれながら、ムーミンというキャラクターで知られるトーベ・ヤンソンが北斎を愛しその影響下に作画をしていたらしいことなどもジャポニズムの余波と言えるのかもしれない。

3／2　東西の絵画史

ドイツ建国の四〇〇年と安土桃山から江戸・明治への四〇〇年がほぼ同時期であることは先に述べたが東西共にこの期間に発達爛熟の絵画史を持つ。その各論を待つまでもないが、片や宗教画・肖像画から近代へ、主に光と遠近法を中心としたのに対し、日本ではアニミズムと自然へのテーマを中心に発達し浮世絵に至ったと総括出来るかもしれない。

江戸末期という時代のエッジで双方が出合い互いに交流し影響し合ったと言える。

西欧の人々が自分達のテーマに希薄であった自然への傾斜を版画という日本の絵画に発見し、新鮮に受け入れジャポニズムという波を発生したと言えはしまいか。

絵を描くというコミュニケーション手段は、アルタミラからポンペイの遺跡に残る絵を経て、宗教画絵／ジョルジョーネ「眠れるヴィーナス」／肖像画から近代へ、そして今日まで。石棺の障壁画から鳥獣戯画／御用絵師・狩野派・琳派などから庶民の浮世絵／維新後から今日まで。共に東西人類の大切な自己表現である。

そこに込められる思いの違いが文化の差異となる。

象徴的に、表現方法の差を生むものとして、〝間（空白）〟の認識が生じた。

さらに、建築と絵画の関係も。

二〇一七年十一月二十六日、日本経済新聞朝刊は「日本古来の美に迫る」と言う特集記事を組み、古代壁画（上）を掲載した。

日岡古墳（六世紀前半）、王塚古墳（六世紀中）、竹原古墳（六世紀後半）、高松塚古墳（七世紀）の写真と共に、竹内義治氏の解説を添えていた。

「日本列島で本格的な絵画はいつ誕生したのか」というコピーと共に、貴重なことを述べている。

「（古墳の装飾画は）都市や文字と同じ、世界中に普遍的な文化要素だ。（河野一隆・九州国立博物館文化財課長）」

「……7世紀を終わる頃（縄文・弥生の文様などの記号的な表現から移行した古墳の装飾画も）独自の発展

段階に移行し……現代にいたるまでの日本画で使われる基本的な材質がほぼ出そろっている（百橋明穂・神戸大名誉教授）」

「（竹原古墳などの）装飾古墳の具象的な壁画は視点を一か所に固定せず自由に移動させ、描きやすい視点から描いている。周りの物との関係に配慮しておらず、方向や大小関係も無視。だから図形は重ならない。単純な図形を記号風に用いる。これらの特徴は世界各地の原初的な絵画とも、子供の描く絵とも共通する。〝実際を見て描く写生画ではなく、記憶や観念や想像が働いて心の中で描く像、心象（イメージ）画だ（考古学者・故佐原真氏）〟」

視線を固定し図形の重なりを描く（ようになった）絵は……日本列島では高松塚古墳や法隆寺金堂壁画等として現存するとし、さらに河野課長の意見として次のように伝える。

「（古墳の）装飾は被葬者のために描かれたというより、会葬者に見せるのが主目的の芸術作品だった。」

「……石室内部を立体建造物として認識し、なぜ壁画がその位置に描かれたのかを考えなければ、古代美術の真髄に迫れない」

この記事に注目した理由は、日本の絵画史の起点と、人には古墳時代から建築的視点が存在し得たということ、この二つを再確認出来ることである。

最後に、西欧と西欧人が日本絵画と先端的に遭遇した一例を挙げておきたい。

これまでも多々引用してきたが、ケヴィン・ニュート氏がその著書『フランク・ロイド・ライトと日本文化』（p. 79～80）で言う。書中のフェノロサの言葉も含めて引用する。

「フェノロサは1890年にアメリカに帰国すると、日本の美術原理の卓越性についてアメリカ人に説きはじめた。そのうちで最も強調されたのは対象の写実的描写ではなく、その純粋に形態的な理念の表現である。……次のように述べている。

〝外見の単なる復元、自然の機械的な複写は芸術とは全く無縁のものである。これはすべての東洋の評論家に認められており、すべての画家にとっては基本的な規範である。

線と影と色とはそれ自体、調和的魅力、純粋な視覚的理念の美、そして無限性を持つことが出来る。それは音楽における音の聴覚的理念と同様に絶対的なものである。形態における美的要素は形態理念の持つ純粋且つ単純な音楽である。このような線のなす組織が自然の物質を再現するものであったとしても、その線としての純粋な美的関係が損なわれることはない。さて、このような何を表しているかとは無関係な線の理念が、日本美術の根底を成すとされるものである。…………

……真の総体とはほんの一つの部分が付加されるか抜き取られるだけで、その全体の特性を失い、その相互修正の完璧な平衡をくずしてしまう。それゆえこのような総体は特有の有機的性質を持ち、変更不可能な永遠の真理によってその運命を定められたもの、個性的存在である。さて日本人はすべての芸術的美はそのような個別の総体であると考えている。〟

有機的総体という部分に明らかなカントの純粋形態美学と、ヘーゲルの有機的形態独特の魅力を物質の持つ精神、すなわち形而上学的理念のもっとも完成された現れとする形而上学的解釈が融合されたものである。……アメリカの場合でいえば、その文化の本質は民主主義にあった。……アメリカ人は単に日本美術をコピーするのではなく、日本美術の根底にある原理をアメリカ独自の新しい〝民主的〟芸術を展開する手段として利用すべきだというのがフェノロサの考えであった。……例えば音楽鑑賞が音楽そのものの構成要素に関して特に知識を必要としないのと同様に、芸術美は合理的な理解を超越し、観察者の精神的共鳴をもたらす〝有機的〟形態によるものだと説いた。」

仮にである、ライトがフェノロサの発言を知り感化されていたとするなら、その後のライトの行動は忠実にフェノロサに倣い、その思想をライトの宗教としていた、とは考えられないであろうか。

4　住環境としての建築から文化・文明としての建築へ

いかがであろう、長い引用で分かり難くなり申し訳ないが、この様に説いたフェノロサの影響を受け、ライトは彼の発言を信じ建築の設計という芸術行為の中で実践したのではないか。しかし些かのずれをも内包していた。

「芸術家にとって大切なのは何をするかよりも、如何にするかである。もし彼が愛という洞察力をもって、彼自身の方法で行えば、そこに芸術と個性が生れる。個性！　個性とは人生の最高の楽しみであり、最も価値のあるものである。」と、ライトは主張した。

対照的なフェノロサの発言をケヴィン・ニュート氏は書き留めている。

「フェノロサは芸術美の本質は単なる芸術家一人の個性ではなく、普遍性と独自性の組み合わせであると主張するのに苦心している。」

このような考えはむしろ現代アートにおける状況と考え合わせ、前世紀的思想なのか、現在なお真理なのか、その議論に入るのはこの場にふさわしくないのでむしろ次項に譲る。

前項との関連から入ってしまったが、このレベルでの議論は既に文化という概念を持った段階での議論である。

人間は命を守るための住居から、建築論を始めていたはずである。

○ 地球的環境と建築

天然の穴居から始め、身の回りで手に入れることの出来る材料で囲いや雨除けを造り出した人間は生活の一部としての信仰の場も形作り出す。建造物とともに虚ろな木を叩いて音を出す器具をも考えたはずである。相まって天候を司る「神」への願いさえ始める。

ここに生活自体と信仰を中心とした文化が発生したはずである。

生活のための形も、信仰のための形も、より良いものへの発展の歴史を積み上げてゆく。

自分達の住むところの環境が、形あるものの材料と形に選択を迫る。

より多く石がある場所と、石は少ないが樹木がより多い場所が材料の選択を迫る。

小雨乾燥の地と多雨湿潤の地ではより良い生活のための形に差を発生させる。

○人間の心と建築そして東西の相違

耐久力の大きな住居と、頻繁に作り替えを迫られる住居に住むことが、信仰や習慣に差を生じさせる。それぞれが異なる文化を生み文明の発展に差を生じさせた。

簡単に括れば、西欧の石（鉱物）文化とアジアの樹木（植物）文化と言えまいか。火に強く頑丈な石には永遠の命が宿るとさえアジアの人達は考える。その代わり、木や紙には人間とともに呼吸をしているのではないかとさえ考える文化が育つ。当然、それらの寿命は人間のものと近いのだと考える。作り替えを厭わず仮のものとさえ考える。

従って永遠の命を維持しようと思えば形を変えることなく作り直してゆかねばならない。伊勢神宮のように。

話の焦点をぼかしてしまうようで躊躇する話題なのだが。

二〇一九年の春も終わらんとする時、ノートルダム寺院の屋根が燃え落ちた。我々日本人は反射的に、あの金閣寺炎上や法隆寺金堂の火災を想い出す。木と紙と泥を塗って出来る建築が容易く燃えるのを我々は受け入れる、慚愧の想いと共に。

しかし、西欧の建物も、例外もあるが床と屋根は燃えやすいのである。石積みの壁から壁へ木材を渡し床や屋根を構成する建物の典型、石のボールトではない部分が燃え落ちるノートルダムの火災を見ながら、筆者が初めてのパリで石造の街に感じた、冷厳さと威圧感をはからずも想い出していた。

5　独自性という価値／我が国絵画の独自性及び東西文字文化の差

先ずは建築デザインから〝独自性〟について始めたい。

思い出して欲しい、ライトはその著作『A TESTAMENT』（ライトの遺言）の中で、しきりに「アメリカの民主主義」を言っていたことを。日本へ来る前から日本を研究し自分自身の空間デザイン手法をひねり出していた裏付けにフェノロサの思想への共鳴があった。

むしろそれを土台にしていた。フェノロサの言葉「アメリカの場合でいえば、その文化の本質は民主主義にあった」がライトの独自性を創り上げたのである。

建築における独自性を語るとき、タウトにそれがあったかと問われればデザイン的にはせいぜい色彩だけだったのではなかろうか。タウトが頭の中に持っていた彼の独自性を現実の建築によって表現することはついに出来なかった。敢えて言えば、神はそれを実現すべき時間をタウトに与えなかった。

東西の建築の独自性に話を広げるとき、前項の最後に述べたように地域の自然特性が各々の建築的独自性を創り上げたのである。

〝独自性という価値〟に話が移るときそれは、文化の総体の独自性から個人の創造力へと話が変わる。芸術における個性の価値は、芸術を語る出発点に位置する。

ライトが「個性！　個性とは人生の最高の楽しみであり、最も価値のあるものである」と主張したことは先に述べた。これに対し、自身は創造行為をしないが批評をする鑑賞者の立場からはフェノロサのように、「芸術美の本質は単なる芸術家一人の個性ではなく、普遍性と独自性の組み合わせである」との主張も冷静な、理知的な見方とすることが出来る。

井上章一氏は『日本の醜さについて』の中で都市美の在り方を議論し、統制された都市美の魅力と混沌が支配する都市を比較しているが、そのテーマは間接的に個性の問題と絡んでくる。

人々に整然と統制された美を感じさせる街の形は、例えば西欧の古い町（普通旧市街として区別されている）や日本のわずかに残る歴史的町並みであるが、それらがどのように形成されたかを考えると、個性が押さえられた結果であることは必然である。

統制する力は様々で、政治体制やその社会の仕組みの場合もあるし、文明としての技術力や手にすることの出来る材料や工法による場合もあろう。

近・現代は全ての意味で統制から解放されているし、ライトの言う個性を何はばかることなく発揮出来る時代である。結果として「醜い」と総括されてしまう街が現われる。

「混沌」にさえ何かはある。と、筆者は思う。

〝芸術美の本質は普遍性と独自性の組み合わせにある〟という論の延長上で考えれば、また美の本質論をそっと脇に置くとすれば、大きく網を掛けられた都市計画の基で個々の建築が個性を発揮しているような場合が考えられるかもしれない。

タウトもコルビジェもそしてライトも、建築家の当り前の作業のように都市計画論を実行した。街の美を論じることが僅かに脇道のようであり、タウトとライトをフォローしてきた中からフェノロサの論をカヴァーしようとするとアーサー・ダウの発言にも惹かれる。

アーサー・ダウはアメリカの画家でフェノロサの友人で、彼の言葉もケヴィン・ニュート氏から教えられることになる。『フランク・ロイド・ライトと日本文化』（p. 95）から。

「美術作品のすべての部分は何か語るものを持っている。もしある一つの部分があまりに目立ち、その他の部分が存在する理由がなくなってしまったとしたら、それはもう芸術とは言えない。ゆえにこの場合、もし一つの線を挿入することが他のものに害を及ぼすとしたら、そこに不調和が生れる。線の数が多かろうが少なかろうが、それぞれの線は全体の中である役割を持っていなければならない。すなわち、総体性が美においては重要なのである。それが音楽を騒音から区別するものである。」

とは五章「コンポジション」で、ライトの平面図の美しさに言及した部分で述べている。

個性が発揮され独自のものでも人を惹き付ける何か、〝美〟の成り立ちを説明することの難しさである。

タウトの「釣合」、ライトの「有機的」、両人の言う「プロポーション」、平たく言えば、「調和」、「バランス」等という言葉に引き下ろすことが出来るのではないか。

近代までの我が国絵画の独自性を言葉で表現し、最も肉薄したのはフェノロサであったが、日本文化の中ではもう一つ「文字」という独自なものがある。

日本の文字の源流は中国にあるが、日本人は〝漢字〟という表意文字から〝かな〟という表音文字も独自に作り出した。

先走って言ってしまえば日本表現芸術の中で最も日本らしいもの、つまり日本独自のものとは〝かな〟である。

日本文化の特質のすべてを包括的に表しうるものも〝かな〟の持つ〝やはらかさ〟であり、それを行う方法が「たをやかに」である。

日本そのものも一言で言えば「やはらかな」であり、これを実現してきた過程は「たをやかに」実現されてきたといって良いのでは無いかとと思う。

文字の文化その東西の差は表音文字の〝アルファベット〟と表意文字の〝漢字〟にある。

このことについては後段の「書」の項でもう少し論じたい。

芸術という人間活動の生む所産について積み重ねてきた歴史的現実に加えて、我が国の歴史の大きな節目において顕在化した活動の内に〝美術〟を梃にして興った一つの動きを認識しておこう。

『日本と中国　歴史の接点を考える』（夏坂真澄・稲葉雅人共著）の第5章において夏坂真澄氏が、明治期に起こった〝美術〟を起点とする活動について整理されている。この著書自体は実業活動の中にあって、日中の歴史認識問題に心を痛み、言わずにいられないことについて発信した貴重な意見・提言であるが、一連のムーブメントの連環を知ることが出来る。

美術思想家としての岡倉天心は己の美学に関する考えを『東洋の覚醒』に於いて主張した。これを追い文学者・哲学者としての保田与重郎が『明治の精神』を表わす。

これは戸坂潤の『日本イデオロギー論』での大東亜共栄圏思想につながり、さらに文学者・竹内好の日本精神のアジアへの拡大につながってしまう。

これはアジアの結びつきを模索し、経済のブロック化への道を探る考えに至ってしまった。

このような思索の展開は国の作動の背景にはなるが結果がもたらす〝事〟についての責任は問われない。

心しておかなければならないのは、人間の心の在り方としての〝芸術〟とか〝美術〟についての思想が政治・経済のムーブメントの環境を形作ってさえ行く、控え目に言っても行動の正当性をバックアップしてしまうということである。

この著の提案は、結果として生れた国家・国民間の歪を是正してゆく方策として、異なる考えの主張をぶつけ合うことを避け「共通点を認識し、最大公約数を知り共有して行こう」というもので、現代における切実且つ貴重な提案となっている。

彼我の文化の違いを認識し、最大公約数としての共有出来る事項の一項目でも再確認出来れば「比較文化論」のメリットとすることが出来る。

第二章　「間」というもの

先に、日本文化の特筆されるべき点として、「示唆、または余情」と「いびつさ、ないし不規則性」があるというD・キーンの意見を紹介した。

この二項に関連しているように思えるもので、日本画や俳句に漂う感覚に「あいまい」と言っても良い感覚、つまり「間」とでもいうべきものが存在していると思っている。


「間」も「個」と「全体」とのバランスを形づくる「個」の一つと言えるだろう。

此処まで様々に考えてきて朧な輪郭として見えてきたものに、多くの先人・賢人の考えに共通する「美」の概念の一つ、平たく言えば―「個」と「全体」とのバランス―というものがある。

その核心を、或る人は「釣合」と言い、一方の人は「有機的」と言う。

そのバランスが破綻している時その様を「キッチュ」と言い、「クリシェ」と呼んだ。

さらに哲学者や詩人は「美」への想いを、突き詰めれば次のように言う。

「人の心を感動へ導く「美」では、個々の部分が、意味を持ち全体を構成し、全体の為に実存する」

タウトが桂離宮に観た日本の「美」は西欧の「美」の概念を体現していたし、ライトが日本建築に学んだものは「有機的」な空間そのものであった。

詩人・大岡信が交遊の中で米詩人／トマス・フィッツシモンズに言わしめた言葉がある。連詩を試みて遊んだ中から出てきた言葉なのである。

「これは日本人の天才的な発明だな。相手を立てながら、自分の個性を最大限に発揮しなければならない。相手を立てることと自我を強烈に主張することが両立している」

「もの（建築）」と「ことば（詩）」の世界がそれほど遠く離れた存在ではないと感じさせてくれる。同じ人間の創り出す同じ「美」の中にあるからだろう。

筆者に身近な世界での「間」の周辺について考えてみる。

1　建築

1／1　建築における「間」

建築という領域における日本文化の特性と思われる「間」は、空間における中間領域・共有空間から、繋がる／流れる空間に存在するものと考える。

「切れてつながる」が、物理的な「空間」にもあるから面白い。

「日本的建築空間の特性は切れてつながる「流れる空間」である」ということを説明するには沢山のことを語らねばならない。一義的には、建築という立体的な具体を図面や模型、はてはＣＧ等で説明することになるのだが、此処でそれを実現する余裕が無い、省きたい。

「間」には音や心理上の状況がもたらすものもある、その説明は文章で付け加えられ得るかもしれない。

外部空間としては社寺の境内や城郭の構成領域、そして日本庭園がある。

内部空間としては、日本家屋の住空間がほとんどすべて該当する。

それらを構成する道具としての障子・襖がある。つなぐ空間としての廊下がある。

さらに内部空間と外部空間さえもつなげてしまう縁側や土間、玄関さえある。

端的にその特性を理解してもらうには空間を体験してもらうのがよいのだが、ハタと行き詰まる。現代の我々の周りではその実体が失われつつあるのだ。

境内や城郭、そして日本庭園の典型は保存されており、経験出来る。


筆者の蔵書の中で、「庭」に関するものは複数あるが、とりわけ西沢文隆小論集（相模書房）の中の『庭園論Ⅰ』『庭園論Ⅱ』は、庭の全てについて語ってくれている。

西沢がⅠ、Ⅱに冠した副題はⅠ「人と庭と建築の間」、Ⅱ「日本文化の中で」であり、筆者の論に寄り添ってくれるような親しみを覚える。Ⅰの冒頭「一、庭の根元」で、

「庭とは人間が住まえるように、人間並びにその住居のスケールに合わせて自然を飼い慣らす—自然を改造する—行為によって生まれ出る第二の自然である。

自然を愛玩し、鑑賞し、人間の気持ちに合うように造り、さらに進んで己を誇示する道具として使うようになるのははるかのちのちの行為である。

神を祀るところを「斎庭（ゆにわ）」、勉強するところを「学びのにわ」というように、「にわ」とは「なにかをする特定の場所」を意味する言葉であった。農家では晴れた日は家のすぐ前で、雨の日は土間で仕事をする、農事作業をするところが「にわ」であった。屋内の土間も、屋外の戸外もともに「にわ」と呼んだのである。現在、庭園を「にわ」と呼んでいるが、これは愉楽の庭（遊園 pleasure Garden）である。そこへ降り立って楽しむこともあれば降りずに室内から、ロジアやヴェランダやテレスからまた椽や廊を渡りながら楽しむことがある」と述べ、

Ⅱでは、名のある全ての日本庭園を採り上げ解説を試みている。

建築家として坂倉準三と共に設計事務所を立ち上げ設計業務に携わりながらの著作エネルギーに舌を巻かざるを得ない。

障子・襖、廊下、縁側や土間、玄関は我々の日常から消えつつある。

やむを得ず過去の障子・襖、廊下、縁側や土間の残像を辿って、筆者はまだ体で記憶しているそれらについて語り、それらのもたらす特性を語りたい。

断わっておくが、西欧にも相通ずる中間領域空間とそれを楽しむ感性の例が在在する。例えば、イタリア北部トリノのポルティコ、ミラノのガレリア。総じてヨーロッパの都市の小さな広場、集合住宅の中庭などに出会うと、日本人は親近感を覚える。

○最も遠い時代にあるのが「土間」である。

外部空間の入り込んできている内部空間である。筆者の生活の中にあった最後の土間は、父親の郷の離れに疎開した昭和二十年代のものであり、本家の生活の中心にあった。

西沢の言う「屋内の土間も、屋外の戸外もともに「にわ」と呼んだ」それである。

尺角位の敷居を跨いで入る土間の三和土は日が差すと底光りする小さな波にさえ見えた。

何時もヒンヤリとしており、二尺ほど高い囲炉裏を囲む板の間と土間レベルの竈や水回りとは簀の子渡りでつながっていた。踏み込んだ右側の角は二間四方ほどの厩であり、馬の尿などで湿った藁が敷かれたままであり、新しい藁が敷かれると乾燥したい良い臭いがしたのを覚えている。夜長の季節には土間全体にも藁が敷かれ大人達に農閑期の作業の手伝いをさせられたものである。俵作りや草鞋編みである。来客時には囲炉裏周りを含めての接客空間であり、最も通常的には食事をする多目的空間であった。常時、入り口の戸は開放されており、季節の空気が流れ込み通り抜け、風は水屋の前の武者窓へ抜けて爽やかな自然を取り込んでいた。滅多に見上げることのない上部の煙出しは黒々と煤けており、僅かに光の矢が差し込み、青みがかった灰色の塵が漂っていた記憶がある。

○「廊下」と「縁側」

内部空間をつなぎながら外部空間と内部空間をもつなぐ狭間の領域を構成し、それぞれの外縁をもなす、重なった部分と言える。

これらをより明確に意識するために、西欧の堅い壁で仕切られた独立する空間を思い浮かべるとより明確に和の空間を、その特質を認識出来はしまいか。

映画を想定して日常的とは言えないが、よく出会う時代劇でのワンシーン。

「お人払いを」と、家臣が上位者へ。

退席した人間は少し離れた廊下や次の間で、その後の雰囲気や聴き取りにくくても会話らしき音を感じることが出来る。

「二人にしてくれ」というのが洋画で良く出てくる場面。

分厚い扉で仕切られた部屋の外では怒鳴り合いででもなければ中の様子を察知出来ない。

西欧化した現在の我々の情景は後者に近いのだが、聴いてはならない会話からは礼儀としてより遠ざからねばならない。

江戸時代の長屋の戸境壁を抜けてくる会話や、旅籠での隣室の会話は聞こえても聴かなかったことにするのが建前であった。頑丈な錠前で閉じられる扉で仕切られる二つの空間は全くの別世界であり、鍵はおろか隙間さえある和の二つの空間は表面的に切れているようでつながっているのである。

庭に面した廊下や縁側は自然を取り込む空間であり、雨戸を閉じれば外部になる濡れ縁や廊下は重要な接客空間でもあったし、農村では今もそうである。

今でも存在する身近な典型例を京都の「通り庭」に観ることが出来る。

連続する二つの空間を繋いだり弱く切り離したりする仕掛けの典型がこの二つである。

和の空間にはこの他に、簾や暖簾それに衝立や屏風まである。

同じような役割をするが西欧化したものにはカーテンやスクリーンもあるが西欧人はこれらを日本人的には利用しない。

○「障子」と「襖」

「襖」はより遮音性が高く密閉感を演出する。

「障子」は日本人の生活に、さらに日本的な情緒を醸し出す。和紙一枚は、音は勿論、光つまり明暗まで二つの空間に共有させ、切れていながらつないでしまう。

人は何故幼少時の一つの情景を何時までも記憶しているのだろう。

四〜五歳頃、育った家の朝、雨戸は開いているのに筆者はまだ布団の中にいる。障子に映る竹の葉のゆっくりとした動きを見ている。やおら、雀が竹にとまる、ほんの少しで消える。しばらくの間、竹の葉は前よりも大きく揺れている。

そうなのだ、私は畳の上の布団の中で、庭という外の景色を障子というスクリーンに見ていたのである。穏やかな温い空気の季節の朝であったろう。

障子の紙が「見る」機能を奪うだけで二つの空間を作るのに対し、さらに半分だけ「見る」機能を回復して二つの空間をつなぐのが「簾」である。同類に「連子格子」もある。

日本人の空間感覚は実に繊細・微妙である。

1／2　タウトと桂離宮、ライトと修学院離宮

日本的外部空間としての桂離宮がタウトの心を打った、と考えてきた。

そもそもタウトにはそれを理解する心があり、自然の摂理を尊ぶ心があった、と。

当初に抱いていたタウトへの疑問、単に桂の建物をモダニズム的見地から称えただけであり（筆者の固執する日本的空間はその庭にあるという観念から）真の日本空間を理解していないのではないかという疑問だけは『画帳』等により解消出来たと考えてきた。（理解の土台はドイツロマン主義であったとはいえ）

月見台に代表される桂の内部空間と外部空間のつながりを、タウトは理解出来ていたのか？

彼はその感動を文章としての『ニッポン』に、スケッチと詩の『画帳桂離宮』に残したのだが、庭は庭、建物は建物という理解レベルではなかったか。

いや、部分と全体のバランスという「釣合」の大切さを基盤とする思想からは外れていなかったはずである。

かくして、タウトが日本から汲み取ったものとライトが日本から学んだものは全く異なるものであったと思う。ライトは建築デザインとしての四隅の解放を表現し、間を理解していたが、タウトの観点は異なっていた。

しかし両者とも「美における総体性」を語ろうと懸命であったことにおいて同一である。

フェノロサの友人でアメリカの画家・アーサー・ダウの言葉を再度確認しておきたい。

「美術作品のすべての部分は何か語るものを持っている。もしある一つの部分があまりに目立ち、その他の部分が存在する理由がなくなってしまったとしたら、それはもう芸術とは言えない。ゆえにこの場合、もし一つの線を挿入することが他のものに害を及ぼすとしたら、そこに不調和が生れる。線の数が多かろうが少なかろうが、それぞれの線は全体の中である役割を持っていなければならない。すなわち、総体性が美においては重要なのである。それが音楽を騒音から区別するものである。」

ライトは個々の、日本にヒントを得たアイディアと共に、建築の空間構成に日本的「流れる空間」を採用した。その手法が「有機的」であると思う。

ライト自身も言い、書き、（それ故反証が困難なのだが）人もそのように解釈していることが多いと思うが、「自然」との関わりを有機的と定義しているようだ。

ライトにも自然の摂理を理解する心があった。だから日本的空間に馴染んだ。

ライトの自然との一体化空間の実践がタリアセン・イーストである。

生来のライトの心が造ったのか、日本的なものに心を同化させ創造したのか？

タリアセン・イーストは日本庭園である。同じ作業を石川丈山は詩仙堂に、後水尾上皇は修学院離宮に、八条宮は桂離宮に実践していた。

「オーガニック」とはオーガニックスペイスつまり「有機的空間」であるに違いない。

ブルーノ・ツエビーの「空間としての建築」が建築と言う概念の中心にあるのである。

タウトは空間の実践で日本の理解に達しなかった。自然との関わりにのみ日本を理解した。しかしそれを出発点として「総体性」、彼にあっては「釣合」を説いた。

タウトとライトのたった一つの共通点として、日本的な精神を理解する「心」があった。

2　文学／俳句・絵画・書等に見られる日本文化

2／1　文学における日本文化の特性

文学との遅い出会い。文学と遠く離れた世界で長い時間を過してきた筆者にとって、人生の終りに近くやっと出会ったのが詩人・大岡信の周辺の事々であった。この一穴から、文学における日本文化を窺うことに賭けてみたい。

大岡信研究会第十回／講演・高橋順子、二〇一九年九月十八日・明大〈大岡信・連句／連詩の精神〉で語られ、『うたげと孤心』（大岡信・岩波文庫）で語られること。

大岡信（１９３３～２０１９）は詩人（現代詩）としての経歴の中で日本文学全般への探求を深め、個人の詩魂の存在の必然性と複数の詩魂を合わせ楽しむ宴の精神に宿る日本文化について論じ、それを実行する場の実践を重ね、それを世界へひろめつつあった。

それが連句から派生、いや連句を応用発展させた連詩という楽しみ（うたげ）の実践であった。

連句は連歌から発展したものであり、連歌の発句は芭蕉によって俳諧・俳句へ転じられた。連歌は和歌を連ねたものであるが、和歌を合わせる楽しみが形になったものである。

連歌からヒントを得て連詩の試みを始めたのが大岡信であった。それらのことにつながる様々を語り合うのがこの時の研究会の主旨であった。

連歌（連句）の合わせるという楽しみは俳句を披露し合う句座と共にうたげの実体である。

和歌は日本独自のかな文化から生まれた文学である。かな文化は一方で『源氏物語』に代表される日本文学を生んだのだが、和歌の源流は『万葉集』であるとも言えるから、輸入された漢字から空海などの関与を経て「かな」が生まれた時が日本独自の文化が芽生えた時と言ってよいのだろうか。

欧州には詩人も居り、吟遊詩人も発生していることが言われるが、合わせる（うたげ）ことの楽しみの形は無いのかもしれない。大岡の言う「合わせる」は日本人独自の精神文化であるらしい。

俳句も連句も合わせる作業の核心に介在するのが「間《ま》」である。

「間《ま》」は「つなげる・つながる」をも意味する。つながっているから間なのである。

俳句ではその間を創る（かもす）作用をさせることを「切る」と言い、その道具としての文字を切れ字と言うから面白い。つまり切って間を創り、つなげるのだから玄妙である。

2／2　日本の特殊性／俳句、絵画における日本の特殊性

俳句―局限された文字数の文学に課せられた、想像力を呼び出すという空白こそ日本文化の核心の一つ、独特な創造性の例証であろう。

平成二十九年三月の初めの一週間は筆者にとり記憶に留めたい日々となった。

俳人・加藤楸邨及び画家・木村忠太との出会いを筆者自身が経験したことでしかないのだが。

我々には俳句という世界最小の短文詩の世界があり、今日他国でも理解が広まりつつあるのだが、この百年の俳句の歴史の中に加藤楸邨という俳人が居た。

江戸時代に松尾芭蕉が連歌から独立させ独特な文芸とした「俳句」は、明治に正岡子規が整理し新しい段階に入ったのだが、以前以後の俳人たちも殆ど芭蕉に帰らんとし、又はそう思いながらも新しい試みに挑んで来た。

その中で加藤楸邨は新しい試みによる俳句を切り開いた。

具象と抽象の一体化を試みている。双方の言葉を対置し思いを醸し出す。

自らも人間探求派なる呼称を冠し、周囲も以後そう呼んでいるが、生涯一貫してその作風は変わっていないように、筆者には思える。

俳句において具象とは自然界を含めて人間の六感で感知出来る現象である。

その主たるものが「季語」として表現され、俳句界では重要な位置を占めている。

抽象とは人間、自己の思念、主観である。俳句界でのこの二者に纏わる様々は措くとし、楸邨は具象に抽象を衝突させて醗酵する感情を詠い、人に訴えかける。

十人ほどの俳人の句集を経て、彼の句にまとめて出会ったのが『加藤楸邨の100句を読む』（石寒太著・飯塚書店）であった。正直に言ってその句だけを読んでも直ちに理解出来ることは少ない。現代俳句と呼ばれる系統の場合なおさらである。

芭蕉など俳人の句集を、その若い時代に詠んだものから年代順に読んで来たことが多いのだが、年代を経ての変化を理解出来（筆者の見るところ若い時代にはしきりに教養をまぶして作句をするようだ）、俳人の全体も理解出来るのだが、現在の筆者の年齢を考え、より近い共感を得たいと思い、楸邨の場合は最後の句から読んでみた。数句を読んで感じた。彼は俳句において、具象に抽象の言葉をぶつけて作句し、己の心理・想いを伝えたかったのだと。読み進みなんと山本健吉の評の引用に出会った。

「『季語と主観的感懐との強引な衝撃』という手法」（p. 32冒頭）である。素人としての見方が評論家の評に合致し素直に歓喜した一瞬であった。

そして、楸邨は若き日から最後まで、殆ど同じ手法で作句しているのだ。芭蕉他、他の俳人のパターンとは異なっている。

これは筆者が楽しんでいる俳句での話である。

一方、以前に画集を観てちょっと魅かれていた画家があった。〝木村忠太〟という。

平成二十九年三月四日、ある画伯から教えられて「木村忠太展」を観に高崎美術館へ。

肌の粟立つような感覚にとらわれた。そんな絵である。最初の展示室でそう思った。

100号ほどの大きいものも、4号、6号の小さな油彩も、リトグラフも、パステルも。

さらに、彼の絵画論は、その時の筆者には大きな啓示となった。

それは彼自身の絵の解説にもなっているのだが、後半生をフランスでの画業に専念し果てたその絵画手法であり、絵を通しての精神文化論になっている。

以下にその持論を、高崎美術館が掲げていた文章から引用し、レアリズム（具象）とアブストラクト（抽象）の総合（混合＝衝突）について考えてみた。

「世界の美術はアブストラクトまで来て混迷している。東洋に対する不勉強の現れである。ヨーロッパ人はアブストラクトかレアリズムか、どっちかしかやれない。」

「フォルムの自由、アウトラインを越える所に東洋の哲学が横たわっており、これを乗り越えた所に個と全の一体がある。レアリズムとアブストラクトの総合がある」

又、展示企画者は解説に言う、

「彼の絵では具象の霞んでゆくのを覆う様にある種の輪郭と光とも印象ともいうような色が重なっている。ここに東洋（日本）の哲学が作用してはいまいか。

物の現実（レアリスム＝写実）でなければ心の現実（アブストラクト＝抽象）へと一方に偏るヨーロッパ人に対し、物と心が関係して初めて「在る」という日本人の実感にこそ、絵画の明日がある。……現実を超えるために必要なのは西洋の「意思」のみならず東洋の「服従」、つまり意識のみならずむしろ無意識の世界、ときに自然そのものにまなざしと手をゆだねる……。」

木村忠太の絵画における作業は、筆者には、あたかも加藤楸邨が季語という具象に主観という抽象をぶつけ重ねたような作業に重なって感じられる。

「内なる真実というのは魂の真実、ところが内なる真実だけではアブストラクトになっちゃう。僕の言う真実というのはそこに個と全の一体の真実があり、自然でもあり、自分自身の真実でもある。両方の個と全の一体の次元、それが結局アブストラクトの次の時代なんです。」

「デッサンをするということが焼きつける一つの行動なんです。

そして自然の真実を摑もうとして、これを鉛筆で写生する。それが重要なんです。

ですからデッサンはどうでもいいんです。その行動そのものが重要なんです。

つまりその行動が魂の中に焼きつける、だから油絵を描くときにはそのデッサンを前へ貼って出しておいて、それで絵を描く訳です。そこに家があった、木があったというデッサンを相手にしない。

只デッサンは最初の感動を思い出す、呼び起こすきっかけです。

そして描くという行動が感動を魂の中に焼きつける。だから描くという行動が大事なんです。」

「たとえば絵を見るとほとんどの人が、仕上がるものが初めから決まっている。

形のある目的があって、それに向かって進んでいく。ところが近代絵画は、展開していって、仕上がりは自分でもわからない。展開していく自由というものがある。

無形の目的、つまり心の自由が残されている。」

日本人の心にある、流動性、可変性つまり〝やはらかさ〟である。井上靖が桂離宮について言っていたではないか。

2／3　絵画の東西

日本画─構図における余白・書かれない部分の意味について。

「西洋絵画」と言われて我々の脳裏に浮かぶもの、人それぞれ最も印象に残る油絵をイメージするであろう、その制作者が誰であるかは分かっていようが不明であろうが。先ずはダヴィンチの「モナリザ」、レンブラントの「夜警」であったり、ゴッホの「ひまわり」等であろうか。昨今のように頻繁に美術展の開催される時代ではそれこそ最も最近に見た作家の絵だったりもするであろう。

思い出して欲しい、それらの絵の殆どは画面一杯に絵の具が塗り込められているはずである。希にはまだ制作途上の絵であるとされるものでも間違いなく画面全体が色彩で覆われている。セザンヌの風景画のように使われる絵の具の量が少なくカンバスの布目が見えるような淡泊なものでも画面全体は色で覆われている。

何故西欧人は画面全体を絵の具で覆い尽くさねばならないのか、絵は何故完成されていなければならないのか。

勿論、日本の絵画でも完成されたものが、全画面色彩で覆われているものは多い。

筆者の最も好きな日本画、伊藤若冲の「群鶏図」も鮮やかな色彩で完璧に彩られている。

浮世絵の大部分も丹念に刷られた色で埋め尽くされてはいる。

一方で、狩野派の襖絵にしても、南画の殆ども、必ず埋め尽くされない余白のあることによって成立している。明らかに形の「未完である」ことにより観る者に、その未完である部分への、完成の為の参加を促し、限定されない自由な完成を期待してはいまいか。

筆者が青年時代に最初に出会った日本画・長谷川等伯の「松林図屛風」こそ、この代表例なのである。

この精神は先に挙げた木村忠太の絵画への精神に受け継がれていると思う。

かさねて言う、俳句は完全にこの精神により成立している。

2／4　書／文字のつながりと余白、構成、表意文字と表音文字

西欧に於いて表意文字が出現しなかったのは何故であろうか？

文字の起源と発達について先人達の研究を追尾する時間がないので、これまでに得た常識の範囲で述べる怠慢をお許し頂いて話を進める。インド数字、エジプトなど中近東に起源する文字が表音文字のまま、ギリシャ、ローマを経て西欧の文字として受け継がれて来た。

長谷川等伯筆「松林図屛風」

エジプトなどの石刻の文書遺蹟に見られる文字列には絵文字らしきものが混じっていることを諸兄は記憶していると思う。つまり彼等も文字を補強して意思伝達に絵文字を合わせ刻んだと思ってよいのではないか。

一方、中国の古文化に見られる木簡や、それ以前の亀甲文字（亀甲や獣骨に焼きを入れ、生じたヒビの形状により占った結果を刻み記した「卜字」から始まり、山川や樹木などに宿る精霊を形にしたものが文字の始まりと考えられる。〈毎日新聞／２０１９年6月28日「文字の成立ち—甲骨文」徳野大空〉）では文字自体に、絵文字からの原流があったと想像される。これが発達し漢字に至り、表意文字となった。

漢字を中国から学んだ日本人は逆に、漢字から表音文字である「かな」を考案した。

この工夫の道程に日本文化の特質が育まれたと思う。

日本人は何故その工夫の必要性を感じたのか？

結果として生まれたのが「かな」であり、特に「ひらがな」に日本文化、日本人の特性が表出してはいまいか。「カナ」はもっぱら「音」そのもののように思える。

「ひらがな」には音を含めて精神が籠っているように感じられる。

筆者が感じるその精神は「やはらかさ」である。「やはらかさ」は「やさしさ」に通じる。

この「やさしさ」には凛とした清々しささえ匂ってくる。

このことを説明することは難しいが、一つの例を提示出来る。

それを筆者は新渡戸稲造の『武士道』の中に見つけた。

「小さい子をいじめず、大きな子に背を向けなかった者、という名を後に残したい」

という言葉を新渡戸は引用している。なんとこの言葉の原典はトム・ブラウンという英国人であるという。新渡戸が武士道を世界に説明しようとして引用したのである。

しかし、この引用の孫引きは「ひらがな」の「やはらかさ」と「やさしさ」の一側面にすぎない。

さて、「書」である。

――文字の文化その東西の差は表音文字の〝アルファベット〟と表意文字の〝漢字〟にある――

とは、前章（5）で述べたがもう少し話したい。

文字の歴史は専門家により十二分に研究し尽くされているが、日常にしばしば反芻して面白いと思うのは文字の単純記号性と含意の記号性である。

グラフィックデザイン制作時に出会うのが「漢字」のもつ含意の面白さである。

比較する「アルファベット」は代表で英語とするのだが、たとえば、表音文字の英語の大文字を縦に半分にした片側を見て、文字全体を想像は出来るが単なる形でしかない。

漢字を縦横どちらでも半分に切って置かれたとき何故か生き物の体が半分に切られ又は半分隠されているような想像をさせられるのは筆者だけであろうか。

表意文字の原型は象形文字であろうが、これは対象物を表す図形から来ている。

「アルファベット」の原型を造った祖先達は、何故最初からデジタル化に優れていたのだろうか。それはさておき、「漢字」から「かな」を導き出し且つ両方を「こき混ぜ」て使う利便性を発明したところには日本人の独自性が顕著である。

文明の発達がデジタル化の優位性を導き、文化の創造力のエネルギー源である図形を駆逐してしまうのだろうか。

新渡戸稲造が『武士道』のなかでさらっと述べていることがある。

「……能書に重きを置きし所以は、おそらく我が国の文字が絵画の性質を帯び、したがって芸術的価値を有したるが故であり、また筆跡は人の性格を表すものと認められたからであろう。……」

筆跡が人の性格を表すとは西欧の表音文字についても同様の見方があるであろう。

しかし、このことを加味してなお興味ある点は「文字が絵画の性質を帯び」にある。

筆跡に現われる気合いや気分に加えて、表意文字はそれを読み、観る人に一字で大きな意味・概念を喚起する。文字の形、書かれ方は書く人の情感や思想まで表出してしまう。

この時、書かれた文字の背景・余白にも相乗的効果が期待され、総合された書面全体が芸術的効果をもたらす。表音文字の一字なら暗号の域を出ないであろう。

ひらがなであれば、文字が連なって意味を持つのであるが、それらの文字群は多くの場合文字の意味をバックアップする背景の模様や絵画により余白が形成され芸術的二次空間を形成する。

これらのことに対応される西欧の文字芸術を知らない。西欧の文字はもっぱら文書にしかならない。一転、記号としての文字にレタリングの面白さが追求される。

例えば次節に述べる映画を想起してもらいたい。西欧の映画作家はタイトルに使う文字のデザインには一作毎に相当な努力を払い表現の工夫をしている。

前篇においてタウトに関し多々引用した『ブルーノ・タウト研究』（長谷川章著）であるが、著者はタウトの手紙に注目している。そもそもタウトは横書き独語の中にポンチ絵、スケッチの類を挿入する習慣を持っていたが、『画帳』の延長上にあるとも思える長尺の手紙を何通も残している。巻き和紙を縦使いし横書き独文にスケッチを混え、全て筆と墨を用いているのである。日本文化への憧れ故の作業であるが、南画、文人画への共感があったという。日本語（漢字、仮名）を使えない西欧人の折衷アイディアであったろう。

3　映画／映像総合芸術

映画／視力の錯覚と人間の想像力を利用する映像総合芸術—そして音楽

セルゲイ・エイゼンシュテインという映画作家が居た。

一九一七年のロシアにおける革命後ソヴィエトロシアのプロパガンダの一翼を担い制作された「戦艦ポチョムキン」という映画を監督した映画作家である。帝政ロシアからその支配下にあったラトヴィアの首都リガの建築家ミハイル・エイゼンシュテインの息子として生まれた。父の建築作品は現在もリガに残されている。

「戦艦ポチョムキン」はその表現手法により現在も映画史に影響を残し、むしろ映画表現の原理を形作った記念碑的作品として存在する。視力の錯覚と人間の想像力を利用する映像芸術に依らない映像表現運動としてのヌーベルバーグなども後に発生したが、視力の錯覚と人間の想像力を利用するモンタージュ手法は今も有効である。

そのエイゼンシュテインは歌舞伎の「見得」に大きな関心を持ったという。モンタージュ原理のストップモーションとの共通性を述べたという。その理論の原型としての漢字・表形文字への関心があったという。漢字自体は中国大陸に発生した文化であるが。

二つの静止画面が視力の錯覚と人間の想像力により「存在しないもの」を生む。空白に何かを想像する原理と同様である。漢字の偏と旁は新しい意味を表現することに同等であるという理屈である。これも一つの「間」に相当する。

さて、「戦艦ポチョムキン」という映画には「音」は無かった。映画の進化はサウンドトラックという音楽と耳にすることの出来る台詞を獲得した。

音楽もまた「間」の存在無くして語れない芸術である。

今にして邦楽も日本の音もその地位を挽回しているが、近世、西洋音楽が音楽世界の全体を意味して来た。西洋音楽史のコアを占めるのがタウトの生まれたドイツの音楽である。

日本音楽の特性についての大岡信の表現がとても良い。（『日本語の豊かな使い手になるために――読む書く話す聞く』／太郎次郎社エディタス、161～162頁）

以下のことはシンメトリーとアンシンメトリーの関係に類するかもしれない。

大岡信が武満徹とのやり取りの延長で言う。先ずは武満の言葉から始まる。

「どもりはあともどりではない」と。ベートーベンの「運命」の「ダダダ、ダーン」は、どもりだ。どもっているから力強い音楽になっている。言葉をしゃべるうえでも、どもることはよろしくない、まちがいなくすらすら読めるのがいい読み方です、という教え方に対して、とんでもないと武満は言う。そして、「生命的な意味から言うと、一人ひとりのリズムが少しずつ違っていて、それでいて全体の調和がとれているという状態がいちばん歓迎すべき状態でしょうね。硬直したハーモニーと、どもりのハーモニーと両方あるのですが、日本人はそこをわりとうまくやってきたはずなのです。たとえば、日本音楽にはドレミファソラシドのようなきちんとした音階はなく、むしろはずれる寸前、すれすれのあやういバランスのほうを大切にしてきた。能の謡などでも、けっして西洋音楽のような一糸乱れぬ整然たる進行が最高の出来というわけではない。謡にも鼓や笛にも、一人ひとりの演奏者の肉体の呼吸の微妙な違いを、むしろ生かしたかたちでのハーモニーがある。各自の演奏の始まりや終りが、一斉にそろうということは、あまり重要な問題ではないようです。ごく微妙なズレが、いい効果を生みだすというのです。」

この独特な日本音楽の中では「間」というものが、西洋音楽より大きく作用する意義について説明の要はないであろう。「ズレ」や「ふぞろい」には微妙に「間」が介在する。

これを踏まえて大岡はさらに人生哲学にまで話を踏み出す。

タウトの時代の西洋音楽と、或る日本人の出会いについて語りたいことがある。

平成三十年正月八日のＮＨＫ・ＢＳの番組「戦火のマエストロ・近衛秀麿」はタウトの時代に資質溢れる一日本人が、如何にして西洋音楽に関わり大戦前後を過ごしたかを語り興味が尽きなかった。話を前後させる。

筆者の少年時代、地方の公会堂は〝文化〟が時々訪れる大きな空間であった。未だ少年の域を出ない新制中学時代の県公会堂で、二つの〝事件〟に遭遇している。一つが近衛秀麿指揮ＮＨＫ交響楽団の演奏会、一つが映画「禁じられた遊び」上映である。

演奏会では、子供心にもちょっと下手（殊に金管楽器）であると感じ、五十年後の当楽団の素晴らしい演奏との落差に我が国音楽教育の進化を、何度も友と語ったことがある。

前述番組は近衛秀麿の時代との関わりをつぶさに語り、音楽活動の傍ら虐げられたユダヤ人達への人道的活動を追い、戦後日本での活動までを丹念に報じていて感動を誘うものであった。

タウトが辿らざるをえなかった境涯と興味ある対照を成し、異なる芸術分野の数奇な運命の二人であったと思う。

もう一方の映画「禁じられた遊び」では、その時点でつい五、六年前我々が辿った「戦後」という混乱をトレースさせられ、少女の「ミッシェル！」と連呼するラストシーンに泣きじゃくりながら埋没したものである。

けだし、音楽では休止符という「間」が感情の整列を促し、映画は本質的に「間」を創るカットの組み合わせの構成で成り立つものである。

第三章　日本文化と二人の建築家

1　二人の建築家を引き付けた日本とは／日本のエスプリ・他国と異なるもの

前篇と後篇の此処まで、二人の建築家フランク・ロイド・ライトとブルーノ・タウトに関わる様々を探ってきたが、全く異なる性格を持ち、対照的な経歴・実績を積み重ねた二人にも共通することがある、つまり次の三点である。

1：共に、既存の正統派・王道とも言えるエスタブリッシュメント学派・教育課程を経て世に出たのではないこと。

2：二人共「建築家」の存在意義、職能、あるべき姿について同じ意識を持っていたこと。

3：異なる思考方法、アプローチからではあるが「美即芸術」における総合的価値、「可」である条件について、及び個と全体の関わりについて、同意見であったこと。

三番目の事項に関して両人共、日本文化は巧まずしてこの「可」である実体を育んでいたと思っていたのではないか。

ライトは研究してそれを抽出し自身の作品に生かしていったのに対し、タウトは作品としてそれを表現し得ず、しきりに語り、文章として訴えた。

関わり方は全く異なっていた二人の建築家と日本との交流から見える日本及び日本文化とを、同じ表現により俎上に上げることが難しい。

ライトは東照宮に学び、日本人の尊ぶ肌合いとしての「わび・さび」精神などには目もくれず、老子さえ己の空間論を補強してくれる哲学として取り入れた。

片やタウトは哲学としての「わび・さび」にさえ興味を示し、自身の感性に合う日本人の表出するものに素直に賛同し、語り、文章にした。

この様に二人がフィールドを異にして日本文化に関わったのは、二人の才能のありどころの違いと、地理的環境の違いのしからしめる時代、歴史に左右されたところであり、必然としか言い様がない。所謂、運命である。

二人が目をとめた浮世絵との出会いは、日本が世界に開かれた結果としての歴史がもたらしたものであり、タウトにとっては日本文化への入り口としての美術品であったが、ライトにとっては浮世絵そのものが終生の愛玩物であり、浮世絵そのものから自分の美学・作品を形にしていった。

この様に、浮世絵は二人が日本文化にアプローチしようとする切っ掛けになったのであるが、ジャポニズムのシンボルとしての浮世絵を西欧人の直感が選んだことは、浮世絵に彼等の持っていない新鮮な何かがあったということであろう。

浮世絵には彼等の遠近法の対極にあるものが存在し、対象の本質を表象する抽象化が発生していた。

遠近法と異なる日本画の表現方法には「間」を演出する余白や、対象物を大小・密粗により並置させる方法があった。遠いものを密に描きたいとき「間」を造るための雲や霞が描かれた。

相互に興味を持つということの先には相互交歓が生まれる。

西欧の画家達は競って線描による対象の把握を試行したし、我等の作家達は彼等の遠近法による構図の取り方を早速採用してみている。

二〇一八年四月二十四日（火）、十一時〜十六時、筆者は東銀座の歌舞伎座にいた。

東京・歌舞伎座／四月大歌舞伎、通し狂言・梅照葉《うめもみじ》錦《にしきの》伊達織《だており》「裏表先代萩」、音羽屋／尾上菊五郎、尾上松緑による、あの「どろどろどろ」である。

現代の歌舞伎の舞台装置、大道具と江戸時代でのものとは、どれだけの違いがあるのだろうか。能舞台とは異なり、西欧的遠近法の書き割りが採用されているのである。

象徴的に物語をし、徹底して様式化された表現は正に浮世絵そのものである。

2　二極対立を崩すもの＝和みへの移行、和と間の構造

「和と間の構造」この思考方法は人類・世の人々から、より評価・研究されるべきであり、より広めたい思考方法・精神構造である、と思う。

建築空間に現れる日本人の精神構造としての非シンメトリー化の作用がこのような土壌に育つのであれば面白く、大切にしたいものと思う。

シンメトリーの心理学／ライトとタウトに見るシンメトリー

シンメトリー／対称（形）とは辞典を繙くまでもなく、ある基準（線・点等）を持つ打って返しの形態を言うが、人間の持つ何がこのような形態を表出するのか？

仮に、脳ないし心理のなせるものとして追究して行くとすれば、そのフィールドは学問的に心理学の領域にあるのかと思う。美術心理学、関わりを持ちそうなのが行動心理学かもしれないのである。

しかしながら、筆者自身は上記二つの呼称で呼ぶ心理学も学問として存在するのか否かを確認出来ていないのであり、ひょっとするとさらに細分化された学問の領域として研究されているのであろう。

人が、ある絵や文字の形態を描くとすれば、描かれるものに対称形がありうる。

丸又は円や四角は線・点を基準とする対称形であり、ローマ字の〝O〟や漢字の〝林〟を、中心線を基準とする対称形と言う。勿論、レタリングないしデザインにより非対称となり得る。

しかし私見として、日々以下のように思っている。

日本列島に住む我々は富士山を見る。その形に堂々とした、とか、威厳のあるとか、荘厳であるとかの憧れの感情を抱く。典型的な山は往々にして縦の中心線を軸に大略、線対称である。

人は、物を作り（多くは建造物）威厳を示したいとき、他の人々に厳粛さを伝えたいとき、その延長線上で相手を圧伏したいとき、対称形のデザインを試みる。その作為は行動心理学が包含すべき政治心理学、統御心理学、宗教心理学という枝道に分け入って行くのではなかろうか。

世界の歴史上に於いても、為政者はその権威を示したいとき、カリスマとしての宗教的指導者（教祖）や団体が対称的建造物、記念碑を建造するものである。

全体主義時代そのものも、その中での為政者が、他者を圧伏してゆく教祖が、記念碑を、聖堂を建造するに当たりシンメトリーを選択して来た。自己を絶対化したい心理も行動の芯に生れる。

サンピエトロ聖堂しかり。ベルサイユ宮殿、博物館となったルーブル宮、日本国議事堂、赤坂離宮、ホワイトハウスは巨大なオベリスクによりさらに中心線を強調され都市計画的に対称形であり、多くの欧州の宮殿庭園も同様である。インドからボロブドールなど東南アジアを巡り中国の紫禁城まで、政治的建造物、寺院の多くが日本を含めて同様である。

宇治の平等院は別荘としての離宮であるが美術的対称形建造物の領域にもまたがっていないか。しかし「やはらかい」、そう思わせるのはスケール、寸法の圧縮という手が加えられているからである。

いかにも美しさへ偏った愛玩物である。

日本における政治の中心である各時代の宮殿、天皇においては死してもその墳墓、多くの寺院が基本的に長方形の対称的囲いを形成するが、ほとんどが大陸からの輸入文化の故であろう。王城を囲む都市計画レベルからシンメトリーである。

述べてきたように、対称形は高揚感を醸成すると同時に人間の精神を凝固させる。

筆者は学生時代に対称の中の非対称に興味を持った。そして卒業論文の中でその建造物を取り上げた。法隆寺である。

非対称のバランスに興味を持ったのである。五重塔と金堂である。

これまでに法隆寺の五重塔と金堂の横並び配置について、寺僧の観光案内的説明を借りて、再建時の、地形によるやむを得ざる選択であるかのように述べたが、俯瞰写真を眺めてみるとそれは当たらず、鳥瞰すると裏に山はそれほど迫っていない。

現在の（新）金堂は六七〇年の旧法隆寺消失前に着工されていた（使用木材の年輪調査による証明で六六八年材が使用されているという）。

六二二年没の聖徳太子は直接関わらなかったが、金堂と五重塔を直列配置にせず左右配置としたのにはやはり意思が働いていたのではないか。地形による選択ではなかった。

太子の精神が受け継がれてきて、または日本人本来のアンシンメトリーに感ずる美意識が、もはや中国からの輸入様式に拘らずに伽藍配置を可能にする変化を生じさせていたのではないか。太子自らの造営という四天王寺から始まっていたであろう。太子に続く者達は四天王寺の側面を法隆寺の正面としてしまった。さらに、五重塔と金堂の配置を左右逆転させている。

二〇一九年七月二十九日の大阪は梅雨明け直後であったが、強烈な暑さを熊蝉が強調していた。前日のフェスティヴァルホールでの演奏会を無事にこなした翌日であり、晴々とした気分で四天王寺での確認へ向かった。

この寺の正面は熊野へ向かう南面であり、伽藍配置は中国から学んだとおりに、南大門～仁王門～五重塔～金堂～講堂と、直列に並ぶ。ところが、大阪湾から上陸した者にとっては、東面の極楽門～西重門の先に、右―五重塔、左―金堂という配置に見える。

この正面性を持ち込んだのが後に建立された法隆寺である。

ただ、法隆寺では左に五重塔、右に金堂と、逆転させている。日本人の「やはらかさ」による「たをやかな」処理である。

非対称はその周辺に流れを生ずるのである。対称形はその外周をも凝固させて

法隆寺・鳥瞰写真

法隆寺・正面立面図
（『建築文化181・都市のデザイン／彰国社より）

四天王寺・境内写真―筆者撮影

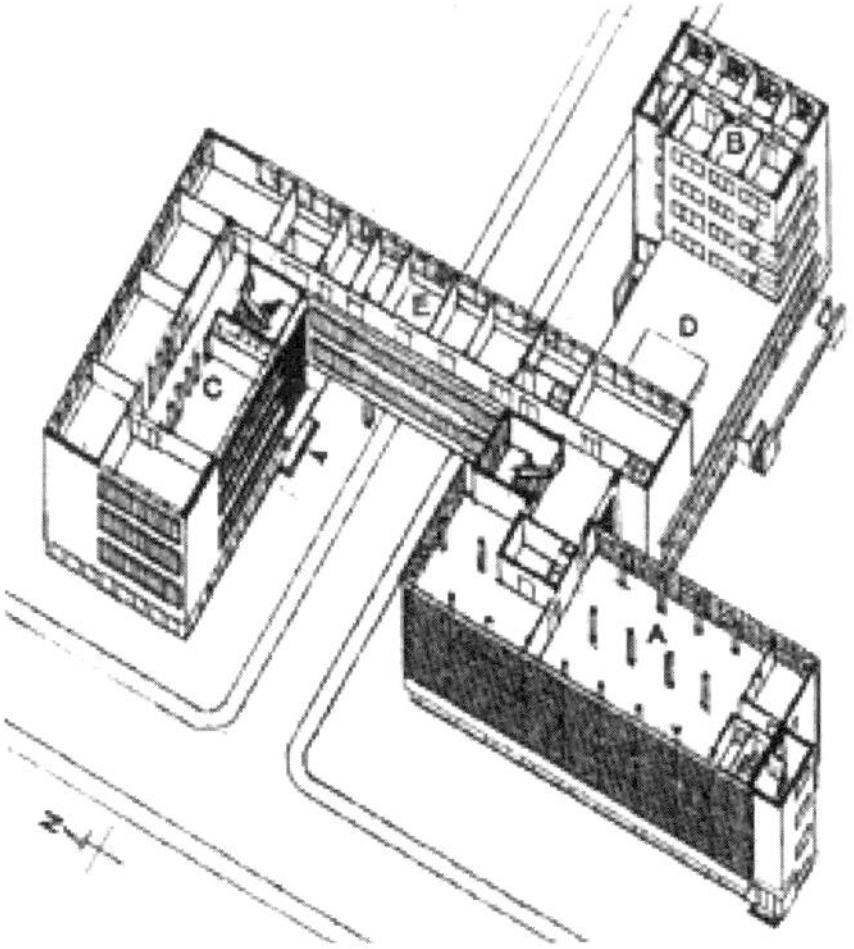

バウハウス・本館アイソメ断面（小林良雄氏提供）

しまう。

非対称から生まれた空間の流れは美しい。精神的「間」を生むのである。

空間が流れると、そこに有機的庭園が、有機的建築が姿を現わすのである。筆者の卒業論文のテーマは「空間は流れる……有機的建築」であった。

有機的建築は流れる空間（空気）と固形物の建築の壁という境界に肌触りとしての建築を形成するのである。有機的建築を標榜したのがフランク・ロイド・ライトであった。

ただし、ライトが筆者と全く同じ感情でその設計行為を為したか否かは不明である。

人間は固定された空間の中に居るより、流れる空間の中で精神を解放され自由を感じるのである。

卒論の中で、法隆寺に対し欧州での事例として、グロピウスのバウハウス本部棟に興味を持ち採り上げた。

幸い、二〇一二年、約半世紀を経てデッサウに移築されてあるバウハウスの本部棟を視察することが出来、ランドスケープ的外周は単純で期待外れであったが建物が作り出す外部空間の流れは図面と写真の予想通りであった。

外周面のテクスチャーもその時代技術を反映し、むしろ先進的に設計されている。具体的には、ガラスが多く使われ開口部に工夫を施している。

バウハウスの時代のドイツにブルーノ・タウトが居た。

彼はワイマール憲法下の共和国で多くの建造物群の建設に関わった。

ライトは幾つかの住宅や日本での帝国ホテルにおいて対称的建物設計をしている、が決して威圧的な作風ではない。宇治の平等院的なのである。

ましてや、日本建築を研究し始めてからはアンシンメトリーへ傾いたと思える。

タウトは活躍した時代の気分を背負っていたし、だからこそナチスへ傾く時代を逃れて来日した。ヒットラーとナチスの建造物と演出はシンメトリーそのものである。

ところがである、ケマル・アタチュルク大統領に招聘され、日本滞在三年半にしてトルコへ渡ったタウトも大統領の死に遭遇し、記念建造物の設計を頼まれ、シンメトリー形態を採用した、実現はしなかったが。

同じく二〇一二年ミマール・シナン大学を訪問した際、研究者からトルコにおけるタウトの業績を紹介されたが、その中に当該設計図があり、その研究者と意見を交わした。

「いかにもドイツ的ではないだろうか」と言う筆者に対し彼は黙ってうなずいていた。

タウトといえど建造物により表現しなければならない精神について忠実なのである。

ケマル・アタチュルクは近代トルコ建国の父として、国民的英雄であった。

タウトもこの類いのモニュメントとしての設計には一般的な反応をしたということである。しかしながら、彼の著作を探ってみると、同意出来る形について、シンメトリーでないことに良い評価の基準をおいていることを見出すことが出来るのである。

フォルムとしての「日本」がタウトへの影響をもたらしたものに二つの例がある。途中から参加した「大倉邸」（久米権九郎との共同設計作品としてもよい）と、ケマル・アタチュルク葬送式典での装置の設計。共に雁行形式フォルムが現われている。桂離宮である。

3　アニミズム

「全てのものに命が宿る」とは、アニミズム信仰をシンボライズする言葉であろう。

初めに、日本人と自然のつながりを象徴する話題を紹介したい。

二〇一八年十二月八日のNHKの番組から、「花」と「鼻」という言葉の由来を教えてもらった。歴然と研究者もいらっしゃることであるから雑学とは言えない。

未だ文字を持たない時代の日本人の祖先は、人間の顔の成り立ちを草花の姿に見立てたそうである。顔の中で最も前面に出て目立つのが「鼻」であり、彼等はこれを「花」と見立てた。最初に開くのは草の芽であり、「目」である。生えてこぼれ落ちてゆく「葉」は「歯」であり、葉の生えているのは茎であり、「歯茎」であるという。

未だ文字を持たない時代の言葉の「音」は文字を当ててゆく起源となったのであろう。日本文化と出会った時のゴッホの言葉を思い出して欲しい。天才の直観は真理を抉る。日本人が自然とつながる「やはらかな」話であると思う。

自然を崇める彼等は、身のまわりの全てのものに「精霊」、つまり彼等の意思の及ばない原初にあるものに対し、身を委ねなければならない「霊魂」を想ったのではないか。

それらは山、森、樹木、岩、石、流れ、どうもそれらさえ支配しているように見える太陽、月、ひいては「天」であり「地」であったのである。

中国の奥地に、今なお変わらず我々の先祖の如く稲作を続ける〝苗族〟の生活がある。

彼等の生活様式の中に組み込まれた、稲の収穫を豊にしようとする手順は実に細やかである。これと同じことを成してなお及ばざる自然の脅威に対し、彼等の祖先は祈らざるを得なかったはずである。「太陽」、「月」、「天」、「地」への祈りである。

彼等の中で奇跡をなし得るもの、祈って天地の奇跡を呼ぶかに見える仲間の中の誰かは、天地と彼等を繋ぐ「巫女」とされた。力の及ばざる何か大きなものと意思疎通の出来るものは当然のようにリーダーにされてゆく。これと並行して「霊魂」は「神」に昇格する。

ラテン語のアニマ（anima）からアニミズムを学問として位置付けたのはタイラー（英）だそうであるが、学問としてのアニミズムを論ずることはこの場にそぐわない。

ただ、アニミズムを起点とする信仰に対し、狩猟採集民族には一神教が育つという。農耕民族たる日本人がアニミズムからの神を考えるのに対し、狩猟採集民族を起源とする西欧人が異なる文化を育むのは当然であり、日本文化と対比をなすのも当然である。

日本のアニミズムが「神道」を育てたのは必然であり、「神道」が日本文化の底流にあるのは間違いないのだが、七世紀にうまやどの王子（聖徳太子）を中心とした日本人が仏教を移入したことにより日本文化は重層化した。

4　日本文化の根源にあるもの

仏教に根差す文化を現在の日本から取り除くことを想定してみれば、明らかに我々の現在の日本文化は殆どその影を無くしそうである。

この神仏混淆が独自の日本文化を育ててきた。

建築から視ると、神道を象徴するものが「伊勢神宮」、日本仏教の象徴が「法隆寺」である。

さらに、日本人がこき混ぜる作業の中から創造したのが「桂離宮」なのである。

敢えて「日本仏教」と言い、その象徴を「法隆寺」とするのか。

移入仏教を学ぶ場所としての寺院・伽藍には複数の建設構成方式（飛鳥式、天王寺式、法隆寺式）があるらしいが、法隆寺を計画造営し独自のものとしたのが聖徳太子である。

発願は用明天皇であり動機は己の病平癒だったと言われるが、皇子であった聖徳太子は何故叔母である推古天皇を立て自らは摂政たらんとしたのであろうか。

そして父の遺志を実現する法隆寺建立に際しそれ以前の様式を捨て法隆寺様式と呼ばれるようになった法隆寺を企画設計建設したのであろうか。

大陸から直輸入した寺院伽藍建設方式は全くのシンメトリー配置である。

法隆寺様式の核心はアンシンメトリーに配置した金堂と五重塔である。

〝実は、この配置は聖徳太子の考えによるものではなく、再建した者達によるやむを得ざる選択だったらしい。（太子の発願６０７年、初代法隆寺消失６７０年）初代法隆寺の位置から僅か北西に当たる現在の再建地は北に丘が迫り平地に余裕がなかったという。天智天皇時代の再建者達は輸入方式（聖徳太子の最初の法隆寺は直列配置）に拘わらず丘を削ることなく、金堂と五重塔の配置をシンメトリーの縦列を破り、融通無碍、左右配置に、敢えてアンシンメトリーにした。〟

と、信じていたのは誤りであったことについて既に述べた。

その由来を推測したのが、四天王寺観察である。

この回廊に囲まれたアンシンメトリーの創り出す外部空間に、学生の筆者は興味を持った。

叔母・推古天皇を立て摂政の立場を占めた皇子は、唱えた憲法の中に「和」を入れた。

筆者の解釈は、その「和」の象徴がアンシンメトリーの伽藍配置であったとするのだが、正確を期すれば太子の精神を守った後継者達が「和」を形にしたと言わねばならない。

二節シンメトリーの項での報告を繰り返すことになるのだが……。

令和元年の冷且つ長かった梅雨の明け、大阪に居た。帰京すれば本稿の組版を手に出来る段階であり、趣味の男性合唱団演奏会に参加しての在阪も幾分楽しみな気分に後押しされており、浪花のどまん中・中の島の蟬しぐれも爽快に聞こえた。本番を終えた安堵の翌日、法隆寺を想いながら四天王寺を訪ねた。再訪であり、どうしても再確認したかった。

四天王寺方式と言われる伽藍の配置について先に述べた。五重塔と金堂の間、金堂寄りの真西に回廊を真ん中で割り、西重門がありその先の西に極楽門が立つ。さらにその先の街は大通りを越えると、なだらかに、如何にも海へなだれるあんばいである。

瀬戸内海を真っ直ぐに東進し、大和の都へ向かった外国人達は、上陸して直ぐこの極楽門の前に立つことになる。

門の向こうに左金堂、右五重塔が聳える。この景色についても既に述べた。

四天王寺での南大門の先には、熊野へ至る街道が真っ直ぐに伸びていた。

シンメトリーの直線上伽藍配置は中国に倣ったものであり間違いなく正面は南である。

此処での西からの景観を法隆寺では正面とした、その応用力・展開力に草創期日本人の柔軟な発想力と柔軟性を感じる。つまり「たをやかな」感性である。

浮世絵の結ぶ縁は貴重なものであった。

ジャポニズムのシンボルが浮世絵だったことは、西欧人の直感が選んだものであり、彼等自身は持っていない新鮮な何かを、浮世絵に感じたはずである。フェノロサの純粋な心に賛辞を惜しまない。

興味を持ったということの先には相互交歓が生まれる。

彼らを引き付けた日本／日本文化のエスプリとは彼等の持つものと異なるものであったから、ゴッホをはじめとする西欧芸術家達は驚き、多数の画家達の他にも、様々なジャンルの人々が日本文化を意識して行動を起していた。

筆者が最も大きなものと感じているのが、

浮世絵を縁として、
フランク・ロイド・ライトが老子に学び実践した日本建築の空間であり、
ジャポニズムを介し日本を予感しながら、己の西洋思想との合致に驚き、桂離宮との出会いに涙した、
ブルーノ・タウトの感激とその結果迸るように書いた日本論であった。

顔の部位名称を草花に見立てた心、
自然の中にある我々、と言う意識、

「和」を尊いものとする心、
これらは「やはらかな」ものである。
これを行わんとするには、
「たをやかに」あらねばならない。

むすび

『フランク・ロイド・ライト全集』の全体を通して観た時、建築家たる者は等しく実感としてライトの作業を肌で感じることが出来るのではなかろうか。

完成予想図に込められたエネルギー、思考し試行される線と形、図面の端にメモられた見積予想らしき数字、断面図やディテール案、装飾的デザインの手早く描かれたイメージスケッチ、等々。

タウトが現実的建築設計の仕事から遠ざからざるを得ない状況に陥り、やむなく様々な文章を書くことで心を癒している中、特に日記や探訪記などの合間に挟むぼやき、気に染まない出来事や現象に対してもらす不満の表現に、人間タウトへの親近感を覚える。

俳句の〝間〟について、俳人・長谷川櫂が俳句の〝切れ〟を語り、次のような主旨を述べている。

「俳句の切れとは、句中一〜二の間を作る存在であるが、一物作りと称し十七文字の中に切れの存在しないものもある。しかし、俳句はそもそも句自体の前後に切れを存在せしめている。一句は森羅万象の中から取り出され、周りの世界と間を以てつながって存在するのである。」、新鮮な意見と思う。

これは俳句における「間」論とも言うべきもので、日本文芸の突先にある俳句に、日本人の精神文化が宿っている典型ではないかと思う。

平たく言えば〝ぼかす〟のであり、他者に想像させる空白つまり「間」の創造である。詠む者が読む者に参加を促し、一句を起点にして読む者にも己の世界を創造させる技術であろう。この文芸「俳句」の在り方にも日本文化の基本形が存在すると思う。同じ姿が、日本画、書、ひいては建築にも存在すると、私は考える。


美術・文芸における「間」は、観る者、読む者に参加を促す「余白」を意味するが、建築空間の場合は「つなぐ」意味での「間」であり、「むすぶ」意味での「間」であると言えば分り易いかもしれない。


建築史家が生涯の活動を評して「実地に働く幻想家」としたタウトも、コルビジェやグロピウスと異なり「余白」つまり「間」を理解したという意味で日本文化を知った。ライトは、己の追求する空間芸術としての建築の究極に「虚」がすなわち「実体」であるという老子の哲学に同調した、という意味で日本文化への賛同者となった。そして、この思想に基づいて建築設計を進めてゆく中で日本文化を、結果として表出した。

彼等の対象であった日本文化は、その昔から「(自分達にとって意味のある新しいものを)付加してゆくことで形作られて来ていたのである。

まだ外来のものを付加していない時代に、母体としての日本文化は形作られた。

それはほとんど神話の時代から国の形態が表れてくる時代と時を同じくしていたのであり、唯々、アニミズムという起動力のみに頼っていたものであった。

出雲、伊勢、強弁して上賀茂神社までであろうか。

タウトが発見したものは桂離宮より、実はこちらの方が新鮮さにおいて世界に類例のないものであったのではないか。桂離宮はもうかなりのものを追加した後の日本美であった。

けだし、出雲、伊勢、は宗教的モニュメントであり、桂離宮は生身の人間が使用する住居の形に成長し、日本人の精神文化が付加し、創造した「間」を備えていた。

これだけ言葉を連ねて来てみても「日本文化の輪郭」はぼやけているだろう。

敢えてクッキリとした輪郭線を書かなくても良いかもしれない。

それでないと、新しいものを追加してゆくには都合が悪いのかもしれない。


表面的共感や、正しからざる評論とその情報にのみ接しているのではなく、作品自体を経験し、書いたものをつぶさに読んでみると見えてくるものがある。それらの経験を通して、二人の建築家が観て、彼らが反映させた文章や作品を通して、日常生活の中これまで意識しなかった、少なくともこれまで言挙げしなかった日本文化の特殊性を、より深く認識出来たであろうか。そしてそれを表現出来たであろうか。

日本文化の中には誇れるものが沢山あり、それは人類に益を齎すものであり、そうありたいと願う予定調和的期待感を前提としていたかもしれない。

日本文化の本質に迫れるほどの文学的才能もなく、深い思考を可能にする頭脳も持ち合わせていない。途中から自分の取り組むべき範囲を超えたものに乗り掛かってしまった悔いに苛まれたままに幕を引かざるを得ないことに慚愧の思いがある。

翻って、ただただ日本に関係を持った二人の建築家の対照的な生涯を対比させてみたかっただけであったかもしれない。

極めて正直な感想であり告白であることを信じてもらいたい。

最後に、大いなる仮説を試みる。

「一九世紀欧州の建築界・建築家達は日本家屋を知り影響を受け、変わった」という証言がある。

ワルター・グロピウスを中心とする運動・バウハウスも、ル・コルビジェの五つの提案とドミノも、その影響・変化が生んだ現象にすぎない、と。

コルビジェの考え方に共感し、影響を受けて日本の建築家達が活動を始めたとすれば、坂倉準三、前川國男、吉阪隆正達も、彼等の影響下に育った私も含む日本の建築家達も、その流れの中に呑みこまれたと言える。

菊竹清訓の自邸スカイハウスもその一つの現れであり、ピロティの考えを大転換させて斜面に住空間を浮かせてみせた試みとさえ言えるのではないか。

スカイハウスに清水の舞台を連想させるものがあるとすれば、あながち突飛ともいえないのかもしれない。つまり日本的建築空間の一例と考えられなくもないのである。

浮世絵がパリ画壇と、ゴッホにショックを与え、彼等のアウトプットを日本の画家達が逆輸入したパターンと同質である。建築を思考する文化の往復も存在したということになる。

このような、文化の相互貫入を尊ぶべきであろう。

フランク・ロイド・ライトも独自に日本建築に学び影響を受けたが、有機的建築を標榜しオリジナルデザインを確立し且つ、建築空間的原理を世界に植え付けた。

ブルーノ・タウトは日本の空間造形や絵画の中に彼等と同等の、美の原則を発見して感動したに過ぎず、ドイツロマン派・表現主義から出ることは無かった。

今、地球上に出現する新しい建築空間は、国境はおろか文化の違いを乗り越えて同質化している。タウトがコルビジェを否定し説いた、気候風土に順応した建築は、発達した文明に押し流されつつあり、コルビジェの提唱とライトの空間芸術が原理の域に成熟しつつある。

地球上に新たな表現主義ともいえる建築造形主義が全盛であるとは言えまいか。

現代建築家の或る人達は、重力からの開放とも言うべき建築造形に余念が無い。


令和二年の早春、豊洲から新橋までの〝ゆりかもめ〟の乗車時間は35分、新東京市場、五輪施設群と高層住居で埋まる都市空間の空中を往く感覚は無機質でしかない。

せめて街路の目線ではライトやタウトが望んだような有機的な環境であって欲しい。

新しい都市のグランドデザインは存在しうるのか?

ニーマイヤーのブラジリアにあまり魅力を感じないし、オスマンの改造計画として成ったパリは統一された無味乾燥な街区構成であるが、歴史を経て付加されてきたものが魅力を保つ。これに足下にある人々の生活が創り出すものが加わる。

これまでも、処々で語られてきたように、建築の集合としての都市には或る規律が必要なのだろう。それこそ「個と全体の関係を有機的たらしめるもの」なのであろう。

タウトさん、ライトさん、そんなことで、
今はまだ、日本の新しい都市空間はどうも、キッチュでクリシェです。

あとがき

私は、これまでに漠然と抱いていたタウトという人の実像をどうしても知りたくなった。

これまでのタウト解説とは、桂離宮への評価を通して、日本人に、日本美への覚醒を促したとされている話が殆どであった。尤もこれらは百科事典的解説に過ぎず、昨今で言えばそれは、ウィキペディア的解説と言おうか。

完成されたモデュールによる日本建築の整然とした機能美（所謂モダニズム）への賛美であったと喧伝されてきたと思う。それは多分に私のみの思い込みであったかもしれないが、それは真実か？

『日本美の再発見』の真実は何であったのか。率直に言って私はタウトに関する殆どを知らなかった。

タウトの評価したものが見えてくるに従い、私は若き日の私の関心事を思い出した。

建築を学ぶ過程で、又社会の実務に身を置きながら何時も、幾度となく振り返って来た、日本的なもの、日本文化の壮大な魅力を確信したくなったのである。

関連して興味のある様々なことに触れながら辿った、その確認の過程が本論になったと言えるだろう。

この中で私は、冒頭で述べた熱海で私が抱いた失望の妥当性に合点がいったのである。

しかし、このことは私のタウトへの全体的評価を低くはしなかった。むしろ建築家としての在り方に共感し、私の中での、文明評論家としてのタウトの価値を最大限に高める結果となった。

そしてライト賛歌。

ライトが意識して、さらに意識しないで後世に残した影響は、サーブド&サーバント空間論を経て、ブーメランのように桂離宮に関する建築論に戻ってくる。

伊東忠太とその（折衷主義）時代からあざなえる縄のように、日本人も日本の建築家も桂離宮を論じてきたようである。

梅棹忠夫と川添登が論じる『桂離宮』（淡交新社）はその意味で今後の我々が研究を続けてゆくための新しい出発点を示唆してくれている。

私にはそれに参加する時間が許されていない。

今後の日本人と日本の建築家が、どのように語り、建物を造り、日本文化を創ってゆくのかを、楽しみに待つ他はなさそうである。


蛇足かもしれないが、梅棹忠夫と川添登の論じる骨子を紹介しておく。
・梅棹忠夫
「（桂離宮は）階級的分裂のモニュメント」から「貴族と町衆論」へ、桂に反映された町衆の華麗さを言い、「桂の艶麗さ」から「第三の美学」への展開。
・川添登

論ずる中に次のような人々の名が出てくる。出現順に、伊藤ていじ、丹下健三、小堀遠州、中沼左京、堀口捨巳、藤島亥治郎、藤岡通夫、和辻哲郎、林家辰三郎、伊東忠太、前川國男、ブルーノ・タウト、ワルター・グロピウス、川喜多煉七郎、グスタフ・プラッツ、ル・コルビジェ、ポール・ルドルフ、竹山道雄、等々。

興味をそそられる言葉を連ねてみると、

寛永文化論から角屋（京都の芸者置屋）と桂離宮の共通点を言い、
「文化の創造者は宮廷人にあるのではなくて町衆である」（林家）
「桂離宮などをパルテノンと同等に比較するような人物は大した建築家ではない」（忠太）
「ヨーロッパの現代建築は日本の住宅に始まる」（グスタフ・プラッツ）
「壁のない日本住宅は建築とは言えないのではないか」（コルビジェ）
「自然を威圧する形態ではなく、自然の地形を生かしながら建築群を配置し……」（川添）
「桂離宮に観るサーブド&サーバント空間論、増殖してゆく建築」（川添）

心ある方々が日本建築を、日本を語り継ぎ、〝たをやかに〟日本文化を変容・創造し続けていってくださることを期待したい。

ましてや今回の作業が、私の生きた時間を総括出来たかもしれないライフワークになったかと思えば嬉しき限りである。若き日に漠然と描いた私自身の生涯は何ということはない儚いものであったとは思うが、実に様々な人々との出会いを経てほんのりと思い返すことが出来たような気がする。

〝やはり〟と言うべきか、まず父母ありきであった。そして家族、そして愛した人々と友人達が居た。まだ幾ばくかの日々が許されるのであれば、俳句と絵と音楽と映画と、出来る範囲の旅を楽しめればと思う。

この書の出版のために御助力いただいた皆様へ衷心からの感謝を申し上げたい。

新しき年号の、父母の逝きたまふ十月の美しき日に。

古谷誠章早稲田大学建築学科教授には有難い「序文」を賜わった。私の唐突な申出に「はじめに」を読んだのみで即、御好意を示された。前・日本建築学会会長として、又主宰される建築設計事務所「ＮＡＳＣＡ」で多数のプロジェクトを動かしておられる超人的活動の中、御執筆頂いた姿には、学生時代に見た、諸先生方の俤を観た気がする。

又、同級生・小林良雄氏には余人をもって代え難い「解説」を寄せて頂いた。卒業以来、建築家として活躍されてきた硬派の理論家は、実に良く私を観てくれている。私の足らざる部分を補ってくれて余り有る。

著作の切掛けを作ってくれた田中辰明氏と共に、お二人に心からの感謝を捧げたい。

書籍として日の目を見るために助力を頂いた中央公論事業出版の内藤洋幸、神門武弘、鈴木一史各氏にお礼を申し上げる。

そして最後に、本書執筆中に御逝去された谷川正己先生・睦子様御夫妻に哀悼の意を表したい。お二人の遺された研究成果と著作、そして頂いたお言葉は、本書執筆の大きな後押しとなった。心からの感謝を申し上げる次第である。

お二人の御霊の安らかならんことをお祈りするとともに、ここに本書が出版に至ったことをご報告申し上げたい。

お世話になった方々と組織（敬称略）

田中辰明
小林良雄
古谷誠章
西野雄一郎
吉岡康浩
谷川正己／睦子
三井康寿
遠藤現
森本有三

少林山達磨寺
早稲田大学中央図書館
国土交通省／ＵＲ都市機構
大成建設㈱広報部
高崎美術館

年表／ライト―コルビジェ―タウト

●コルビジェの年表は近代建築史の時代／期間の尺度ともなる。コルの歩みはライトとタウト両方に絡み双方に反応したと言える。

F・L・WRIGHT（1867～1959）	LE・CORBUSIER（1887～1965）	BLUNO・TAUT（1880～1938）	世界のうごき
	1865 コルビジェ没まで100年／1世紀		
1867〈生れ〉ウィスコンシン州	パリ万国博覧会（日本初参加）		
1868 ○建築家／浮世絵的透視図	1868 ○建築家&画家	1868 ○建築家／画家への迷い	1868 日本、明治に改元
		1880〈生れ〉ケーニッヒスベルク	
1887 20歳	1887〈生れ〉スイス	1887 7歳	
	欧米におけるジャポニズム流行 ゴッホ／浮世絵展示		
1893 シカゴ万国博覧会（26歳・独立）			
1896 風車小屋ロミオ&ジュリエット（後のタリアセン・イースト内）		1901 コーリンサークル この頃日本趣味収集	
1904 ラーキン商会ビル（ベルラーヘへの影響／s&sdスペース）		1904 色彩ある建築へ	
1905 来日（浮世絵収集）、ユニティ教会他			
1909 欧州へ駆落ち～1911			
1911 タリアセン・イースト（自邸・スタジオ）			
1914 タリアセンの悲劇	1914 ドミノ	1914 ガラスの家 ＊グロピウスとタウトの出現（ケルン市工芸展）	1914 第一次大戦勃発

ライト	コルビジェ	タウト	
1913 **再来日** 1916 帝国ホテル設計受注		1917 文学的建築作品	
		1918 左派的建築家の再起	1918 第一次大戦終戦
1923 『帝国ホテル／関東大震災	1920 シトロアン住宅（計画） 1922 100万人都市計画	1924~1930 集合住宅作家	
	1925 エスプリヌーボー館（パリ装飾博覧会）		
	1931 サヴォワ邸		
1932 ブロードエーカー都市計画	1933 ポートモリトール共同住宅	1933 **来日**／桂離宮との出合い ＊滞日3年6ヶ月の間に日本文化理解と評論、「ニッポン」「日本文化私感」	
	1935 パリ郊外週末住宅		
1936 落水荘		1936 10月、**離日**	
1938 タリアセン・ウェスト		1938 〈没〉於トルコ	
	1939 無限成長美術館（提案）		1939 第二次大戦勃発
	1952 ユニテ・ダビタシオン、小さな休暇小屋		1945 第二次大戦終戦
	1955 ロンシャンの教会		
1959 〈没〉	1959 国立東京西洋美術館（一度のみの来日）		
	1965 〈没〉		

解　説

小林　良雄

畏友西川新八郎さんがライフワークとして論考をまとめようとしていることを知ったのは三年前の初秋である。「会いたい」との連絡があり、指定された竹橋の東京国立近代美術館へ出かけた。特別展「日本の家」（二〇一七年七月一七日〜一〇月二九日）が開催中で、実物大模型を含むその展覧会を見た後、付属のレストランで懇談した。その時、筆者に「建築の本質が空間にありとの認識は変わらないか」と問うたと記憶する。丁度、雑誌『建築とまちづくり』に二四回にわたり「二〇世紀の建築空間遺産」を連載しており、それが終わる直前だったので持参していたそれ迄の版下コピーを渡し、「建築遺産」とせず「空間」を入れたことなど話し、変わらぬ一貫した関心事であると応え、初心の持続を、お互いに確認したのである。

またタウト研究に契機を与えたと思われる田中辰明（お茶の水女子大学名誉教授）氏とイスタンブールのブルーノ・タウトの墓を訪ねたことを聞き、続いてF・L・ライトの建築が話題になり、本書で論及があるタリアセン・イーストが最も深奥な建築であるとの感想で一致した。

西川（以下、著者）さんが、空間の重要性について確認することには理由があった。本書では大学の卒業論文で法隆寺とドイツ、デッサウに建つグロピウス設計のバウハウス校舎を取り上げたことに触れているが、卒論指導の渡辺保忠助教授（当時）はその卒論に一つ課題を付した。その頃、まだ邦訳されてない、イタリアの建築史家で評論家ブルーノ・ゼヴィ著の『ARCHITECTURE AS SPACE』を四人で分担して訳す課題である。

それは、後に栗田勇により翻訳され『空間としての建築』（現在はＳＤ選書上、下二巻）として出版された。著者と筆者はその四人の一人であり、同じ課題に取り組んだ仲間であったのだ。

栗田はその下巻の「あとがき」で、当時「建築は『空間』以外の何もでもないと書くと…ある評論家は嘲笑した。」と記している。欧米において、二〇世紀は建築家たちが空間の重要性を自覚した世紀であったと言えるが、日本ではその認識が遅れていたということであろうか。しかし、ル・コルビュジェの下で修行した前川國男の戦前のコンペ応募案やその後のプラン重視の思想と実作には明確に空間の重要性についての認識があり、戦後ハーバード大学でグロピウスにも学んだ芦原義信は『外部空間の構成』（一九六二年）を著し、磯崎新は、雑誌に空間論を書き、後に発刊した初期の建築論集に『空間へ』（一九七一年）の表題を付けた時代であるから、真摯に建築に対した多くの人には認識され、また関心が広がりつつあったと思われる。卒論への課題の付加がそれを示しているとも言えよう。

それにしても当時、建築関係書は少なかった。現在は、少し規模の大きな書店では相当のスペースを建築関係書に当て、都内には内外の建築書のみ扱う専門書店が数店あるが、当時では考えられないことだ。

その状況で、著者は谷川正己、谷川睦子翻訳の高価な大型本『ライトの遺言』を苦心して購入したのだから、当時からライトへの関心が並々ならぬものがあったということであり、後年の谷川夫妻との邂逅は、むべなるかなと思える。

もう一つ、エピソードを記しておきたい。卒業論文に取り組んでいた秋、二人で上野の東京藝術大学を訪ね建築学科の天野太郎教授にお会いし、ライトについてお話を伺ったことがある。天野さんは戦後間もない一九五二年、Ｆ・Ｌ・ライト・ファウンデイションの奨学金を得て渡米し、二年間、タリアセンのライトのアトリエで働いた経歴の持ち主であった。

筆者は大学二年の夏、東京都の住宅調査のアルバイト代で、天野太郎、樋口清、生田勉編集の『フランク・ロイド・ライト』（彰国社、昭和二九年発行）を購入し、夏休みに郷里へ持ち帰り、日がな一日、頁をめくった。セピア色の掲載写真とプランを照合し、一つひとつの写真が建築のどの部分をどちらから写しているかを確かめ、全体の空間展開をイメージする日々を過ごした。ライトの建築に特有の、著者が有機性の特徴として指摘する「流れる空間」、筆者の言葉では「流動する空間」を体感したのであり、それが建築との出会いであった。手元にある天野教授訪問時に持参したこの本には、天野さんが太ペンで書いたサインとともに日付が「1962. OCT　29」とある。

近代美術館での話では、ライフワークにしたい論考の発刊は二〇二〇年を目標にしているということであった。今年であり、滞ることなく計画を完遂したことには敬服する。

さて、その後一年少し経った二〇一八年の秋、著者からA５判の一冊の文芸誌が送られてきた。厚めの白紙に『天塵』と中央上部に印字された六〇数ページの冊子である。それは創刊号であったが、編集、発行の全てを著者が行っており、現在第３号の準備中という。

そこには数名の執筆者のエッセイや俳句が載っているが、なかでも著者は書評や俳句論、実作俳句、人生論、映画論など多岐にわたる名文を掲載しており、改めて、視野の広い芸術文化全般に対する旺盛な関心を知ることになった。同時に、そのレベルは単なる趣味を超え、大きく踏み込んだ深みのある俳句論があり、句作がある。また、木下恵介監督の映画「喜びも悲しみも幾歳月」に関連して、日本の主な岬、北海道の宗谷岬、能登の珠洲岬、四国の足摺岬など多数の岬を旅したことが記されている。行動力に驚くが、遠く辺境、末端の地域に立ち、その空気を体感して、この国の気候、風土の理解を一段と豊かにしたと思われる。

また、昨年二〇一九年の初夏にはこれまで描いてきた絵画の展覧会を町田市民ホールで開いている。学生時代には筆者も所属した同じ美術クラブに在籍していたが、その後も作品制作をしていたことを知った。加えて学生時代に男性合唱団に所属し、今日までＯＢ合唱団の海外でのコンサートに度々同行し、活動していることは以前から知っていた。

このような実践、行動と文芸含め芸術一般に対する幅広く深い関心は、専門の建築にとどまらず、それを超えて、広く日本の文化の精髄究明へと著者を駆り立てたと思われる。テーマ設定は蓄積された知見、教養にふさわしいと納得できる。

世の研究一般が専門分化し、細かく枝分かれして限定したテーマの追求に邁進するのが当然視されている現在、それと逆に、文化各分野の追求成果の総合化の方へと向かい、日本の文化の特質、精髄を見極め、未来世代へ伝えんとする志と気概は尊く、壮挙と言う他ない。

「解説」に当たって

最初にお断りしておくが、筆者も一介の建築設計者であって、学究ではない。ライトについては先述のように学生時代より関心を持ち、アメリカ中西部と東海岸周辺に散在する代表的な建築を実見し、一定の自説を持つが、タウトについては、ベルリン郊外の都市ブリッツに、氷河が残した池を囲む馬蹄形の住棟を中央に持つジードルングを訪ね、百年になろうとしているこの団地の維持管理の良さと住民が楽しんでいるクラインガルテンを見て深く感銘しているが、他は熱海の日向別邸を見ているにすぎない。個々の建築については、表現主義時代の影響か、昇華しきれていないもどかしさを感じ、見えがかりではあるが、肝心のプロポーションが悪い。従って、実作については著者が建築を対象とせず、環境プランナーとして評価することに共感する。

一方、理論については『建築・芸術・社会』の翻訳初版本を所持するも、建築は「釣り合い」プロポーションが大切との一言を記憶するのみであり、とても解説の任は負えない。

従って、タウト論については、せいぜい注目した論述に触れた感想とお断りしておく。

ライトについては、著者が、追求テーマからはずれるので論述を控えたかと思われる近代建築誕生への影響を簡潔に補足する。

後篇の文化論については解説不要だろう。著者の広い分野の蘊蓄を傾けた日本文化の特質をめぐる闊達でのびやかな論述を楽しみ、読者各々が日本文化へ思いを馳せ、著者の主張と摺り合せ自問自答をなせばよいであろう。

書き添えれば、「たをやかに」は、なるほどとは思うが、一言での表現は難しい。覚悟の上で、著者がよくよく考えて定めた言葉と思う。

「タウトの真実」に関連して

著者がタウトに関心を持ったきっかけは、日向別邸で見た照明器具への違和感からと述べる。タウトが日本の文化を一体、どの程度理解しているのか知りたくなり関係著作の追求に向かわせたという。そこで日本とかかわりのある一四冊の著作に対峙し、多大なエネルギーをかけて、分析、検討している。

当初の方法論からすると、タウトが注目した日本の独自性を整理抽出するのかと思うところだが、そうではなく、タウトの日本文化への理解、見解が妥当かどうかを、注目したフレーズを引き出し、吟味検討し、自己の見解を付し、タウトの理解程度を計っていく。これは一種の真剣勝負である。言葉を変えると、著者の内部にある日本文化観、その深奥を理解している自負心が垣間見えるが，それを元にタウトの理解深度を計り、時には疑問符をつけるなどして、逆に、自己の文化観に磨きをかけ、さらに深めていく、思考法にもみえる。

特に、桂離宮に関する『画帳桂離宮』と『日本美の再発見』についての検討は丁寧である。

庭園と建築との関係をどのように見たか、なかでも庭園理解の程度で日本の文化把握の深度が分かると突き放し、執拗に追及する。

桂離宮に関しては、タウトが疑問符を付け、批判した、外腰掛前のソテツと松琴亭の襖の市松模様については、反駁するに当り、桂離宮を再訪して確認する熱心さだ。そこでは俳人でもある著者らしく、「離れたものを組み合わせて面白いとする境地…俳句の『取り合わせ』に通じる」として妥当性を述べる。これは、堀口捨己が、近代音楽の不協和音の効果に例え「それがないものより深さを出しえたと同じように」と、このソテツは庭園の不協和音として必要と肯定したことに通じる。一種の異化作用だ。堀口は襖の藍の市松については、今は失われて無いが、松琴亭の前庭池の上に「朱色の大橋」がかかっていた事跡から、その橋の色との取り合わせによるとしている。タウトが知ったら驚愕するだろう。

画帳まで作って桂の庭園に感動し、鑑賞に努めるタウトに対し、理解が深いと評価しつつも、「設計者の思いまでは言及できていない」と厳しく、井上靖の桂理解を対置している。井上は設計者、智仁親王の意図に迫っているとして、そこに「四季の変化に順応し、いずれの季節にも独特の味わいの姿を見せてくれる庭園の美を、そのような庭園を造営したものの精神を示唆している」と述べ、さらに「何も初めから決定的なものをと思い詰めて考える必要は毫もなかった」「一生かかって創っていけばよかったはず…」と説く、つまり急がずゆっくりと事を成す精神文化を認め、著者は共感している。

翻って、キリスト教伝来がもたらす西欧文化を飲み込み、それらが混在して日本的なものが成立し、また、桂離宮と日光東照宮が同じ時代に同一の文化人達、同じ精神の上に創られたことに触れ、異種併存をものともしない精神から、「足し算の文化」と規定した伊藤ていじに共感し、そのような在り方に「たをやかに」を、さりげなく当てている。

また、タウトが、伊勢神宮や桂、修学院離宮を評価し、為政者の銀閣や日光東照宮を評価しないことに触れ、「タウトはまさしく、人民派、農民派の一面を持つ」と断じて、面白い。

タウトの建築論で重要な「釣り合い」、プロポーション概念の解明については追及するも納得がいかず苦慮するが、建築史家で評論家の長谷川堯が担当したタウトの『建築とは何か』の巻末の「解説」で、タウトが同郷の哲学者カントの影響を受けていることを指摘し、結局、極めがたいと述べていることから、追及を閉じている。

『日本美の再発見』は書名からして議論を呼ぶが、結果として一般国民に桂離宮を知らしめた功績は大きく、これを認め、なおかつ「我々以上に桂離宮を総合的に優れた建築として評価した。」とたたえている。

「タウトの総括」に関して

著者は一建築家の見方として、追求結果を「日本を理解したか。理解できた。」というより、転移して、タウト自身に向けられ、「日本文化を深く理解することで自らの建築観を急転させ、心に桂離宮と伊勢神宮が残り、この二つが、建築の中心に位置づけている理念『釣り合い』を完成させた」と括っている。

また、五人のタウト研究者の著作に触れてタウト像を確認し「理念が克った作家」「最上の建築家というより評論家、思想家の方に傾いたのではないか」と結像している。

最後に著者が梅雨期に日光を訪れた時の感慨を述べて印象深い。

「…陽明門は、黒、金、白のみと思われるほどに細雨の中に沈んでいた。」

薄く煙るような湿った空気のなかの墨絵さながらの情景が目に浮かぶ。そこに、著者はまぎれもなく「侘び」を感知し、タウトは多湿な梅雨期の日本を理解出来ていたかを問い、「政治権力者のケレン味」の表現・日光東照宮と「最高権威者の趣味」としての桂離宮の双方を包み込んでしまう日本の自然に思いをいたし、「タウトにもっと深く日本を考えてほしかった。」「そこに到達する時間を持ち得なかったタウトにとって日本は通過すべき場所だった。」と、タウト追求が並々ならぬ著者ならではの、残念さが滲む言葉で結んでいる。

死後八〇余年にしてもかくなる探求者を得たことを、タウトは、以って瞑すべし、である。

「ライトの魅力」に関連して二つを挙げ、著作の援軍としたい

プレイリー・ハウスの成立について

ライトの人生と建築の傾向は大きく初期、中期、後記と三期に分かれる。その説明は省くが、著者は三期にわたるライト設計の米国の九つ、日本の四つの建築を実見し、分析、紹介している。他の建築家の見解の紹介がやや目立ち、著者自身の言葉で語り尽してよいのにとの思いが残るが、それにさらに加えることはない。

ここでは、外形が古めかしく見える初期にこそ、ライトの独自性が現れていることから、その背景や近代建築の誕生に及ぼした影響に限定し、補充し解説してみたい。

ライトが一八九三年に独立して取り組み始め、一九一〇年代半ばまでに造られ住宅はプレイリー・ハウスと呼ばれる。

プレイリーとは北米大陸のシカゴ周辺を含む、中西部に広がる草原、低灌木からなるサバンナ気候地帯の呼称で、現在は穀倉地帯になっている。ライトが生まれ育ったウィスコンシン州、後に住居とアトリエ他を築き

建てたスプリンググリーンのタリアセンもそれに含まれる。

　一九世紀末の邸宅は、ヨーロッパ同様、屋根こそ載せるものの、多くが組積造であることもあり、箱型で、道路に面する正面に入り口玄関を設け、規模が大きければ中に入ると二階への階段と吹き抜けホールが麗々しくあり、その周りを壁で仕切られた居間、応接室、食堂、厨房がとり巻き、二階に家族の個室、寝室を配置していた。不衛生な地下室と屋根裏部屋を備え、倉庫とメイドや使用人室をそこに当てるのが一般的であった。

　ライトはこのような空間構成は、広大に水平に広がるプレイリーの風土にそぐわないと考え、模索した。やがてその箱型を破り、正面に入口や玄関ホールは造らず、回り込んだ位置につつましやかに設け、中央には家族が集う暖炉を備えた居間を庭に面して配置した。暖炉をコアに、左右に食堂、書斎などを配置し、背後に厨房を設ける十字型プラン等を生み出した。寝室、個室以外の家族の生活領域はドアで区切らず、領域、コーナーで対応し、空間的にはひと繋がりにして流動する空間で統合したのである。

　この箱型の打破こそ、ライトが欧米の住宅建築に与えた最大の影響であり、功績である。

　要に暖炉を据えたのには、日本家屋の「床の間」の影響があると言われている。

　本書にあるように、ライトへの日本建築の影響を研究したケヴィン・ニュートは、米国人で大森貝塚の発見者として知られるE・S・モースが著した民族学的な『日本人の住まい』（一八八五年出版）をライトは読んでいたと推察している。その翻訳書によると一五頁にわたり一一図を添えて「床の間」を紹介している。開放的な日本家屋の「床の間」は、掛け軸を下げ、花を飾る精神的場所として注目され、その役割を暖炉に当てたのである。

　入口は狭く、天井も低く、通過して広がりのある明るい居間に到達するとき、人は開放感と喜びを感じる。本書でロビー邸や落水荘等で繰り返し述べている空間のシークエンスである。湿る地下室はなくし、生活空間は暖炉をコアに流動し、それぞれのコーナー、領域には外部に面して大きなガラスの開口部があり、軒は深く、揚裏は室内のフラット天井の延長で外部に延び、内外空間の相互貫入を促す。こうした造りを個々の敷地条件に合わせて変形し、中産階級が生活しやすいプレイリー・ハウスは確立していった。

近代建築誕生に与えた影響

このプレイリー住宅群の他、ユニティ教会等を含めた六二点の図面が、ライトがヨーロッパへ逃避行した時にドイツのヴァスムート社から発刊した『フランク・ロイド・ライト建築図面集』に収録されている。有名な浮世絵風の透視図を全ての計画に付している。特にロビー邸は船のように長く美しい姿と相まって、注目の的となり、それを見たオランダ、ドイツ、スイス等、ヨーロッパの若い建築家たちに大きな影響を与え、やがて近代建築の一つの源泉となる。この影響は、オランダ近代建築の父ともいうべきベルラーへが、ラーキン社ビルを見た感動を伝えたことと相乗し、一層、高まった。

まず、オランダの画家のファン・ドゥースブルフとモンドリアンが中心になり、建築家G・T・リートフェルトが加わった造形運動体「デ・スティル」（一九一七〜一九三一年）は，この図面集から刺激を受け、建築の構成原理に注目し、要素を抽出して単純化し、可能な構成を立体的に図化することを試みた。これは事物を平滑な面と線、色彩に還元し、造形に当たってはそれらの要素をもってする考えを示したのだ。バウハウスでも講演しているドゥースブルフが制作した「コンポジション」は、その造形原理をよく表し、中には、後の落水荘を予言しているかのように見える作品がある。

ライトの影響が見える例を二点挙げる。

シュレーダー邸

オランダのユトレヒトにあるG・T・リートフェルト設計のシュレーダー邸（一九二四年、世界遺産）は「デ・ステイル」唯一つの建築実現例である。外見だけ見れば、香山壽夫氏が『建築意匠講義』において、悪しき還元主義の代表として挙げた建築であり、高度の統合性のあるライトの住宅建築の対極と思われるであろうが、実はこの住宅の内部の空間構成に注目すると、中央に暖炉と階段をコアとして前後に居間と食堂が展開するロビー邸の影響が見られる。このことを歴史家が誰も指摘していないのは、外観や形態にこだわり、空間構成の比較分析をせぬからだろう。

この住宅の入口玄関は前面道路側ではなく、回り込んだ側面につつましく設けられている。踏み込むと上階の暖炉を支える壁に沿って半螺旋状の階段があり、そこを上ると、可動の壁面形成引き戸（日本の影響との指摘あり）は普段は引き込まれているので、明るく広がる一室空間に到達する。暖炉と階段をコアとしてリビング、食堂と家族の個室コーナーが広がる。出隅はガラス窓突き付けで、開くと隅を開放できる。外観は全く異なるが、空間構成はロビー邸に倣っていることが分かる。

この建築には、グロピウスはじめ、当時、建築の革新を目指していた多くの建築家が見学に訪れた。蛍光管を立体交差させた照明器具はデッサウのバウハウス校舎に導入された。時代の要請にかなう建築を模索中の建築家に一挙に進むべき方向を感知せしめた建築である。

チューゲンハット邸

もう一つ挙げる。ロビー邸の持つ空間特性の可能性を深く洞察したのはミース・ファン・デル・ローエである。その影響を体現しているのがチェコのブルノにある世界遺産のチューゲンハット邸（一九三〇年）だ。南西下がりの斜面地に立つこの邸宅は、道路と同じレベルに、後退して入口玄関と個室、寝室を設け、乳白ガラスで囲まれた階段を一層、下がると家族の生活空間が広がる。そこにリビング、食堂、書斎、読書コーナーを間仕切りなく展開し、領域設定している。敷地条件からロビー邸と上下逆であるだけであり、使用人の部屋や厨房などの作業空間を明快にゾーン分けしているのもロビー邸と同様である。入口は正面から左に回り込んで設けているのも奥ゆかしく、道路レベルの玄関を含む複数の個室と寝室のプランの輪郭に注目すると雁行していて、ミニロビー邸に見える。

戦後の傑作、ファンズ・ワース邸（一九五〇年）はライトとロビー邸に対するオマージュに思える。

ライトの近代建築に与えた影響の具体例を述べた。

その影響のさらに奥に、日本の住宅、建築文化があるということを、著者は究明せんとしたのである。

令和二年四月

W＆T／参考文献リスト

1：日本の歴史／田中英道・扶桑社文庫
2：日本の文化／田中英道・育鵬社
3：世界史の中の日本／田中英道・育鵬社
4：日本人にとって美しさとは何か／高階秀爾・筑摩書房
5：歴史とは何か／山内昌之・ＰＨＰ文庫
6：明治維新という過ち／原田伊織・毎日ワンズ
7：街並みの美学／芦原義信・岩波書店
8：季刊カラム№13／八幡製鐵㈱カラム刊行委員会編・鉄鋼と金属社
9：建築家論／吉阪隆正・勁草書房（吉阪隆正集9）
10：建築の基礎概念／天野太郎・建築文化10
11：見えがくれする都市／槇文彦他共著・鹿島出版会
12：比較文化論の試み／山本七平・講談社学術文庫
13：芭蕉の山河―おくのほそ道私記／加藤楸邨・講談社学術文庫
14：日本文化私観／坂口安吾・ちくま文庫（坂口安吾全集）
15：堕落論／続堕落論／坂口安吾・ちくま文庫（坂口安吾全集）
16：雪あかり日記／せせらぎ日記／谷口吉郎・中公文庫
17：現代に生きる「境内空間」の再発見／中山繁信・彰国社

18：うたげと孤心　／大岡信・岩波文庫
19：五重塔はなぜ倒れないか／上田篤編・新潮選書
20：五重塔のはなし／濱島正士・坂本功監修・建築資料研究社20
21：五重塔入門／藤森照・前橋重二共著・新潮社
22：五重塔の科学／谷村康行・日刊工業新聞社
23：五重塔／幸田露伴・岩波文庫
24：20世紀の建築空間遺産／小林良雄・「建築とまちづくり」２０１５・９〜２０１７・10連載
25：日本と中国 歴史の接点を考える／夏坂真澄・稲葉雅人共著・主婦と生活社
26：自省録／マルクス・アウレーリウス、神谷美恵子訳・岩波文庫
27：桂離宮庭園の作者／井上靖・中公文庫（カルロス四世の家族―小説家の美術ノート―から）
28：和歌と俳句のジャポニズム／柴田依子・角川文化振興財団
29：日本の醜さについて／井上章一・幻冬舎新書
30：茶の本／岡倉覚三、村岡博訳・岩波文庫30
31：武士道／新渡戸稲造、矢内原忠雄訳・岩波文庫
32：法隆寺／西岡常一・宮上茂隆・穂積和夫共著・草思社
33：ウィトルーウィウス建築書／森田慶一訳注・東海大学出版会
34：仏教抹殺／鵜飼秀徳・文春新書
35：和歌で楽しむ源氏物語／小島ゆかり・ＫＡＤＯＫＡＷＡ
36：日本人の美意識／ドナルド・キーン、金関寿夫訳・中公文庫

37：うるわしき戦後日本／ドナルド・キーン・辻井喬共著・PHP新書
38：折口信夫の「祭り」論―「ほうとする話」を読む／小川直之・「きごさい」11号（季語と歳時記の会）
39：日本人と日本文化／ドナルド・キーンvs司馬遼太郎対談・中公文庫
40：日本語の豊かな使い手になるために／大岡信・太郎次郎社エディタス
41：建築文化1963年12月号―日本の都市空間―／彰国社
42：コートハウス論／西沢文隆・相模書房
43：庭園論Ⅰ／西沢文隆・相模書房
44：庭園論Ⅱ／西沢文隆・相模書房
45：今和次郎と考現学／今和次郎他・河出書房新社
46：和の思想／長谷川櫂・中公新書
47：日本のデザイン／原研哉・岩波新書
48：建築文化181―都市のデザイン―／彰国社

＊

A：ライトの遺言／FRANK LLOYD WRIGHT、谷川正己・睦子共訳・彰国社
B：谷川正己のライト紀行／谷川正己・建築の研究（フランク・ロイド・ライト研究室）
C：ARCHITECTURE AS SPACE／BRUNO ZEVI・HORIZON PRESS
D：TOWARDS AN ORGANIC ARCHITECTURE／BRUNO ZEVI・FABER & FABER
E：フランク・ロイド・ライトとはだれか／谷川正己・王国社
F：フランク・ロイド・ライトと日本文化／ケヴィン・ニュート、大木順子訳・鹿島出版会

G：F・L・ライトと弟子たち／ギャルリー・タイセイ
H：SC JOHNSON RESEARCH TOWER／MARK HERITZBERG
I：FRANK LLOYD WRIGHT's FALLINGWATER／PHOTO BY CHRISTOPHER LITTLE
J：タリヤセンの記／天野太郎・F・L・ライト展実行委員会（MAN OVER MACHINE）
K：フランク・ロイド・ライトの建築遺産／岡野眞・丸善（株）
L：ライトの装飾デザイン／デヴィッド・A・ハンクス、穂積信夫訳・彰国社
M：フランク・ロイド・ライト全集12巻／企画編集：二川幸夫、文：B・B・ファイファー／A.D.A Edita Tokyo
N：FRANK LLOYD WRIGHT―man over machine／F・L・ライト展実行委員会編
O：GA グローバル・アーキテクチャ№15―Taliesin／企画撮影：二川幸夫、文：谷川正己
P：GA グローバル・アーキテクチャ№1／企画撮影：二川幸夫、文：磯崎新
Q：GA グローバル・アーキテクチャ№2／企画撮影：二川幸夫、文：ポール・ルドルフ
R：自伝―ある芸術の形成―／フランク・ロイド・ライト、樋口清訳・中央公論美術出版
S：自伝―ある芸術の展開―／フランク・ロイド・ライト、樋口清訳・中央公論美術出版

＊

1：日本文化私観／ブルーノ・タウト、森儁郎訳・講談社学術文庫
2：建築とは何か／ブルーノ・タウト、篠田英雄訳・鹿島出版会
3：タウト建築芸術論／ブルーノ・タウト、篠田英雄訳・岩波書店
4：日本の家屋と生活／ブルーノ・タウト、篠田英雄訳・岩波書店

5：日本―タウトの日記Ⅰ～Ⅴ／ブルーノ・タウト、篠田英雄訳・岩波書店
6：ニッポン／ブルーノ・タウト、森儁郎訳・講談社学術文庫
7：ニッポン―ヨーロッパ人の眼で観た／ブルーノ・タウト、篠田英雄訳・春秋社
8：建築・芸術・社会／ブルーノ・タウト、篠田英雄訳・春秋社
9：日本美の再発見／ブルーノ・タウト、篠田英雄訳・岩波新書
10：ブルーノ・タウトと現代／土肥美夫他共著、生松敬三・土肥美夫訳・岩波書店
12：ブルーノ・タウトへの旅／鈴木久雄・新樹社
13：ブルーノ・タウト／高橋英夫・新潮社
14：ブルーノ・タウトと建築・芸術・社会／田中辰明・東海大学出版会
15：桂離宮―ブルーノ・タウトは証言する／宮元健次・鹿島出版会
16：桂離宮と日光東照宮／宮元健次・学芸出版社
17：桂離宮／村岡正解説・有職文化協会
18：建築家ブルーノ・タウト／田中辰明・柚本玲共著・オーム社
19：ブルーノ・タウトの作品群／田中辰明・「建築仕上技術」工文社
20：建築家ブルーノ・タウトと二人の伴侶／田中辰明・「建築仕上技術」工文社
21：ブルーノ・タウトの幻惑／磯達雄・NIKKEI ARCHITECTURE
22：雁行するリノベーション―桂離宮／磯達雄・NIKKEI ARCHITECTURE
23：ブルーノ・タウト／高橋英夫・講談社学術文庫
24：画帳桂離宮（特別復刻版）／岩波書店

25：画帳桂離宮の解説／ブルーノ・タウト、篠田英雄訳・岩波書店
26：日本の建築／ブルーノ・タウト、吉田鐵郎訳・育生社
27：日本の居住文化／ブルーノ・タウト、吉田鐵郎訳・育生社
28：建築と芸術／ブルーノ・タウト、吉田鐵郎訳・雄鶏社
29：日本文化史5―桃山時代／会田雄次・筑摩書房
30：JAPAN（独語原文）／ブルーノ・タウト、篠田英雄蔵書印（早大図書館内岩波書店寄託資料）
31：ブルーノ・タウト研究／長谷川章・ブリュッケ
32：新建築1982年7月臨時増刊―桂離宮―／伊藤ていじ他監修・新建築社
33：阪口安吾全集／坂口安吾、ちくま文庫
34：桂離宮／梅棹忠夫、川添登、佐藤辰三（写真）・淡交新社
35：新建築1977年6月臨時増刊―現代集合住宅の展望―／新建築社

※参考文献のうち、先頭の1～48が本書全体に関係するもの、A～Sがフランク・ロイド・ライトに関係するもの、後ろの1～35がブルーノ・タウトに関係するものである。

筆者略歴

一九三八年　（昭和十三年）、東京都港区生
　・東京湾観艦式、新月饅頭等を記憶、
一九四二年　父（寺門氏）の郷里・水戸へ
一九四五年　女子師範付属国民学校入学
　～一九五〇年、那珂郡吉野村戸崎（現・那珂町）へ疎開
一九五一年　市立城東小学校卒業
一九五四年　市立水戸第二中学校卒業
一九五七年　県立水戸第一高校卒業
一九五九年　早稲田大学・第一理工学部・建築学科入学
　安東勝男、穂積信夫、武基雄、
　渡辺保忠（卒論）、吉阪隆正（卒計）各先生の指導を受ける傍ら
　早稲田大学グリークラブにて、男声合唱／国内演奏旅行等を楽しむ
一九六三年　同卒業、大成建設・設計本部等
　茶室から超高層ビルまで各設計担当
　業務上、私的（含合唱）共に欧米旅行を楽しむ、定年退職
一九九八年　スキル一級建築士事務所設立
　藤陽ビル、Nハウス、恵庵
　Aハウス、Mハウス等設計監理
　ISO主任審査員として国内を巡る
　著書『ISO／これからどうする』、『持続可能なISOへ』
　ゴルフ、テニス、俳句、絵画、映画、
　稲門グリークラブでの合唱を親しむ
　俳句結社「古志」同人
　エスペレ企画主宰、
　エスペラール絵画展主催
　文集『天塵』編集・発刊

町田市在住

上左・Nハウス（1998）
上右・Mハウス（2018）
下・恵庵内外（2012）

〈ライト＆タウト〉

たをやかに　―建築家《けんちくか》が視《み》る日本文化《にほんぶんか》の輪郭《りんかく》―

2020年5月1日　初版印刷
2020年7月10日　初版発行

著　者　西《にし》　川《かわ》　新八郎《しんぱちろう》
制作・発売　中央公論事業出版
〒101-0051　東京都千代田区神田神保町1-10-1
電話　03-5244-5723
URL　http://www.chukoji.co.jp/

印刷・製本／精興社

ISBN978-4-89514-512-1　C0052